JN198883

法益主体の同意と規範的自律

菊地一樹 著

明治大学社会科学研究所叢書

成 文 堂

はしがき

　本書は、2017年10月に早稲田大学大学院法学研究科に提出した博士学位論文「法益主体の同意と規範的自律」に、その後に公表した論文を加え、必要な加筆・修正を行なったものである。

　本書の根底には「自由」をめぐる関心が存在する。「自由」には、個人の尊重を基調とする現行憲法の秩序において、基底的な価値が認められている。さらに、科学技術の進歩により、我々が自由に選択できる領域が拡大する中で、「自由」の重要性はますます高まっている。しかし、その一方で、「自由」の行使が弱者とされる者の不当な搾取を招くなど、自由がもたらす弊害が社会の分断を引き起こし続けている。また、近年の経験科学的な研究により、我々はかつて素朴に信じられていたほど自由に選択をしているわけではないことが明らかにされ、ついには、自由意志さえも幻想に過ぎないとの告発までなされている。このように「自由」の意義や価値が根本から問い直されている現代社会において、本書は、刑法学の立場から、刑法において保障が目指されるべき、法益主体の「自由」とはどのようなものであるかという問題に取り組んだものである。本書では、刑法が、全知全能の理想的な自由の保障を目指すような「高望み」を断固として拒絶しつつも、刑法が市民に保障しなければならない、望むに値する「自由」が確かに存在するという立場から、その内容を明らかにすることを試みた。その試みが成功しているかどうかは、もとより、読者の判断に委ねるほかない。

　本書の刊行に至るまでには、多くの方々のご指導・ご助力があった。恩師である松原芳博先生には、早稲田大学法科大学院在学中に指導を受けてから、今日に至るまで、公私にわたってあたたかい指導を賜っている。法科大学院生であった当時、筆者が先生とご一緒した中華料理店で研究者の進路に興味があると打ち明けた際、先生が語ってくださった、刑法学の研究の面白さや、それを職業にできることの魅力は、筆者が研究者の道に進むことを決意するのに十分過ぎるものであった。あの時、すでに紹興酒を飲んで酔っていた筆者の自己決定が、理想的な意味で自律的になされたものであるかは定

かでないが、今日まで楽しく研究生活を続けることができ、研究成果をこうして一冊の書物にまとめることができたのは、先生のおかげにほかならない。これまでの御学恩に対する深い感謝の気持ちを込めて、本書を松原芳博先生に捧げさせていただく。

また、本書の元となった博士論文の審査をお引き受けいただき、継続的にご指導をいただいた甲斐克則先生、杉本一敏先生、大学院のゼミナールや研究会でご指導をいただき、数多くの有益なご示唆をいただいた高橋則夫先生、北川佳世子先生、明治大学法学部在学中にゼミの指導教員としてご指導いただいた増田豊先生をはじめとして、多くの先生方や先輩・同輩・後輩の方々からも多大なご指導・ご助力をいただいた。この機会に改めて御礼を申し上げたい。

最後になるが、昨今の厳しい出版情勢にもかかわらず、本書の公刊を快くお引き受けくださった成文堂の阿部成一社長、そして本書の編集につきめ細やかなご配慮をいただいた篠崎雄彦氏に対し、この場を借りて心より御礼を申し上げたい。

なお、本書の一部は、日本学術振興会科学研究費（若手研究：19K13544）に基づく研究成果であり、刊行にあたっては、明治大学社会科学研究所による出版助成を受けた。ここに記して謝意を表する。

2024年8月

菊　地　一　樹

目　　次

はしがき（ i ）

初出一覧（ⅷ）

序 …………………………………………………………………………… 1

第 1 部
同意論の基本的視座

第 1 章　錯誤に基づく同意をめぐる議論

第 1 節　従来の議論状況 …………………………………………… 7

第 2 節　法益関係的錯誤概念の狭さと拡張の試み ………… 9

第 1 款　「相対的価値」の取り込み（10）

第 2 款　「法益処分の自由」の取り込み（14）

第 3 節　視座の設定 ………………………………………………… 16

第 2 章　同意の存在と有効性の区別

第 1 節　同意の「存在」……………………………………………… 18

第 1 款　同意の対象（18）

第 2 款　必要な認容の程度（22）

第 3 款　小　括（23）

第 2 節　同意の「有効性」…………………………………………… 25

第 1 款　同意の犯罪阻却根拠（25）

第 2 款　意思形成プロセスの自律性（27）

第 3 款　規範的自律概念の展開（29）

iv　目　次

第3章　規範的自律の具体的条件

第1節　合理的な判断能力 …………………………………………… 32

第1款　判断能力の意義 (32)

第2款　判断能力の認定方法 (34)

第2節　「情報」へのアクセス ………………………………………… 36

第1款　ドイツの学説 (36)

　1　アメルンクの見解 (36)　　2　レナウの見解 (39)

　3　ロクシンの見解 (41)　　4　小　括 (45)

第2款　情報の「内容」による絞り (46)

第3款　情報の「原因」による絞り (51)

　1　欺罔の必要性 (51)　　2　欺罔の強度の要求 (53)

第4款　具体的事例の解決 (55)

　1　偽装心中事例 (55)　　2　猛獣事例 (56)　　3　角膜事例 (57)

第3節　心理的な強制 …………………………………………………… 58

第1款　強制の意義 (58)

第2款　提案との区別 (60)

第4節　議論の整理 ……………………………………………………… 62

第2部
各論的検討

第1章　窃盗罪における条件設定論

第1節　問題の所在 ……………………………………………………… 67

第2節　ドイツにおける条件付き合意論 ……………………………… 69

第1款　条件付き合意論の意義 (69)

第2款　判例における条件付き合意論 (70)

　1　自動販売機・スロットマシン (70)

　2　現金自動預払機 (ATM) (73)

　3　セルフ式ガソリンスタンド (74)　　4　小　括 (75)

第3款　学説状況 (76)

第4款　若干の検討 (79)

第3節　条件設定の限界づけ ……………………………………… 81

第4節　メダルの不正取得 ……………………………………… 85

第5節　他罪への応用 ……………………………………… 89

第2章　住居等侵入罪と法益主体の意思

第1節　問題の所在 ……………………………………… 91

第2節　「同意不存在型」としての住居侵入罪 ……………… 92

第3節　錯誤に基づく立入り許諾 ………………………… 96

第4節　包括的同意と建造物侵入罪 ………………………… 101

第1款　条件内容の外部的表示 (101)

第2款　実効的な措置の発動可能性 (103)

第3款　想定される批判 (105)

第5節　おわりに ……………………………………… 106

第3章　刑法における性的自律の保護

第1節　はじめに ……………………………………… 108

第2節　性犯罪の保護法益 ………………………………… 109

第3節　「性的自己決定」概念の分析 …………………… 111

第4節　性的同意能力 ……………………………………… 113

第5節　欺罔に基づく性的行為 …………………………… 115

第1款　同意不存在型の処罰 (116)

1　わいせつ性の錯誤型 (116)　　2　人違い型 (119)

3　形態 (タイプ) の錯誤型 (122)

第2款　同意騙取型の処罰 (125)

1　処罰の当否 (125)　　2　処罰の限界 (128)

3　具体例の検討 (131)

vi　目　次

第6節　心理的な強制 ……………………………………………… 134

第7節　おわりに ………………………………………………… 137

第4章　いわゆる仮定的同意について

第1節　問題の所在 ……………………………………………… 139

第2節　仮定的同意をめぐる議論状況 ………………………… 140

第1款　仮定的同意とは何か（140）

第2款　仮定的同意の理論的根拠（141）

1　違法性阻却事由（141）　2　正当化事由に関する帰属（143）

第3款　仮定的同意に対する批判（144）

1　訴訟上の懸念（144）　2　自己決定の保護の切り下げ（144）

3　理論的な問題（147）

第4款　適用範囲の広がり（148）

1　同意不存在事例への適用（148）　2　医事刑法を超えた適用（150）

第3節　仮定的同意の代案 ……………………………………… 151

第4節　患者の自律性の条件 …………………………………… 154

第1款　同意の存在（154）

第2款　同意の有効性（156）

第3款　椎間板事件の解決（159）

第5節　おわりに ………………………………………………… 160

第5章　「強制」概念と規範的自律

第1節　問題の所在 ……………………………………………… 161

第2節　ドイツの判例 …………………………………………… 163

第1款　旧判例の立場（163）

第2款　判例の転換（165）

第3款　その後の判例（167）

第3節　学説状況 ………………………………………………… 172

目　次　vii

第1款　ラディカルな法的義務論 (172)

第2款　関係性の欠如理論 (176)

第3款　区別理論 (178)

　　1　害悪を「設定する力」の有無 (178)
　　2　「提案（約束）」と「脅迫」の区別 (180)
　　3　「自律性」の侵害 (184)

第4節　若干の検討 ………………………………………………… 187

第1款　日独の規定の違い (187)

第2款　素朴な心理主義の不当さ (189)

第3款　規範的な限界づけの基準 (191)

第4款　処罰範囲の著しい限定？ (194)

第5節　おわりに ………………………………………………… 196

第6章　「死ぬ権利」とパターナリズム

第1節　はじめに ………………………………………………… 198

第2節　ドイツの議論 …………………………………………… 201

第1款　弱いパターナリズムとは何か (201)

第2款　病理的な精神状態 (203)

第3款　性急な決断からの保護 (204)

第4款　心理的障壁の理論 (208)

第5款　周囲の圧力からの保護 (210)

第3節　日本法への示唆 ………………………………………… 211

第1款　刑法202条の解釈論への援用？ (211)

第2款　批判原理としての弱いパターナリズム (216)

第4節　おわりに ………………………………………………… 219

結びに代えて ……………………………………………………… 221

初出一覧

　本書は以下の既発表論文をもとにしている。本書にまとめるにあたって大幅な加筆・修正を行うとともに、全体を再構成したため、原形をとどめていない箇所も多いが、あえて対応関係を示すならば、以下のとおりである。

第1部

「法益関係的錯誤概念の拡張に対する批判的検討」早稲田大学大学院法研論集156号（2015年）107頁以下、「法益主体の同意と規範的自律（1）（2・完）」早稲田法学会誌66巻2号（2016年）165頁以下、67巻1号（2016年）171頁以下

第2部

第1章　「占有者の意思と窃盗罪の成否──条件付き合意論を手がかりに──」早稲田法学92巻2号（2017年）81頁以下

第2章　「法益主体の『真の意思』と犯罪の成否──住居侵入罪を例として──」早稲田法学93巻2号（2018年）55頁以下

第3章　「刑法における性的自律の保護（1）（2・完）」早稲田大学大学院法研論集158号（2016年）81頁以下、159号（2016年）149頁以下、「欺罔に基づく性的行為の処罰について」大塚裕史先生古稀祝賀『実務と理論の架橋──刑事法学の実践的課題に向けて──』（成文堂、2023年）385頁以下

第4章　「いわゆる仮定的同意について──患者の自律性の観点から──」早稲田法学会誌67巻2号（2017年）151頁以下

第5章　「強要の限界づけと規範的自律」早稲田法学94巻1号（2018年）25頁以下、「合法的な不作為の告知による強要をめぐる近時のドイツ判例の動向」早稲田法学94巻2号（2019年）25頁以下

第6章　「同意殺人・同意傷害とパターナリズム──Uwe Murmann の見解を手がかりに──」早稲田法学95巻1号（2019年）165頁以下、「刑法202条の処罰根拠と弱いパターナリズム」『甲斐克則先生古稀祝賀論文集［下巻］』（成文堂、2024年）65頁以下

序

　法益主体の同意は、その体系的位置づけに争いはあるものの、原則として犯罪の成立を阻却すると解されており、その根拠は、法益主体の自己決定の尊重に求められている。それゆえ、法益主体の同意をめぐる議論には、まさに本人の「自己決定」を根拠として、国家の刑罰による介入の限界を画し、市民同士の自律的な活動領域を確保するという積極的な意義が期待される。もっとも、この「自己決定」という概念は、その使い方次第で、処罰の不当な限定や拡張へと結びつきうる「曲者」の概念であることに注意が必要である。すなわち、「自己決定」の安易な強調は、意思決定の帰結や責任を全て本人に押し付け、現実の弱い個人を孤立させてしまいかねない一方で、個人の意思の弱さに着目して、その「自己決定」を過剰に保護しようとすれば、その者との取引に入ろうとする他人の自由の不当な制約に繋がりかねないとともに、「要保護者」に分類された本人の自由をも制約してしまう恐れがある。「自己決定」という概念の独り歩きによる、恣意的な処罰の伸縮を回避するための理論枠組みの構築は、理論刑法学においても急務といえよう。もちろん、これまでも「自己決定」の意義と限界は、刑法学において、安楽死・尊厳死をめぐる場面や、近年では性犯罪における性的同意などのトピックをめぐり、研究が行われてきたところであり、このような各論的検討が重要であることは言うまでもない。しかし、「場当たり」的な解決に至らないようにするためには、統一的な観点から問題を整理し、法益主体の自律的な活動の保護を過不足なく実現するための、統一的な理論枠組みを打ち立てる必要がある。

　以上の問題関心に基づき、第1部では、法益主体の同意による犯罪阻却の要件を検討するための基本的視座を明らかにする。まず、第1章では、検討の手がかりを得るために、我が国でも議論が盛んに行われてきた「錯誤に基づく同意」の問題について分析を加える。ここでは、とりわけ、我が国で有力に主張されている法益関係的錯誤説の批判的検討を通じて、従来の議論における混乱の要因が、同意の「存在」と「有効性」の問題の混同にあること

を明らかにする。続いて、第2章では、同意の「存在」と「有効性」を明確に区別すべきとの立場から、それぞれの意義を確認し、特に同意の「有効性」は、本人の価値体系との合致という意味での理想的な自己決定を基準とするのではなく、意思形成のプロセスを他者から不当に阻害されないという意味での、規範的自律を基準とすべきであることを明らかにする。最後に、第3章では、この「規範的自律」のための条件につき、判断能力、情報へのアクセス、心理的強制の不存在というカテゴリに区分し、日独の先行研究や判例を参照しながら、その内容を具体化する。

　第2部では、第1部での検討を通じて得られた基本的視座を踏まえて、法益主体の規範的自律の保障が、各犯罪類型の解釈論にどのように反映されるかという各論的問題の検討を行う。まず、第1章では、財物の占有者が、自動機械の設置を通じてその占有移転に包括的同意を与える場面を念頭に、同意の対象を制限するような条件設定がいかなる範囲で効力を持つかという問題を、ドイツにおける「条件付き合意論」を手がかりとしながら検討を加える。続いて、第2章では、住居等侵入罪を素材に、住居権者の意思が「侵入」の成否に与える影響について、個別に立入りの許諾がなされる「対面型」と、訪問者の立入りに対して事前に包括的な許諾がなされる「開放型」とを区別し、それぞれの類型ごとに検討を加える。第3章では、近時重要な改正が続き、議論が活発化している性刑法を題材として、「性的自己決定」概念の理論的な分析を行い、刑法における性的自律の保護のあり方について検討を加える。第4章では、とりわけ治療行為において問題とされる「仮定的同意」のテーマを取り上げ、ドイツ判例や学説の分析を通じて、真の問題の所在がどこにあるかを明らかにし、患者の自律的な意思形成のための条件について検討を試みる。第5章では、自律性を阻害する「強制」概念の限界を探るべく、ドイツにおいて議論が盛んな「合法的な不作為を告知する強要」の可罰性をめぐる問題について検討を加える。最後に、第6章では、法益処分の自由が「生命」にまで及ぶかどうかという問題につき、同意殺人や自殺関与の処罰根拠を弱いパターナリズムにより根拠づけることの可能性と限界について検討を加える。

　以上の検討を通じて、総論的な同意の一般理論と各論的な解釈問題の結合

を図り、法益主体の自律的な自己決定の保護を過不足なく実現するための理論枠組みを示すことが本書の目的である。

第 1 部

同意論の基本的視座

第 1 章

錯誤に基づく同意をめぐる議論

第 1 節　従来の議論状況

　従来の学説上、法益主体の同意が錯誤に基づいてなされた場合に、同意の有効性をいかに判断すべきかが議論されてきた[1]。例えば、X が、心中を申し出た恋人 A に対し、その意思がないのに追死すると嘘をついて青酸ソーダを飲ませて死亡させたという、いわゆる偽装心中事例において、被害者の陥った錯誤が、その生命放棄の同意の有効性にいかなる影響を与えるかが問題となる。

　この問題につき、「もし真実を知っていれば同意しなかったであろう」といえる場合に、同意の有効性が広く否定されるとする条件関係的錯誤説によれば、A は、X に追死する意思がないことを知っていれば、死に同意することはなかった以上、生命放棄に対する同意は無効となり、X には、殺人罪が成立することになる。この見解は、重大な錯誤説とも呼ばれ、我が国で通説的な地位を占めてきたとともに[2]、判例も、偽装心中が問題となった事件において、「被害者は被告人の欺罔の結果被告人の追死を予期して死を決意したものであり、その決意は真意に添わない重大な瑕疵ある意思であることは明らかである」として、被告人に殺人罪の成立を認めており（最判昭和33年11月21日刑集12巻15号3519頁）、このような立場を採っていると一般的に理解されている[3]。

1　従来の議論状況については、塩谷毅『被害者の承諾と自己答責性』（法律文化社、2004年）21頁以下、佐藤陽子『被害者の承諾』（成文堂、2011年）180頁以下、吉田敏雄『被害者の承諾』（成文堂、2018年）91頁以下等を参照。

2　例えば、大塚仁『刑法概説（総論）〔第 4 版〕』（有斐閣、2008年）420頁、福田平『全訂刑法総論〔第 5 版〕』（有斐閣、2011年）183頁注 6 、井田良『講義刑法学・総論〔第 2 版〕』（有斐閣、2018年）353頁、大谷實『刑法講義総論〔新版第 5 版〕』（成文堂、2019年）254頁等。

8　第 1 部　同意論の基本的視座

　もっとも、この見解に対しては、錯誤と同意との間に条件関係さえ存在すれば同意を無効とする点で、同意を無効とする範囲が広すぎ、処罰範囲が不当に拡大してしまうとの批判がなされてきた。例えば、佐伯仁志は、ダイヤの指輪をプレゼントすると女性を騙してデートに誘い、車でドライブに行って、キスをしたという事例を挙げ、この事例において女性が「プレゼントをもらえないとわかっていたらこれらの行為には絶対に同意しなかったというのであれば、女性の同意は無効で、車に乗せて走った点については監禁罪が、キスをした点については準強制わいせつ罪が成立しうることになる」が、「これらの結論は、いずれも不当であろう」とする[4]。

　これに対して、同意が無効となる範囲をより限定的に捉えるべきであるとし、当該構成要件の保護する法益に関係する錯誤が存在する場合にのみ同意が無効になるとするのが法益関係的錯誤説である。その理論的根拠は、ある構成要件で保護される法益とは無関係な利益についての錯誤があることを理由に、同意を無効として処罰してしまうと、実質的には、当該構成要件で保護されている法益を他の法益に転換してしまうことになるか、騙されないという意思活動の自由一般を保護することになってしまい、妥当ではないという点に求められる[5]。偽装心中事例では、A に生命を放棄すること自体についての正しい認識がある以上、同意は有効であり、殺人罪の成立は否定され、自殺関与罪の限度で処罰されるべきことになる[6]。

　法益関係的錯誤説は、ドイツでアルットにより提唱され[7]、その後に我が国にも取り入れられて支持を広げたが[8]、この見解が主張された背景に「静

　3　佐伯仁志「判批」『刑法判例百選 II 各論〔第 8 版〕』（有斐閣、2020年）4 頁以下参照。これに対して、判例が条件関係的錯誤説に立つという評価に対して、疑問を呈するものとして、野村和彦「わが国における法益関係的錯誤説に対する疑問」日本法学80巻 4 号（2015年）41頁以下。
　4　佐伯仁志『刑法総論の考え方・楽しみ方』（有斐閣、2013年）217頁以下。
　5　佐伯・前掲注（ 4 ）218頁。
　6　なお、我が国では法益関係的錯誤説が有力化する以前から、「動機の錯誤」説と呼ばれる見解が、偽装心中事件で「死ぬこと自体には錯誤がない」ことを根拠に殺人罪の成立に疑念を示していた（平野龍一『刑法総論 II』（有斐閣、1975年）256頁、内藤謙『刑法講義総論（中）』（有斐閣、1986年）592頁等）。
　7　Gunther Arzt, Willensmängel bei der Einwilligung, 1970.
　8　法益関係的錯誤説に関する初期の文献として、山中敬一「被害者の同意における意思の欠缺」関西大学法学論集33巻 3 = 4 = 5 号（1983年）271頁以下、佐伯仁志「被害者の錯誤について」神戸法学年報 1 号（1985年）51頁以下。その後、同説に賛同するものとして、堀内捷三『刑法

的な法益観」が存在することは看過すべきではない。すなわち、アルツトによれば、刑法は原則として、特定の静的に捉えられた法益のみを保護しているため、刑法が関心を寄せるべきなのは、法益の「存立の保護（Bestands-schutz）」のみであるとされる[9]。少なくとも、生命や身体という法益では、交換価値や処分の自由という動的な利益の保護が問題とならない。それゆえ、法益主体が、法益を失うかどうかさえ正しく認識していれば、それ以外の錯誤は刑法上意味を持たないため、同意は有効と評価されることになるのである。

第2節　法益関係的錯誤概念の狭さと拡張の試み

しかし、法益関係的錯誤説に対しては、条件関係的錯誤説とは対照的に、その静的な法益観に起因する、処罰範囲の「狭さ」が批判の対象とされている。例えば、飼っている猛獣が檻から逃げて人を襲おうとしているという虚偽の電話を飼主にかけて、その同意を得て猛獣を射殺したという緊急状態の錯誤の事例（以下、「猛獣事例」とする）や、母親に、息子を失明から救うためには角膜が必要であると偽って角膜を提供させたうえで、移植することなく廃棄したという利他的目的の錯誤の事例（以下、「角膜事例」とする）でも、法益主体である飼主や母親が、飼っている猛獣の射殺や、自身の角膜が取り去られることを正確に認識したうえで同意をしている以上、法益関係的錯誤はなく、同意が有効となりそうである。しかし、このような場合まで行為者が不処罰となるのは不当ではないかという疑いが生じる。

こうした批判を受けて、ドイツでは法益関係的錯誤説は勢いを失ったのに対して[10]、我が国では、法益関係的錯誤説という看板は保持したまま、この

総論〔第2版〕』（有斐閣、2004年）183頁以下、浅田和茂『刑法総論〔第3版〕』（成文堂、2024年）212頁、小林憲太郎『刑法総論〔第2版〕』（新世社、2020年）150頁、西田典之（橋爪隆補訂）『刑法総論〔第3版〕』（弘文堂、2019年）206頁、山口厚『刑法総論〔第3版〕』（有斐閣、2016年）170頁以下等。

9　Arzt, a.a.O.（Anm. 7）, S. 17 ff.

10　野村和彦「法益関係的錯誤説に対する批判」慶應法学37号（2017年）187頁以下は、ドイツの状況について、「議論が深まるにつれ、批判が強まった結果、同説への純粋な支持はほとんど見受けられなくなった」との評価を示している。

10 　第 1 部　同意論の基本的視座

「法益関係的錯誤」概念を柔軟に拡張することで、こうした事例の妥当な解決を図ろうとする動きが有力化した。この「拡張」のアプローチとしては、大きく 2 つのパターンが主張されている。1 つは法益の「相対的価値」に関する錯誤も法益関係的錯誤に取り込むアプローチであり、もう 1 つは、「法益処分の自由」を法益の構成要素へと取り込むことで、法益関係的錯誤概念を拡張するアプローチである。

第 1 款　「相対的価値」の取り込み

　第 1 のアプローチは、法益の存立に関わる錯誤のみではなく、当該法益を放棄することにより保全される対立利益との関係で、当該法益が有する価値（相対的価値）についての錯誤をも、法益関係的錯誤に含めることで、妥当な解決を図ろうとする。例えば、猛獣事例において、飼い主は、周辺住民の生命、身体、財産等の対立利益との関係で、猛獣は射殺されなければならず、その要保護性が低下していると認識しているのに対して、実際には、猛獣が檻から逃げているという事実はないため、その要保護性は低下していないことから、飼い主は猛獣の所有権の「相対的価値」について錯誤に陥っており、法益関係的錯誤が認められることになる。

　もっとも、このアプローチに立つ論者においても、こうした解決の仕方を角膜事例にも適用できるかについては、見解の相違が存在する。例えば、松原芳博によれば、猛獣事例では、現実に猛獣が檻から逃げ出していれば、猛獣の殺傷が、対物防衛または緊急避難として正当化されるため、その要保護性が低減するといえ、飼い主には相対的価値の錯誤が認められるのに対して、角膜事例では、母親の誤信する事実が現実に存在するとしても、その法益（母親の角膜）の要保護性は低下しないため、相対的価値の錯誤があるとは評価できず、法益関係的錯誤とは別の「任意性」の観点から、同意の有効性を論ずるほかないとされる[11]。この理解の特徴は、相対的価値の低下を認め

11　松原芳博『刑法総論〔第 3 版〕』（日本評論社、2022年）152頁。同様に、佐伯・前掲注（4）219頁以下も、猛獣事例については法益の法的価値に関する錯誤があるとしつつ、子供の生命を救うためには臓器移植が必要だとして親を騙して移植に同意させた場合については、法益関係的錯誤があるとはいえない、としている。

るにあたり、その法益を犠牲にすることに正当化事由を要求している点に見出すことができる。すなわち、「相対的価値」として問題とされているのは、あくまでも法的な観点からの価値であり、その法益を犠牲にすることの正当化事由が充足されない限り、その「法的価値」の低減を認めることができない、という発想が前提とされていると言えよう。このような理解によれば、「相対的価値」の錯誤という説明で解決できる事例は自ずと限定されることになる。

　これに対して、西田典之は、角膜事例についても「相対的価値」の錯誤による解決を図ろうとする。西田は、角膜事例においても、母親は、子供の目の完全性との関係で、自身の角膜の価値が低いと考えていることから、そこには明らかに法益の価値についての錯誤があり、それゆえ、同意は無効であるとする[12]。西田の見解では、法益の相対的価値の高さについて、法的観点から判断しようとする松原の理解とは異なり、法益主体である母親の主観的な値踏みがどうであったかが基準とされている。

　しかし、このような理解によれば、「相対的価値」の錯誤が認められるケースが際限なく広がってしまうであろう。このような主観的な意味での「相対的価値」の誤解は、猛獣事例や角膜事例に限らず、例えば、冒頭の偽装心中事例においても同様に生じている[13]。すなわち、偽装心中事例においても、Ａは、Ｘと心中することに生命以上の価値を見出し、自己の生命の価値が相対的に低いものであると考えている。このような場合にも、現実にＸには心中をする気がないことから、Ａに自己の生命の「相対的価値」の誤解があるとして法益関係的錯誤を認めることは、論者の意図に反するであろう。しかし、主観的な意味での「相対的価値」を問題とする以上、このような帰結を排斥することはできない。

　そこで、「相対的価値」の錯誤による解決を角膜事例にも及ぼしながらも、西田のような主観的な意味での「相対的価値」ではなく、あくまでも客

12　西田・前掲注（８）207頁。
13　山口厚「欺罔に基づく『被害者』の同意」『田宮裕博士追悼論集 上巻』（信山社、2001年）335頁注23〔同『犯罪論の基底と展開』（成文堂、2023年）33頁以下所収〕も、「法益の相対的価値の錯誤を強調すると、他の目的実現のために法益を処分する状況において、『重大な錯誤』説に至りうる」ことを指摘する。

12　第1部　同意論の基本的視座

観的な「相対的価値」を問題にするのが、武藤眞朗の見解である[14]。武藤に
よれば、摘出された角膜が廃棄されたという事例では、実際には角膜摘出が
他人の法益保全にとって不必要であったことから、母親には角膜の要保護性
について錯誤が認められるのに対して、例えば、母親を騙して摘出した角膜
を、これを必要とする全く別の他人に移植したという場合には、「自分の子
に移植された場合と比較しても客観的には要保護性は異ならないので、法益
関係的錯誤は否定されることになる」[15]とする。西田の見解では、この場合
でも、自分の子供を助けたい母親の主観的な値踏みには反しているため、法
益関係的錯誤が認められると考えられるのに対して、武藤の見解において
は、あくまでも「客観的な要保護性」の錯誤があるかどうかが重視されるこ
とから、「自分の子供かどうか」という、母親の主観的評価にとっては重大
な事実が捨象されているといえよう。もっとも、母親が角膜の処分を強いら
れるのは、まさに移植先が「自分の子供」だからなのであり、このような母
親の主観的評価を完全に捨象してしまうことの妥当性には疑問があろう。

　以上のように、「相対的価値」の錯誤への拡張を認める見解の内部にも
様々な説明が混在しており、その射程も一様ではないが、「法益関係的錯誤」
の概念に、放棄の対象となる法益の存立に関する錯誤を超えて、対立利益に
関する錯誤を含める点では共通する[16]。しかし、こうした拡張的理解は果た
して妥当なのであろうか。

　まず、法的な観点からの「相対的価値」の減少にのみ着目し、この解決の
射程を限定する松原の見解に対しては、猛獣事例と角膜事例で問われている
問題の本質は同じではないか、との疑問を向けることができる。松原は、猛
獣事例については、「相対的価値」の錯誤を認めながら、角膜事例では、こ
れが認められないとして、「任意性」という全く別の観点から同意の有効性

14　武藤眞朗「法益関係的錯誤説と法益の要保護性」『野村稔先生古稀祝賀論文集』（成文堂、
　　2015年）38頁以下。

15　武藤・前掲注（14）42頁。

16　なお、山中敬一『刑法総論〔第3版〕』（成文堂、2015年）220頁以下は、緊急状況の誤信にお
　　いて「法益の相対的価値の錯誤」が認められると表現しつつも、これを「法益関係的錯誤」の
　　概念には含めず、このような錯誤が認められる場合には、法益関係的錯誤の「例外」として同
　　意が無効になると説明する。

第1章　錯誤に基づく同意をめぐる議論　　13

を否定しようとする。しかし、錯誤が原因となって、任意の意思形成が妨げられているという点は、いずれの事例においても共通するのではないだろうか[17]。そうだとすれば、むしろ、ここでいう「任意性」が認められるための条件や限界を明らかにした上で、両事例を統一的に解決することが目指されるべきであるように思われる。

　これに対して、猛獣事例と角膜事例とを同一の理論枠組みで解決しようとする西田や武藤の見解は、両事例の問題の本質が共通していることを前提とする点では正当である。しかし、その問題解決を「法益関係的錯誤」という概念を通じて図ろうとすることが適切であるかについては疑問がある。

　武藤は、相対的価値の錯誤を「法益関係的錯誤」に含めることの理論的な根拠として、「法益主体が法的保護を放棄するのは、各構成要件によって想定されている法益の侵害の内容および程度とともに、客観的利益対立などの存在による当該法益の要保護性を考慮したものである」とした上で、この承諾対象、すなわち承諾の認識対象を法益関係的事実と考えることができる、とする[18]。しかし、「客観的利益対立などの存在」は、あくまでも法益を放棄するかどうかの意思決定に際しての「動機」を構成する事実であって、同意による法益放棄の「対象」そのものではない。したがって、「客観的利益対立などの存在」を、法益の侵害の内容や程度と同列に扱うことは、議論に無用な混乱を招きかねない。むしろ、「動機の錯誤」に関しても、一定の場合には刑法上も重要性を持ちうることを認めたうえで、いかなる「動機の錯誤」が、承諾の有効性を損なうかという点を正面から議論する方がより実態に即しているように思われる。猛獣事例と角膜事例は、まさにこの意味において、問題の本質が共通しているのである。そして、この問いを解決するためには、ある目的のために法益を処分するという「法益処分の自由」を刑法がどこまで保護すべきなのかについての検討が避けられないはずである。

　以上の見立てが正しければ、「法益処分の自由」という動的な利益の保護を関心の外に置いて、「静的な法益観」を背景に提唱された「法益関係的錯

17　松原・前掲注（11）152頁も、飼主は飼犬の殺傷を甘受せざるを得ないという意味での「選択可能性の欠如」に言及するが、これは「客観的な違法評価の主観的な反映」であるとする。
18　武藤・前掲注（14）49頁。

14 第1部 同意論の基本的視座

誤」概念に問題の解決を求めようとすることは、お門違いである。それゆえ、相対的価値の錯誤をどこまで「法益関係的錯誤」概念に取り込めるか、という問いに対する答えも、法益関係的錯誤説には当然ながら、内在していない。

第2款 「法益処分の自由」の取り込み

「法益処分の自由」の保護が問題であることを正面から認めつつ、この「法益処分の自由」を法益の構成要素であると解することで、「法益処分の自由」に関係する錯誤も「法益関係的錯誤」概念に含まれると説明するのが、第2の拡張アプローチである。このアプローチに立つ山口厚は、「法益とは当該客体が変更されずに存立し続けることのみを意味するのではなく、当該客体をいかに利用・処分するかという法益処分の自由も法益の内容・構成要素をなすから、法益処分の目的について欺罔され錯誤に陥った場合、法益の内容をなす法益処分の自由が害されており、その点について認識を欠くとして、法益関係的錯誤を認めることができる」[19]とする[20]。重要なのは、山口が「法益処分の自由」の保護を、詐欺罪のような財産犯ではもちろん、身体法益についても一定の場合には肯定することが可能であるとしている点である。例えば、角膜事例においても、息子のために角膜を処分するという動機には刑法上の要保護性が認められるため、処分の目的が欺罔されていることを根拠に、法益関係的錯誤が認められるとされる[21]。

この見解に対しては、法益処分の自由を法益に取り込む結果として、あらゆる動機の錯誤が法益関係的とされてしまいかねないが、それは、「法益関係的錯誤説の自殺行為になる」[22]といった批判が加えられている。確かに、

---

19 山口厚「法益侵害と法益主体の意思」同編著『クローズアップ刑法各論』(成文堂、2007年) 16頁。

20 ドイツにおいても、例えば、Detlev Sternberg-Lieben, in: Schönke/Schröder Strafgesetzbuch Kommentar, 30. Aufl., 2019, Vorbem §§ 32 ff. Rn. 47は、「法益処分の自由」も法益関係的な事項であるとして、角膜事例における被害者には「法益関係的」な不自由が生じており、同意の有効性が否定されると説明している。

21 山口・前掲注 (19) 18頁以下。なお、山口も、猛獣事例については、法益の客観的な保護価値に錯誤があるとして法益関係的錯誤を認めており、第1の拡張アプローチによる解決を図っている (同15頁)。

あらゆる処分の目的に関する錯誤を「法益関係的錯誤」に含めてしまえば、その帰結は条件関係的錯誤説と全く異ならないものとなるであろう。

　もっとも、山口の見解は、「処分の自由」に刑法上の保護適格・要保護性が認められる場合に限り、これを法益の構成要素に取り込むものであり、あらゆる動機の錯誤を法益関係的とするものではない。例えば、山口は、初めから支払う意思がないのに、報酬を払うからと欺罔して臓器の提供をさせる場合について、身体は、その侵害が生命に危険をもたらす場合には、生命保護の見地から、処分の自由は認められないことに加え、臓器の売買が臓器移植法11条において禁止されており臓器売買の自由は保護されないことを理由に、報酬目的での臓器の処分の自由は保護されず、報酬の支払について錯誤があっても法益関係的錯誤は認められないとの説明をしている[23]。このように、「法益処分の自由」の保護といっても、法益主体のあらゆる願望の実現の自由がそこに含まれるわけではなく、客観的あるいは法的な観点からの限界づけという課題が意識されているのである。

　「法益処分の自由」の保護の限界という真の問題に正面から取り組む必要があると考える本書の立場からすれば、その方向性自体は支持できる。しかし、法益の存立に関わる錯誤だけでなく、法益処分の自由を阻害するような錯誤まで「法益関係的錯誤」と呼称することは、やはり議論の混乱を招くように思われる。すでに繰り返し述べたように、本来の「法益関係的錯誤」の概念は、こうした動的な利益の保護を射程に含むものではない。動的な利益の保護の問題を「法益関係的錯誤」概念の内部に取り込む傾向は、第一の拡張アプローチにも部分的に見受けられるものであったが、山口の見解は、この問題を全面的に「法益関係的錯誤」概念の内部に取り込むものである。その意味で、「法益関係的錯誤説の自殺行為になる」との批判は免れないであろう。

22　佐伯・前掲注（4）222頁注42。
23　山口・前掲注（19）18頁。

16 第1部 同意論の基本的視座

第3節 視座の設定

　当初の法益関係的錯誤説のように、法益を「失うかどうか」の認識の有無のみを基準に同意の有効性を判断することには限界がある。そもそも、他人に脅されて生命や身体の処分に同意するような場合も、法益を失うことの認識それ自体はあるが、このようなケースで同意に有効性を認める者は存在しないであろう[24]。その意味で、「法益関係的錯誤説は、同意の有効性に関する統一理論ではないから、被害者に自由な意思決定があったかどうかは、法益関係的錯誤かどうかと別個に検討されなければならない」[25]のは当然のことである。「法益関係的錯誤」という概念が解決できる問題の射程については、慎重な見極めが必要であり、概念に与えられた守備範囲を不用意に拡張することは避けるべきである。

　それでは、「法益関係的錯誤」という概念の守備範囲はどこに求めるべきであろうか。この点を考える上では、そもそも、本来の意味での「法益関係的錯誤」、すなわち、法益を失うことについての錯誤がある場合には、法益主体に、法益を放棄する意思が認められないため、同意の有効性を論じる以前に、そもそも同意の「存在」が否定されることに注意する必要がある[26]。本来の「法益関係的錯誤」は、それがあることによって、同意の「存在」が打ち消されるような錯誤を指す概念であると位置付けることができよう。「法益関係的錯誤」という概念の守備範囲としては、このように、あくまで

24　なお、アルツトは脅迫の場合は常に「法益関係的」であるとして、脅迫に基づく同意を無効とするが（Arzt, a.a.O.（Anm. 7）, S. 32）、これに対しては、「法益関係性」に新しい意味を付与することで、適切な結論に達しているにすぎない、との批判が加えられている（Knut Amelung, Irrtum und Täuschung als Grundlage von Willensmängeln bei der Einwilligung des Verletzten, 1998, S. 63）。

25　佐伯・前掲注（4）220頁。

26　この点を明確に指摘したのは、Claus Roxin, Die durch Täuschung herbeigeführte Einwilligung im Strafrecht, in: Gedächtnisschrift für Peter Noll, 1984, S. 283である。ロクシンは、法益関係的な欺罔で問題となるのは、同意の無効（Unwirksamkeit）ではなく、その不存在（Fehlen）であるとした。我が国でこの点を指摘するのは、斉藤誠二「欺罔にもとづく承諾」吉川経夫先生古稀祝賀論文集『刑事法学の歴史と課題』（法律文化社、1994年）176頁、林幹人『刑法総論〔第2版〕』（東京大学出版会、2008年）171頁、佐藤・前掲注（1）191頁、山口・前掲注（13）326頁、松原・前掲注（11）147頁等。

第1章 錯誤に基づく同意をめぐる議論 17

も同意の「存否」を判断するための役割に限定するのが明快であると思われる。

このように考えれば、法益関係的錯誤が認められないことで確認されるのは、同意の「存在」にとどまり、その同意に「有効性」が認められるかは、それが犯罪阻却効を認めるだけの同意者の自由な意思決定の所産と評価できるかどうかという観点から、別個に検討されなければならない。ここでは、同意の存在を打ち消すような錯誤（＝法益関係的錯誤）以外の錯誤が、同意の有効性に影響を及ぼしうるか、及ぼしうるとすれば、それはいかなる範囲であるかについて、改めて検討する必要があろう[27]。このように、錯誤に基づく同意の問題は、同意の「存在」と「有効性」の二段構えで判断される[28]。

これに対して、「法益関係的錯誤」概念を拡張する上述のアプローチはいずれも、この概念に、同意の「存否」を規定するという役割を超えて、その「有効性」を評価する役割をも部分的に、あるいは、全面的に担わせようとするものであるといえる。しかし、このような、概念の本来の役割を超えた「越権」は、かえってその基準に期待される役割を曖昧化させ、議論に混乱を招くものであり、方法論的に支持することができない。第2の拡張傾向が、「法益処分の自由」の保護の限界づけという問題を争点化したのは正しい方向性であったといえるが、これは「法益関係的錯誤」概念とは切り離して、別個の問題として議論すべきである。

---

27 同様に、石居圭「法益関係的錯誤説の意義と限界」明治大学大学院法学研究論集51号（2019年）192頁も、法益関係的錯誤説の修正には問題があるとし、むしろ、法益関係的錯誤がない場合でも承諾が無効となることを認めて、それがどのような場合かを議論するのが重要であるとする。

28 高橋則夫『刑法総論〔第5版〕』（成文堂、2022年）351頁も、同意による正当化の判断に際して、第一段階で法益関係的錯誤の有無、第二段階で自由意思喪失の有無を検討するという「2段階構成」を採るべきであるとする。なお、筆者の理解に対しては、第一段階と第二段階で前提とする法益観が異なり、理論的一貫性に問題が生じうるとの指摘（安田拓人「被害者の同意」法学教室499号（2022年）74頁）もあるが、本書の趣旨は、いずれの段階でも動的な法益観が前提であり、法益処分の自由が害されたかどうかを二段階に分けて判断すべき、というものである。

第2章

同意の存在と有効性の区別

第1節　同意の「存在」

　議論をクリアにするためには、同意の「存在」と「有効性」という異なる位相の問題を明確に区別すべきである。前章で明らかにしたように、この両者を同一の平面で扱うことは、議論に無用な混乱を招きかねない。

　まず、同意が成立する前提として、その有効性以前に、同意が「存在」すること、すなわち、法益主体が自己のいかなる法益を処分するのかを正確に認識し、認容していることが必要となる[1]。すでに述べたように、本来の「法益関係的錯誤」、すなわち、法益を喪失すること自体についての錯誤がある場合というのは、まさに、この認識が欠ける、すなわち、同意が「不存在」となる場合を指すものであり、かつ、それにとどまるものである。

第1款　同意の対象

　通常の事例では、同意の「存否」の判断は容易になしうるであろうが、その判断に悩ましさが生じる事例も考えられる。例えば、XがAに対して、自分の頭を叩くことに同意したが、そこにBが突然割り込んできて、Xの頭を叩いたという場合、Xは、頭を叩かれるということ自体には同意をしているものの、Bにそれをされることに同意しているわけではないため、この場合にXの同意が「存在」しているといえるかは、考え方が分かれるであろう。

　この問題を解決するためには、同意の対象となる「結果」[2]をどこまで具体

1　すでに、町野朔「被害者の承諾」西原春夫ほか編『判例刑法研究第2巻』（有斐閣、1981年）176頁以下も、承諾の「存在」と「有効性」の問題を区別し、承諾の有効性を論ずる以前に、まず承諾の存否について検討する必要があることを指摘していた。

的に捉えるべきか、という点を検討する必要がある。すなわち、同意の対象
となる結果を財（生命や身体利益）の放棄という形で抽象的に捉えれば（抽象的
結果観）、Ｘはこの抽象的な結果の発生には同意しているため、同意が存在し
ていることになるのに対して、結果をより具体的に捉え、「誰による」「い
つ」「どこで」「いかなる方法で」等を含めた具体的な結果への同意が必要で
あると考えれば（具体的結果観）、Ｘの同意は「Ｂにより」頭を叩かれること
には及んでいないとして、同意は存在しないことになるのである。

　この点につき、当初の法益関係的錯誤説に見られるような「存立の保護」
のみを重視するような静的な法益観に立てば、前者の抽象的結果観に至るの
が自然である。とにもかくにも、Ｘは、頭を叩かれることに同意し、その
身体的利益を放棄しているのであるから、刑法上重要な錯誤は認められ
ない。これに対して、誰に叩かれるかという点に重要性を認めれば、そのレ
ベルでの選択（処分）の自由という動的利益を、傷害罪の保護範囲に取り込
んでしまうことになるが、これは当初の法益関係的錯誤説の発想とは相容れ
ないのである[3]。

　しかし、一度その法益を放棄すると、あらゆる他人との関係でも同意が認
められ、法益の要保護性が失われるというのは、疑問がある。自己決定の保
障という見地からは、同意も「法益を放棄するか否か」の二択ではなく、
「どのように放棄するか」を含めたより豊かな形で保障されるべきであろ
う[4]。同意に人的条件を付すことが可能であるとする見解[5]も共通の発想を有

2　そもそも、同意の対象が「行為」か「結果」かについて争いがあるが、同意が、発生した法
　益侵害結果を正当化するために持ち出されるものである以上、同意はこうした結果をカヴァー
　するものである必要があると解される（内藤謙『刑法講義総論（中）』（有斐閣、1986年）593
　頁、山中敬一『刑法総論〔第3版〕』（成文堂、2015年）215頁、佐伯仁志『刑法総論の考え方・
　楽しみ方』（有斐閣、2013年）213頁等）。
3　これに対して、塩谷毅『被害者の承諾と自己答責性』（法律文化社、2004年）40頁以下は、
　「身体という高度に人格的な一身専属的法益の保護は〔……〕自己目的としてそのもの自体を保
　護す」べきとして、静的な法益観を明言する一方で、「被害者の意思が『甲になら殴られてもよ
　い』というものであった場合、甲以外の乙が被害者を殴ることは、やはりその傷害は被害者の
　承諾によってはカバーされていないというべき」としているが、その説明の整合性には疑問が
　残る。
4　佐藤陽子『被害者の承諾』（成文堂、2011年）255頁。
5　Urs Kindhäuser/Till Zimmermann, Strafrecht AT, 11. Aufl., 2023, §12 Rn. 15は、同意の効力
　を、特定の条件（bestimmte Bedingungen）に依存させることが可能であるとし、その条件の

するといえる。さらに、アルツトも、財産法益に関する限りは、こうした多様な形での処分の決定の保護を正面から認めている。例えば、父親が息子に対して、花火を打ち上げることに同意したところ、他人がその花火を打ち上げたという事例について、アルツトは、財産保護の客体は対象それ自体に尽きるものではないとして、器物損壊罪の成立を肯定しているのである[6]。もちろん、アルツトは、この論理が生命や身体法益には及ばないとするのであるが、より価値が高い法益であるはずの生命や身体について、自己決定の保障の範囲を狭めることに合理的な根拠があるかは疑問である。このような理解の背後には、生命・身体を特定の目的のために処分する自由を刑法が保護することで、これらの法益の「商品化」につながるという発想があると考えられるが、生命・財産の交換価値を法的に一律に否認することで、その保護がかえって弱まってしまうのでは、本末転倒であると言わなければならない[7]。

　したがって、財産法益だけではなく、生命や身体法益についても、主体・場所・方法等の具体的な条件による同意の限界づけを、刑法で保護すべき自己決定の内容として合理的に評価できる範囲で認めるべきであると解される。この意味で、同意の対象については具体的結果観を前提とすべきであろう[8]。したがって、上記の事例では、身体利益の放棄において、「誰による」かということも自己決定として重要と考えるとすれば、「Aに叩かれること」には同意がされているものの、「Bに叩かれること」は同意の射程外であるため、同意は不存在であり、「有効性」の検討を待つまでもなく、同

　　内容として、行為と特定の人間との結びつきを挙げている。なお、松宮孝明『刑法総論〔第6版〕』（成文堂、2024年）128頁、塩見淳『刑法の道しるべ』（有斐閣、2015年）69頁以下も参照。
6　Gunther Arzt, Willensmängel bei der Einwilligung, 1970, S. 46.
7　長井圓「人格的法益と財産的法益との排他性・流動性」『山中敬一先生古稀祝賀論文集〔上巻〕』（成文堂、2017年）177頁も参照。
8　我が国のコンメンタールでも、同意の対象は「結果のみならず、行為の種類、態様も含む」として、行為の種類、態様を限定して同意した場合に、その範囲でしか同意の効力が認められないとの指摘がなされている（大塚仁ほか編『大コンメンタール刑法第3巻〔第3版〕』（青林書院、2016年）447頁〔古田佑紀＝渡辺咲子〕等）。本文の説明と実質的な違いはないが、同意の対象が「結果」だけでなく「行為」も含むとするより、同意の対象は「結果」であるが、この結果は「具体的結果」であると説明した方が、分かりやすいように思われる。山中敬一「被害者の同意における意思の欠缺」関西大学法学論集33巻3＝4＝5号（1983年）295頁も参照。

意による正当化の余地はないということになる。

　ただし、同意の射程として、どこまで具体的な条件、言い換えれば、法益主体による「細かい注文」を読み込むことが許容されるかは、犯罪類型ごとの各論的な検討が必要であることに注意を要する。例えば、患者Xが、医師Aによる治療のための侵襲に同意したが、実際には、Xが眠っている間に、多忙なAに代わって医学実習生Bが当該侵襲をおこなったという場合に、行為主体の齟齬を理由にして、同意の存在を否定すべきかは、議論の余地があろう。特に、予定された処置が単純なものであり、医師と医学実習生のどちらがやっても大差が生じないような場合には、主体を抽象化して、「（およそ病院関係者による）治療侵襲」に対する包括的同意の存在を認めることも考えられる。実際に、これと同様の事例である「医学実習生事件」において、ドイツ連邦通常裁判所は、「治療に同意することが、客観的な意味にしたがって、非医師による治療をも包括する場合がある」として、医学的に軽微な事例については、医師への同意が非医師による施術に及びうることを認めている[9]。この判断は、ドイツの学説においても、「合理的な（vernünftig）患者の判断にとって無意味な錯誤は重要でない」[10]といった理由から、一定の支持を集めている。

　もっとも、このように、同意の射程を規範的に捉えて、本人が重視した事項であっても、取るに足らないような「細かい注文」を無視することに対しては、強い批判も加えられている。例えば、アメルンクは、このような主張によれば、第三者の側から提示された理性の要請に従う者の「自由」のみが保護されることになるが、これは「自由」という概念の珍奇な解釈であるとする[11]。

　確かに、同意による正当化根拠が、法益主体の自由な自己決定の保障に求められると解する以上は、法益主体である本人の「こだわり」に着目すること自体は正当である。しかし、それと同時に、刑法における同意概念には、

9　BGHSt 16, 309 [312].

10　Claus Roxin, Die durch Täuschung herbeigeführte Einwilligung im Strafrecht, in: Gedächtnisschrift für Peter Noll, 1984, S. 289.

11　Knut Amelung, Irrtum und Täuschung als Grundlage von Willensmängeln bei der Einwilligung des Verletzten, 1998, S. 63.

22　第1部　同意論の基本的視座

国家の刑罰的介入の限界を画するという意義が期待されているのであり、法益主体の「こだわり」をどこまで当該構成要件を通じて保護するかという規範的な検討は避けられない。もちろん、その検討の結果として、「合理的な患者」にとり重要でない「こだわり」は傷害罪の保護範囲に含まれないと解するのか、あるいは、治療行為の文脈においても、誰に自己の身体への介入を許すかについての選択は法的に保護すべきと考えるのかは、議論の余地があると思われるが、この必要な検討から目を逸らすことは許されないであろう[12]。

第2款　必要な認容の程度

　同意の存在が認められるためには、以上のような意味で特定される具体的な法益侵害結果の発生について、法益主体が少なくとも「認容」している必要がある。これに対して、法益主体が、結果の発生を単に認識・予見しているだけでは、同意の存在を肯定できないのは当然である。例えば、近いうちに、敵対者に確実に殺されることを知ったとしても、その殺人に同意していることにはならない。

　問題は、同意に「意（思）的要素」が必要であるとして、どの程度必要なのかという点であるが、この点については、積極的意欲というレベルまで要求すべきではなく、法益侵害結果が生じることが「やむを得ない」という消極的認容があれば足りると解すべきである[13]。

　そもそも、我々の日常的な法益処分の多くは、自己の有する財をやむなく犠牲にすることで、より価値のある他の目的を達成するために行われる。コ

12　なお、アメルンクも、医師と同様に統御できる干渉のみを行う限りは、「同意者が意識的に受け入れたのを超える身体侵害のリスクを創出していない」ということ（行為無価値の欠如）を理由に、結論的には傷害の可罰性が否定されるとしている（Amelung, a.a.O.（Anm. 11), S. 63 f.)。しかし、同意による正当化が否定されるにもかかわらず、行為無価値が欠如することの根拠は明らかでない。

13　山中敬一「過失犯における被害者の同意」平場安治博士還暦祝賀『現代の刑事法学（上）』（有斐閣、1976年）344頁、深町晋也「危険引受け論について」本郷法政紀要9号（2001年）129頁、佐伯仁志「違法論における自律と自己決定」刑法雑誌41巻2号（2002年）192頁、島田聡一郎「被害者による危険の引受」山口厚編著『クローズアップ刑法総論』（成文堂、2003年）137頁以下等。

ンビニで缶ビールを購入する時でさえも、我々は、身を粉にして働いて得た
金銭を、泣く泣く手放しているわけである。したがって、同意を認めるため
に、法益の喪失それ自体についての積極的な意欲や願望まで要求すること
は、過剰というほかない[14]。

　もちろん、法益侵害の発生を消極的に認容するケースの中には、他者から
の不当な脅迫や圧力により、法益処分を強いられているような場合も含まれ
るであろう[15]。しかし、こうした他者の干渉が、本人の自由な自己決定を阻
害しているかどうかは、同意の「存在」が確定した後に、「有効性」が認め
られるかどうかという文脈で検討されるべき問題である。そのような評価を
加える以前の、同意の実体を認めるための心理状態としては、消極的認容が
あることで必要にして十分である。

第3款　小　括

　以上のように、同意の「存在」が認められるためには、法益主体が、「誰
による」「いつ」「どこで」「いかなる方法で」等を含めた具体的な法益侵害
結果の発生に対して、少なくとも消極的に認容していることが必要であ
る[16]。このような心理状態を現実に抱いていることが、同意による犯罪阻却
のための存在論的な基盤であり[17]、「有効性」という規範的な評価に先行し

14　もっとも、商品の獲得などの、法益処分を通じて実現される状態を含むトータルな結果に対
　しては、法益主体の「意欲」が存在すると表現することも可能であろう（塩谷・前掲注（3）
　273頁以下参照）。
15　特に、性的行為に対する同意の場合、財産法益などとは異なり、他の利益を追求するために
　法益を犠牲にするという「手段」的な性格を通常は有しないと考えられるため、同意が「消極
　的認容」にとどまる場合に、他者による不当な干渉・圧力が存在している可能性は相対的に高
　いといえる（神山千之「合意による性交と強姦の境」刑事法ジャーナル27号（2011年）62頁以
　下参照）。
16　さらに、同意の外部への表示や行為者による認識の要否についても争いがあるが、同意によ
　る犯罪阻却の実質的根拠を、法益主体による処分の決断それ自体に求める立場からは、いずれ
　も不要と解される（内藤・前掲注（2）594頁、林幹人『刑法総論〔第2版〕』（東京大学出版
　会、2008年）161頁、佐伯・前掲注（2）209頁、曽根威彦『刑法原論』（成文堂、2016年）268
　頁、松原芳博『刑法総論〔第3版〕』（日本評論社、2022年）141頁以下、小林憲太郎『刑法総論
　〔第2版〕』（新世社、2020年）147頁以下等）。これに対して、同意を行為者とのコミュニケー
　ションと捉える立場から、行為者に対する表明が必要であるとするのは、田中優輝「被害者の
　同意に基づく行為の可罰性」刑法雑誌59巻2号（2020年）141頁。
17　なお、このような「結果発生の認識・認容」としての「完全な同意」による解決には限界が

24   第1部　同意論の基本的視座

て確認されなければならない。同意の存否は、基本的には事実的な性格の問題といえるが、すでに述べたように、同意の対象（射程）を画する際には、法益主体によるこだわり（＝条件設定）をどこまで読み込むかの検討が必要であり、そこでは規範的な視点の混入が避けられないことには注意を要する。

　前章で挙げた事例では、いずれも同意の「存在」を肯定できる。なぜなら、偽装心中事例では、青酸ソーダを飲むことによる死亡結果の発生が、猛獣事例では、自身の飼う猛獣が射殺されるという結果の発生が、角膜事例では、自身の角膜が摘出されるという結果の発生が、それぞれ、法益主体により認識され、認容されているからである。これらの事例では、同意の際の動機を構成する事情について、法益主体に錯誤が認められるが、そのような「周辺事情」は、同意の対象そのものではないため、その錯誤により同意の「存在」が否定されることはない。他方で、ここで「存在」が確認された同意に、犯罪阻却効を認めるだけの実質が備わっているかどうかについては、次の「有効性」の問題として、さらに検討が要請されることになる。

　なお、「法益関係的錯誤」がある場合に、同意の存在が常に否定されるという意味では、同概念には、同意の存否を画する機能があるといえるが、同意の対象（射程）の画定という真に解決を要する問題に対しては、「法益関係的錯誤」というフレーズを引き合いに出しても、ほとんど役に立たない。例えば、前述した医学実習生事件において、患者Xの錯誤が「法益関係的錯誤」かどうかを問うこと自体に意味はなく、単純な処置において医者による治療を望むAの「こだわり」が傷害罪の保護範囲に含まれるかを議論しなければ、事例の解決は得られない。無論、その「こだわり」に要保護性が認められる場合に、当該錯誤を「法益関係的錯誤」と呼ぶこと自体は可能であるが[18]、この場合に、「法益関係的錯誤」という概念が何かを解決しているわけではないであろう。このように考えると、「法益関係的錯誤」という概

───────────────

　あるとして、「行為・行為者関係的」な「不完全な同意」の可能性を主張するのは、戸浦雄史「不完全な同意について」大阪学院大学法学研究41巻1号（2014年）1頁以下。
18　森永真綱「被害者の承諾における欺罔・錯誤（1）」関西大学法学論集52巻3号（2002年）220頁以下は、法益関係的錯誤を「法益侵害結果を法的に重要な意味で変更する事柄の誤認」と定義した上で、日時や場所に関する錯誤も、法益の種類、法益処分の目的に照らして重要と評価できる場合には、この意味での「法益関係的錯誤」に含まれると説明している。

念は、同意の存否を規律するという役割さえも、十分には果たせていないことになる。その意味では、「法益関係的錯誤」という概念の使用に拘泥し続けるよりも、「同意の対象（射程）」論という形で、法益主体の条件設定にどこまで重要性を認めるべきかを正面から議論する方が、より生産的であるように思われる。

第2節　同意の「有効性」

第1款　同意の犯罪阻却根拠

　同意の「存在」が肯定されても、この時点では未だ同意の「有効性」についての評価は白紙のままである。そこで、次に、同意の有効性を評価するための基準を明らかにする必要がある。これを明らかにするためには、法益主体の同意が犯罪を阻却する根拠に立ち返って検討する必要があろう。

　法益主体の同意は、「volenti non fit injuria（同意者に不法はなされない）」という法格言に示されるように、古くから犯罪の成立を否定する方向に作用するものと考えられてきた。この同意の犯罪阻却根拠をめぐっては、実質的違法性の捉え方とも関連して、学説上見解が対立しており[19]、図式的に整理すれば、以下のようになる。

　まず、違法評価の基準を行為規範違反の有無に求める「規範違反説」によれば、法益主体の同意が犯罪を阻却する根拠は、行為の社会的相当性に求められる[20]。この見解によれば、同意があったとしても、社会的相当性の範囲を逸脱する場合には、犯罪の成立が肯定されることになる。しかし、こうし

19　同意の犯罪阻却根拠に関する議論については、曽根威彦『刑法における正当化の理論』（成文堂、1980年）105頁以下、川原広美「刑法における被害者の同意（1）（2・完）」北大法学論集31巻1号（1980年）209頁以下、31巻2号（1980年）757頁以下、佐藤・前掲注（4）11頁以下、秋山紘範「『被害者の承諾』による犯罪の正当化についての原理的考察」中央大学大学院研究年報41号（2012年）169頁以下、北川敦子「法益主体の自己決定と正当化原理」『曽根威彦先生・田口守一先生古稀祝賀論文集 上巻』（成文堂、2014年）265頁以下、河野敏也「錯誤に基づく同意と同意の正当化根拠との関係について」明治大学大学院法学研究論集（2016年）33頁以下等を参照。

20　大塚仁『刑法概説（総論）〔第4版〕』（有斐閣、2008年）421頁、福田平『全訂刑法総論〔第5版〕』（有斐閣、2011年）180頁以下、佐久間修『刑法総論』（成文堂、2009年）195頁等。

26 　第1部　同意論の基本的視座

た見解は、基準とされるべき規範の実質が明確にされない限り、同意による
適法化の根拠も要件も不明のままにとどまることが、規範違反説の内部から
も批判されている[21]。例えば、井田良は、違法性の判断枠組みとして行為無
価値論を採用しつつも、「そのことと、個人の自己決定権ないし法益主体に
よる法益保持責任の分担の思想とが矛盾することはあり得ない」として、同
意による適法化の根拠を個人の自己決定権の思想に求めるべきであるとして
いる[22]。

　他方で、違法評価の基準を法益侵害性に求める「法益侵害説」によれば、
法益主体の自由な「自己決定」による利益放棄の結果として、法益が存在し
なくなる（法益の不存在）、あるいは、法益を刑法によって保護する必要性が
なくなる（法益の要保護性の不存在）といった説明がなされている[23]。また、
「法益侵害説」に立脚しながらも、法益性やその要保護性を不存在とするの
ではなく、利益衡量の観点に基づき、同意によって実現された「自己決定の
自由」という利益が侵害された法益を上回ることを不処罰根拠とする見解も
存在する[24]。

　ここで重要なのは、大多数の見解が、同意による犯罪阻却の実質的根拠
を、本人の自由な「自己決定」の尊重に求めている点である。このことは、
「自己決定」が、普遍的な価値を有しており、同意論を支える根本思想であ
るという認識が、我が国の学説において広く共有されていることを示すもの
であろう。自己決定の尊重は、違法論の対立を超えた普遍的価値であり、憲
法上の要請でもある。したがって、同意の有効性の評価基準を検討するにあ
たっては、「規範違反説」か「法益侵害説」かという二項対立に拘泥するよ

21　井田良『刑法総論の理論構造』（成文堂、2005年）190頁。
22　井田・前掲注（21）191頁。
23　内藤・前掲注（2）587頁、佐伯・前掲注（2）205頁、山口厚『刑法総論〔第3版〕』（有斐
　閣、2016年）162頁等。「法益」の不存在とみるか、「要保護性」の不存在とみるかは、「法益」
　概念を法益主体たる人と法益客体たる外界の存在との「関係」と捉えるか、あるいは、効用の
　源泉としての外界の「存在」そのものを「法益」と呼ぶかという問題に帰着するであろう（松
　原・前掲注（16）131頁参照）。なお、個人の自律と法益の関係の検討を試みるものとして、北
　川敦子「刑法における自律概念（1）（2）」早稲田大学大学院法研論集141号（2012年）81頁以
　下、142号（2012年）27頁以下。
24　曽根・前掲注（16）261頁以下。

りも、犯罪阻却の実質的根拠である「自己決定」の内実を明らかにすることが重要といえる[25]。

第2款　意思形成プロセスの自律性

それでは、刑法が保障すべき法益主体の「自己決定」とは、一体どのようなものであると理解すべきであろうか。

すでに述べたように、法益主体による同意は、無目的になされるわけではない。むしろ同意とは自己実現のための手段である。すなわち、法益主体は、より価値のある新たな財を獲得したり、より大きな損害を回避したりするなど、自身の価値体系にとり望ましい状態を実現するために、財の一部または全部の放棄に同意するのである。

そこで、一つの理解としては、本人が追求しようとした目的が達成される場合、すなわち、本人の価値体系と完全に合致している意思決定のみが、刑法上も有効なものと認められるとの立場も考えられる。実際に、ドイツにおいて、アメルンクは、「同意者が彼の価値体系との一致において決定した同意こそが自律的に与えられたものとして妥当しなければならない」[26]として、まさにこうした立場を表明していた。このような理解によれば、あらゆる動機の錯誤に基づく同意は、本来ならば同意しなかったであろうという意味で、本人の価値体系に反しているため、刑法上の有効性が否定されることになる。

しかし、このような「自己決定」の実現は理想的とはいえても、それを刑法における現実の保障の対象として捉えることには疑問がある。そもそも、我々の日常的な意思決定は、常に価値体系との一致においてなされているわけではない。むしろ、人生とは「あんなことをしなければよかった」という後悔の連続である。同意の有効性の基準を、本人の価値体系との完全な一致に求めれば、日常生活における我々の同意の多くは「無効」のレッテルを貼

25　若尾岳志「違法論総説」曽根威彦＝松原芳博編『重点課題 刑法総論』（成文堂、2008年）66頁参照。

26　Amelung, a.a.O.（Anm. 11）, S. 41. アメルンクの見解については、須之内克彦「アメルンク, K.：行為帰責の問題としての同意の際の意思の欠缺」愛媛大学法文学部論集総合政策学科編6号（1999年）115頁以下、同『刑法における被害者の同意』（成文堂、2004年）106頁以下も参照。

28　第1部　同意論の基本的視座

られてしまうであろう。

　刑法は、このような理想的な自己決定の達成そのものを市民に対して請け負うものではない。それは、市民が自らの活動を通じて自力で追い求めるものであろう。むしろ、刑法が市民に対して保障すべきなのは、自己の価値体系に従った意思形成を、他者に不当に妨害されないという意味での、自律的な意思形成の「過程（プロセス）」である。すなわち、市民はそれぞれの理想的な自己実現に向けて、各自で情報を収集し、それらを自己の価値体系に照らし合わせながら、合理的な意思形成を行うのであるが、この意思形成プロセスに他者の不当な介入が加わると、自律的な意思形成が妨げられ、自由な自己実現も困難となってしまう。そこで、国家には、刑法を通じて、このような「他律」的な介入から、本人の意思形成プロセスを保護することで、自己実現のための条件を整備・保障することが期待される、と考えられるのである[27]。

　したがって、本人の自律的な意思形成が他者により不当に妨害された場合には、それにより形成された同意は無効と評価され、刑法的介入が要請される。これに対して、意思形成のプロセスにそのような他者の不当な介入が何ら存在しない場合には、結果的になされた同意がいかに本人の価値体系に合致しないものであるとしても、刑法の出る幕ではない。この場合、その同意は本人により「自律」的に形成された自己決定であるとして、有効と評価されなければならないのである[28]。

27　只木誠『刑法学における現代的課題』（中央大学出版会、2009年）9頁以下も、国家の保護義務の観点から、自己決定権が十分に行使されるだけの「場」の不存在は、法秩序がパターナリスティックに介入し、法益保護を図るべきことを根拠づけるとする。もっとも、只木の見解においては、「社会的相当性」の概念が、国家の保護義務に基づいて、承諾の制限を付すことができる諸事情を包括する総称とされ、そのような諸事情には指つめなどの「短慮からの保護」も含まれるとされるが、こうした理解が過剰な刑法的介入を許すことにならないかは、警戒が必要であろう。

28　安田拓人「被害者の同意」法学教室499号（2022年）70頁が、被害者の同意は「強制や詐欺などによる影響を受けていないかという形で裏側から判断されることになり、そうした影響を受けていない限り、刑法上は完全な同意があったものとして扱われる」としているのは、的確な指摘である。

第3款　規範的自律概念の展開

　以上のように、刑法が保障すべき自己決定とは、本人の価値体系に合致する意思決定の達成そのものではなく、それに向けた意思形成の「プロセス」の自律性と解すべきであるが、ここで、さらに注意が必要なのは、刑法が保障すべき、自律的な意思形成のための条件として、外部から何のプレッシャーも受けることもなく、必要な情報は何でも手元にあるというような、理想的な（optimal）条件を措定すべきではない、ということである。

　そもそも、人間は不十分・不正確な情報の中で、常に他者からの有形無形のプレッシャーを受けながら日々の意思決定を重ねていかなければならないという宿命にあり、現実の意思形成において、理想的な条件が揃うことは、むしろ例外的である。それにもかかわらず、刑法がこの理想的な条件まで保障しようとするのは、現実の社会生活を無視した「高望み」でしかない。

　このような「高望み」の同意論を構築することは、種々の弊害を産むであろう。理想的な条件に達していない場合に、本人を保護しようとすれば、過剰なパターナリズムに至り、刑法の過剰な介入を招くことになる。また、本人の同意が「存在」するにもかかわらず、その意思形成プロセスが理想的でないことを理由に、広く同意を無効とすることで、法益主体本人の自由も制約されてしまうことも看過すべきでない。無論、この場合も刑事制裁は行為者に対してのみ発動されるが、その結果生じる「取引の禁止」の効果は、パターナリスティックに保護される本人に対しても作用するのである。さらに、そのような意思形成過程の過剰な保護は、本人の「自己防衛能力」を減退させ、かえってその自律性を阻害することにもなりかねないという問題もあろう[29]。

　刑法が保障すべきなのは、このような理想的な条件ではなく、むしろ人間が意思形成を行うための「最低限の」条件と言うべきである。したがって、同意の有効性評価においては、意思形成のプロセスが理想的であったかどう

---

[29]　松宮孝明『刑事立法と犯罪体系』（成文堂、2003年）8頁以下は、刑事立法において、被害者の自己防衛能力を考慮しない「過保護刑法（Ammenstrafrecht）」はかえって「自律」を阻害する恐れがあるとしているが、このことは、刑事立法の場面に限らず、同意の有効性評価においても念頭に置くべきであろう。

30　第 1 部　同意論の基本的視座

かではなく、意思形成プロセスが、そのような最低限の条件すらも下回るものであったかどうかが基準とされなければならない。この「最低限の条件」が何を意味するかは、刑法における個人の自律のあるべき保障という観点から、規範的な検討を必要とする。本書では、この意味での自律性を「理想的な自律」に対置する概念として、「規範的自律」と呼び、同意の有効性評価のための統一的な視座として設定する。本書の課題は、この「規範的自律」のための条件を具体化して、その意義と内実を明らかにすることである。

　なお、「規範的自律（normative Autonomie）」という用語は、すでにロクシンが、錯誤に基づく同意の有効性の評価基準として示しており[30]、我が国でも、斉藤誠二により詳しい紹介がなされている[31]。後述するように、ロクシンは、法益関係的錯誤がなくても、同意を無効とすべき場合があるとして、同意が法益主体の「自律的な処分の所産」といえるかどうかが有効性評価の基準であるとし、この評価に際しては、単に法益主体の主観的な意味での任意性が問われているのではなく、客観的・法的な評価が問題になるとした[32]。その上で、ロクシンは、問題となる事例を欺罔・錯誤の内容に応じて類型化し、それぞれの類型ごとに、同意が規範的に見て自律的と評価できるかを検討している。

　本書の立場も、同意の有効性の評価基準を、法益主体の自律的な処分の所産といえるかどうかに求め、ここでいう「自律性」を規範的に捉えようとする点で、このような方向性と軌を一にするものである。ただし、ロクシンの見解においては、「規範的」考慮の中身が十分に示されておらず、そのために、類型化の根拠についても明らかではないとの批判を招いている[33]。また、「規範的自律」の視点が、同意に関する錯誤以外の論点との間でどのような関係を有するかは必ずしも明らかではない。

　これに対して、本書では、「規範的自律」を、理想的自律とは対置され

30　Roxin, a.a.O.（Anm. 10), S. 281 ff.

31　斉藤誠二「欺罔に基づく承諾」吉川経夫先生古稀祝賀『刑事法学の歴史と課題』（法律文化社、1994年）175頁以下。

32　Roxin, a.a.O.（Anm. 10), S. 281.

33　Hans Joachim Hirsch, in: Strafgesetzbuch, Leipziger Kommentar, 11. Aufl., Vor § 32 Rn. 119; Thomas Rönnau, in: Strafgesetzbuch, Leipziger Kommentar, 13. Aufl., 2019, Vor § 32 Rn. 199.

る、刑法が現実的な保障を目指すべき自律性の水準と捉え、同意の有効性評価に関するグランドセオリーと位置付けた上で、錯誤以外の問題や、被害者の意思が関与する各論的な犯罪の解釈論も含めた、統一的な検討の視座として設定するものである。次章では、この「規範的自律」のための具体的な条件を検討し、その内実を明らかにしたい。

32　第1部　同意論の基本的視座

第3章

規範的自律の具体的条件

第1節　合理的な判断能力

第1款　判断能力の意義

　合理的な意思形成を行うために、法益主体は、必要な情報を収集し、それらを統合・衡量することで、自身の価値体系にとり理想的な自己決定を目指すことになるが、その前提として、法益主体には合理的な判断能力が備わっている必要がある。このような能力は、規範的に正常な意思形成を行うための前提であり、これが欠ける場合には、形成された同意に有効性を認めることはできない。

　なお、ここでいう「判断能力」とは、法益放棄の同意自体はなしうることを前提としてその意思形成を合理的に行うことができる能力のことである。これに対して、そもそも法益放棄の意思を形成する能力（意思能力）すら欠いている場合（例えば、赤ん坊）には、有効性評価を問う以前に、同意の「存在」が否定されることになる。例えば、自殺の何たるかを理解しない幼児の嘱託を受けて殺害するような場合[1]には、ここでいう「判断能力」を問う以前に、自己の死亡結果の発生という事実そのものを認識していないのであるから、同意は無効なのではなく、そもそも「不存在」というべきであろう。この意思能力と判断能力は、従来の教科書等で、「同意（承諾）能力」の問題として、区別されずに論じられてきたが、同意の「存在」と「有効性」を区別する本書の立場からは、両者は異なる位相に位置付けられる要件として区別されなければならない。

　意思能力の内容が比較的明瞭であるのに対して、判断能力の具体的な意義

1　大判昭和9年8月27日刑集13巻1086頁。

や認定方法については、さらなる検討を要する。その検討の出発点として
は、同意を通じた財の投下がおよそ「タダ（kostenlos）ではなされない」[2]と
いうことを確認すべきであろう。すなわち、自己実現のための同意は、自身
の法益を犠牲にすることにより、利益の獲得や損害の回避といった他の目的
を追求して行われることが通常であり、判断能力の内容を考える際にも、同
意のこのような「功利的な性格（utilitaristische Natur）」を踏まえる必要があ
る[3]。

　具体的には、まず、同意者に、法益を犠牲にする場合とそうでない場合と
で、どちらが自己の価値体系において優位であるかを決定するための能力
（価値評価能力）が必要となろう。これには、放棄の対象となる法益の価値を
算定する能力だけではなく、その結果生じる利得や損失の価値を算定する能
力が含まれる。なお、ここでいう「価値の算定」とは、同意者自身によって
形成された主観的な評価システムにおける価値の算定のことであり、それが
一般人の価値体系と一致する必要はない[4]。一般人の価値基準にとっては
「不合理」に思われる算定の仕方であるとしても、それにより判断能力が否
定されることになるわけではないのは当然である[5]。

　さらに、諸価値の算定・衡量を行うための前提として、当該法益を犠牲に
することにより、その後事態がどう展開するのか（＝何を獲得することができ、
何が失われるのか）を予測できなければならない。このような能力は、「因果
経過の認識能力」と呼ぶことができよう。ここで要求されるのは、知的な理
解力、すなわち、一定の知識を有し、それを前提として、知識を論理的に結
合する能力である[6]。

2　Thomas Rönnau, in: Strafgesetzbuch, Leipziger Kommentar, 13. Aufl., 2019, Vor § 32 Rn.
　192.
3　Knut Amelung, Über die Einwilligungsfähigkeit (Teil I), ZStW 104 (1992), S. 544 f. アメル
　ンクの同意能力に関する見解については、クヌート・アメルング（山中敬一訳）「同意能力につ
　いて」関西大学法学論集45巻 4 号（1995年）163頁以下も参照。
4　Amelung, a.a.O（Anm. 3）, S. 546.
5　これに対して、小野寺一浩「欺罔行為と自殺関与罪」福岡大学法学論叢51巻 3 号（2007年）
　107頁は、「社会における一般人から見て、その価値観が全く理解できないものであるような場
　合にまで、それに依拠した価値決定を『理性的』な意思形成であるとし、真意性を認めること
　には疑問がある」とする。
6　Amelung, a.a.O（Anm. 3）, S. 553 f.

34 第1部 同意論の基本的視座

　以上のように、一般論としては、判断能力の具体的な内容として、①当該法益を放棄した場合に、将来事態がどのように展開するかを予測し、②法益を犠牲にする場合とそうでない場合とで、どちらが自己の主観的な評価システムにおいて価値的に優位かを決定できることが必要であると整理できる。

　なお、要求される判断能力の「程度」については、事案の複雑さや法益の価値や種類により相対化される。すなわち、同一の法益が問題となる場合でも、個々の事例の複雑さによって必要な予測能力の判断は異なるし[7]、放棄される法益の種類や性質ごとに価値評価能力の判断も相対化するであろう。

第2款　判断能力の認定方法

　実際上問題となるのは、以上の意味での判断能力の有無を具体的な事案において、どのように認定するかである。少なくとも、実際になされた本人の意思決定が一般人にとって不可解であるという理由のみで、合理的な判断能力を有していないと評価することは許されないであろう。判断能力の認定にパターナリスティックな考慮が働くことは避け難いとしても、それが、自律性の「補完」を超えて、自律性の「否定」に至らないように注意する必要がある[8]。

　この点で興味深いのが、ドイツの「抜歯事件」と呼ばれるケースである。事案は、数年来、激しい頭痛に悩まされた成人の女性患者が、その頭痛の原因を自分の差し歯であると思い込み、歯科医に抜歯を要求したのに対して、歯科医は、差し歯が頭痛の原因ではないことを確信し、彼女にその所見を伝えたが、それでも彼女はそれが唯一の残された治療であると考え、差し歯を抜くことを求めたため、歯科医は仕方なく、彼女の要求に応じて抜歯を行なったという事案である。

　この事案において、ドイツの連邦通常裁判所は、女性患者の同意を無効と評価して、歯科医に傷害罪の成立を肯定した[9]。その根拠は、患者の「素人的無分別」に対して、専門家である歯科医が、正しい医学的判断を受け入れ

7　Amelung, a.a.O.（Anm. 3）, S. 557.
8　松原芳博『刑法総論〔第3版〕』（日本評論社、2022年）144頁。
9　BGH NJW 1978, 1206.

させるべきであったのに、それができなかったという点に求められている。

　しかし、これに対しては、多くの学説は批判的な反応を示している[10]。例えば、ロクシンは、「同意の拠り所となる一般的な行動の自由は、理性的な行為の自由と非理性的な行為の自由を等しく保障するものである」とした上で、「医的侵襲が客観的にみて非理性的な決定に基づいている場合であっても、その侵襲は許されなければならない」とする[11]。客観的に見て不合理な意思決定が行われたことは、判断能力の存在を疑う契機にはなりうるが、そのこと自体を根拠に判断能力を否定することは許されない。本件でも、成人である患者が、医師から十分な説明と情報を提供された上で、なおも抜歯を自ら決断している以上、軽々に同意の有効性を否定すべきではない[12]。

　この点を踏まえると、同意の判断能力の認定においても、責任能力と同様に、「生物学的な」確認を要求して、精神障害ないしは年齢の未熟さが認められる場合にのみ、判断能力を否定するという理解[13]にも、十分な理由があろう。こうした限定を施すことで、不合理な決定を行なった成人に、判断無能力というレッテルが貼られることは回避することができる。もっとも、このような生物学的な確認と、判断能力の有無の実質的な審査との関係をどのように考えるか[14]、といった課題は残される。

10　Vgl. Amelung, a.a.O.（Anm. 3）, S. 553; Claus Roxin, Strafrecht AT I, 4. Aufl., 2006, § 13 Rn. 87; Gaby Meyer, Die Unfähigkeit des erwachsenen Patienten zur Einwilligung in den ärztlichen Eingriff, 1994, S. 232 f.; Detlev Sternberg-Lieben, in: Schönke/Schröder Strafgesetzbuch Kommentar, 30. Aufl., 2019, Vorbem §§ 32 ff. Rn. 40.

11　Roxin, a.a.O.（Anm. 10）, § 13 Rn. 87.

12　なお、三代川邦夫『被害者の危険の引受けと個人の自律』（立教大学出版会、2017年）44頁は、医者に小指の切除を依頼する事例を念頭に、小指の切除は、日本社会においてその後の人格的発展の機会を著しく損なうものであり、このような「自律の基盤を恒久的に毀滅させる意思決定を、特に深い考慮もなく行う場合には、自律として尊重するに値しない」として、医者に傷害罪が成立するとする。しかし、「深い考慮に基づくか」という基準に同意の有効性の評価を結び付けることは、結局のところ客観的に非理性的な行動を選択する余地を狭めることに繋がり、ひいては個人の自律に反しないかという疑問が残る。

13　Amelung, a.a.O.（Anm. 3）, S. 558.

14　佐藤陽子『被害者の承諾』（成文堂、2011年）132頁以下は、一度「生物学的」確認により絞りをかけてから、さらに実質的に能力がない者を選んでいくのは「二度手間」であり、承諾無能力が結果的に未成年者や精神障害者に限られるとしても、それを検討する場合には、既成概念から解放されているべきであるとする。

第2節 「情報」へのアクセス

　次に、本人の自律的な意思形成プロセスを保障するという観点からは、合理的な意思決定に必要な「情報」にも適切な位置付けが与えられなければならない。「情報」は目的のために投下されるべき最適な手段を決定するための基盤であり、合理的な意思形成のためには必要不可欠な基盤といえる。この「情報」という基盤なくして、自己実現を図ることは不可能といえよう。

　もっとも、「情報」という意思決定の基盤にどこまでの刑法上の保障を認めるべきかは、検討を要する課題である。すでに述べたように、意思形成に際して、必要な情報が全て揃う状況はむしろ例外であり、規範的自律の観点からは、刑法上「自律性」を欠き無効となる範囲を限界づける必要がある。以下ではまず、ドイツの代表的な学説を取り上げることで、限界づけの手がかりを得ることにしたい。

第1款　ドイツの学説
1　アメルンクの見解

　すでに述べたように、アメルンクは、「同意者が彼の価値体系との一致において決定した同意こそが自律的に与えられたものとして妥当しなければならない」[15]とのテーゼを前提に、錯誤に基づく同意は広く無効になるという結論を導いている。アメルンクは、意思決定における誤りを、①価値決定の間違い、②予測の間違い、③葛藤決定における間違いに区別して検討しているが、結論的には、いずれのタイプの錯誤についても、広く同意が無効とされる。

　まず、①価値決定の間違いとして、例えば、治癒不可能な病気を患ってしまったと誤解し、臓器の摘出に同意した場合のような動機の錯誤の事例が挙げられるが、この場合に同意は無効となる。なぜなら、承諾者は、同意をし

15　Knut Amelung, Irrtum und Täuschung als Grundlage von Willensmängeln bei der Einwilligung des Verletzten, 1998, S. 41.

た場合のコスト・ベネフィットの算定に際して、正しくない事実的前提から出発してしまっているために、彼の価値システムに反している決定を行なっているからである[16]。

②予測の間違いのケースとしては、例えば、異性との交際で成果を獲得するために美容手術に同意をしたが、実際には期待された効果が上がらなかったという場合が挙げられる。この場合、将来の事実が期待と異なるかもしれないという不確実性は、決定を下そうとする者が引き受けなければならないことであり、同意の有効性が将来の出来事に依存することはない。もっとも、将来の予測は常に現在の状況に依拠してなされるのであり、そのような予測に関係する現在の事実について錯誤に陥った場合には、ある種の動機の錯誤が問題になるとして、①の場合と同様に、同意は無効になるという[17]。「美容手術をすればモテる」かどうかは、予測に関する現在の事実であろうから、アメルンクの理解によれば、この事例でも結局、同意は無効とされる。

③「葛藤決定（Konfliktentscheidungen）」とは、同意者が、ある財をより価値のある財を救うために、やむを得ず放棄する場合の意思決定のことである。具体例としては、外科的な侵襲によって生命を救うために自己の身体を犠牲にする場合が挙げられる。このような決定が同意者の価値システムに適合しているというためには、一方の財の犠牲が、他の財を保全するために「必要不可欠」といえる必要がある。なぜなら、最善なのは、２つの財を共に無傷のままにすることだからである。したがって、このような「必要不可欠」性がないのに、これを誤信して財の放棄に同意する場合、本人の価値体系に反するため、同意は無効となる[18]。

以上のように、アメルンクは錯誤に基づく同意が問題となるほぼ全てのケースについて、価値体系との不一致を理由に同意を無効とするが、そこから直ちに、行為者の処罰まで根拠づけているわけではないことに注意を要する。というのも、アメルンクは、同意が無効であることを確定した上で、

---

16 Amelung, a.a.O. (Anm. 15), S. 52.
17 Amelung, a.a.O. (Anm. 15), S. 53 f.
18 Amelung, a.a.O. (Anm. 15), S. 54 f.

その次の段階として、行為者がその法益侵害について「答責的」であるかどうかを検討すべきであるとし、これが肯定される場合に、初めて行為者の処罰が基礎づけられるとしているのである[19]。

この答責性の検討においては、法益主体が「自ら陥った錯誤に基づく同意」と、行為者の「欺罔により騙取された同意」とが区別される。前者の「自ら陥った錯誤」の場合には、行為者が同意者の錯誤を認識している場合や、同意者との「特別な関係」に基づき、同意者が事実を正しく把握しているかどうかを調査する義務がある場合を除いて[20]、行為者が処罰されることはない。なぜなら、行為者は基本的に、同意者が事実を正しく把握しているかどうかに注意を払う必要がないためである。これに対して、同意が欺罔により騙取された場合には、このような同意の受け手の保護は問題とならず、欺罔者に対する帰責が肯定されるものと解されている[21]。

アメルンクの見解の特徴は、本人の「価値体系との不一致」を理由に同意の有効性を広く否定する点と、それに引き換え、行為者の答責性を問う段階で、処罰範囲に絞りをかけようとする点に求められる。このうち、前者については、すでに批判したように、「自律の理想的な理解（ideales Verständnis von Autonomie）」[22]を前提とするものであり、支持することができない。我々のような、全知でない人間の決定は、常に不十分・不正確な根拠のもとに行われる宿命にある。したがって、本人の価値体系の実現に必要なあらゆる情報を正確に把握したうえでなされる「理想的な自己決定」を保障することは最初から不可能なのである。刑法上の自律概念は、このような理想論を拠り所とすべきではなく、刑罰を背景とした現実の保護を要請するものとして構築されなければならない。

また、アメルンクは、広く同意を無効とする代わりに、行為者の答責性と

---

19 Amelung, a.a.O.（Anm. 15), S. 36 ff.
20 Amelung, a.a.O.（Anm. 15), S. 52 f.
21 Amelung, a.a.O.（Anm. 15), S. 72 ff. ただし、アメルンクは、同意の騙取のために、常に答責的とされるかのような印象を与える公式化には異議を唱えなければならないとの留保も付しており、例えば、「医学実習生事件」については、結論として傷害の可罰性を否定している（本書第1部第2章第1節第1款）。
22 Thomas Rönnau, Willensmängel bei der Einwilligung im Strafrecht, 2001, S. 354 f.

いう観点から処罰範囲を限定するため、具体的事例の結論そのものは、それほど過酷にはならないかもしれない。しかし、結果的に処罰が限定できればよいという単純な話ではない。同意が有効と評価されるかどうかは、発生した法益侵害結果が、法益主体の自律的な決定に基づくものであるとして適法と評価されるか否か、すなわち、国家の刑法的介入の余地があるか否かに関わっている。このような同意の意義に照らせば、帰責の配分以前の問題として、刑法の介入が要請されるような自律性の侵害が生じているかどうかという観点から、同意の有効性を評価する必要があろう。

2　レナウの見解

アメルンクとは対照的に、レナウは、「人間の決定が、常に不十分・不正確な根拠に基づいて行われている」ことを出発点とする[23]。レナウによれば、「宿命的に制限された知識の基礎に基づいて実践される自己決定において、刑法では、縮小された『(残された) 自由』の保護のみが常に問題となっており、それは全知の理想的な自由との関係では相対的な自由として現れる」[24]。そこで、同意の有効性に影響を与える自律性の欠陥は、それが「人間の不正な行為から (aus unlauterem menschlichen Verhalten)」生じた場合に限定されるという[25]。

したがって、法益主体が「自ら陥った錯誤」に基づく同意は、他者の不正な介入がない以上、有効と評価される。この場合に、財を侵害した行為者を処罰することは、行為者と同意者の間の適切なリスク分配の観点からも許されない[26]。ただし、行為者が同意者との関係で、「特別な関係」に立つ場合は例外である。例えば、医師のような保障人的地位にある者が説明義務を怠って医的侵襲を行う場合には、医師の積極的な欺罔が認められない場合であっても同意は無効とされる[27]。

アメルンクの見解においては、同意を広く無効とした上で、行為者への帰

23　Rönnau, a.a.O. (Anm. 22), S. 220. レナウの見解については、佐藤・前掲注 (14) 177頁以下、野村和彦「法益関係的錯誤説に対する批判」慶應法学37号 (2017年) 197頁以下も参照。
24　Rönnau, a.a.O. (Anm. 22), S. 220.
25　Rönnau, a.a.O. (Anm. 22), S. 263.
26　Rönnau, a.a.O. (Anm. 2), Vor § 32 Rn. 203.
27　Rönnau, a.a.O. (Anm. 2), Vor § 32 Rn. 203.

40 第1部 同意論の基本的視座

責を検討する段階で、リスク分配的な視点を考慮していたのに対して、レナウの見解では、こうした考慮が同意の有効性評価の段階で取り入れられていることが注目される。この違いには、同意の有効性評価の前提となる「自律」概念についての、両者の理解の相違が象徴的に示されているといえよう。

　以上の点に関する限り、結論に相違はなく、理論構成の違いに過ぎないともいえるが、両者で結論に違いが生じているのが、行為者が同意者の錯誤を認識している場合の取扱いである。この場合に、アメルンクは、行為者への帰責を肯定するのに対して、レナウは、このような行為者の特別知識が、同意の欠陥に対する管轄を構成するものではないとして、同意の有効性が維持されると結論づけている[28]。ここでは、行為者がたまたま同意者の錯誤を知り、それを教えなかったというだけでは、自律性を阻害するような「不正な行為」があるとはいえない、と考えられているのである。

　他方で、レナウの見解においても、「欺罔により騙取された同意」については、常に無効になるとされる[29]。同意者の意思形成過程を、他者が欺罔を通じて歪めることで、そのような不正な影響がなければ到達しなかったであろう、誤った利益衡量結果へと到達させてしまうことは、まさに、本人の「残された自由」をも制限するような「不正な行為」であるため、刑法が保障すべき自律性が侵害されていると解されているのである。

　なお、ここで同意を無効とする欺罔は、あくまでも「行為者による」欺罔であることに注意を要する。これに対して、行為者とは別の第三者による欺罔に基づく同意については、当該第三者との関係では無効になるとしても、これと無関係な行為者との間では、同意は有効とされる。なぜなら、行為者との関係では、欺罔を行う第三者の存在も、所与の自然的・社会的環境の一部に過ぎず、この場合にも同意者は、行為者との関係でまさしく「残された自由」を行使しているからである[30]。

28　Rönnau, a.a.O. (Anm. 2), Vor § 32 Rn. 202.

29　Rönnau, a.a.O. (Anm. 2), Vor § 32 Rn. 206.

30　Rönnau, a.a.O. (Anm. 2), Vor § 32 Rn. 209. なお、アメルンクは、錯誤が第三者の欺罔に基づく場合につき、行為者との関係でも同意は無効であるとする（Amelung, a.a.O. (Anm. 15), S. 87）。同意の有効性の基準を、本人の価値体系との一致に求めるアメルンクの見解からすれば、

第3章　規範的自律の具体的条件　　41

　以上のように、レナウの見解の特徴は、刑法が現実に保障すべき自律概念に照準を合わせつつ、その自律性の有無を、錯誤の「内容」ではなく、錯誤に陥った「原因」によって区別している点である。すなわち、錯誤の原因が行為者にある場合には、錯誤の内容を問わず、常に同意が無効とされるのに対して、その原因が、同意者本人や外部の自然環境、さらには行為者とは異なる第三者にある場合には、「残された自由」が行使されているとして、同意が有効と評価されるのである。

　自律性の有無を、錯誤の「原因」に着目して判断するレナウの見解は、刑法の任務を、他者に不当に介入されないという意味での、意思形成プロセスの保護に求める本書の立場からも、基本的に賛同できる。もっとも、錯誤の原因が、行為者の欺罔であれば、その強さや錯誤の内容を全く問わずに、常に同意を無効と評価すべきであるかという点については、疑問が残る[31]。もちろん、理想的な自律観からすれば、皆が正直者である社会がまさに「理想」的であろう。しかし、我々の社会生活は、少なくとも「些細で稚拙な嘘」に満ち溢れており、それら全てを刑罰により排除するのは現実的ではない。刑法による「理想的な自律」の保護を拒絶する立場からは、同意を無効とする欺罔の内容や程度についても、規範的な観点から限定しなければ、一貫しないように思われる。

3　ロクシンの見解

　すでに述べたように、ロクシンは、欺罔に基づく同意が「その者の自由な処分の表現として認められるかどうか」が問題であるとし、その基準を、同意者の主観的な任意性（subjektive Beliebigkeit）ではなく、客観的で法的な評価に求める[32]。それゆえ、アメルンクの見解のような、同意者の個人的な価

　当然の帰結である。
31　レナウを含めた大多数の論者が、強制に基づく同意の有効性評価に際しては、本人の意思決定に与えた強度を問題にしている（Rönnau, a.a.O.（Anm. 2）, Vor § 32 Rn. 207）こととの整合性も問題となる。
32　Claus Roxin, Die durch Täuschung herbeigeführte Einwilligung im Strafrecht, in: Gedächtnisschrift für Peter Noll, 1984, S. 281. ロクシンの見解については、斉藤誠二「欺罔に基づく承諾」吉川経夫先生古稀祝賀『刑事法学の歴史と課題』（法律文化社、1994年）175頁以下、北川敦子「錯誤に基く被害者の承諾」早稲田大学大学院法研論集125号（2008年）115頁以下、佐藤・前掲注（14）166頁以下、佐瀬恵子「法益関係的錯誤に関する考察」創価ロージャー

42　第1部　同意論の基本的視座

値体系に反するような同意を全て無効とするといった帰結は退けられる。

　その上で、ロクシンは、欺罔の「内容」に着目して、問題となる事例を5つに類型化し、自律性が否定される場合とそうでない場合を区別している。その5つの類型とは、①法益放棄の種類、範囲に関する欺罔、②反対給付に関する欺罔、③利他的目的に関する欺罔、④損害回避に関する欺罔、⑤付随的事情ないし行為者に実現が左右できない事情に関する欺罔である。

　まず、①法益放棄の種類、範囲に関する欺罔は、「法益関係的錯誤」を引き起こすものであり、この場合、常に同意は「不存在」となる[33]。したがって、同意による犯罪阻却が認められる余地は存在しない。

　これに対して、②反対給付に関する欺罔に基づく同意は「有効」とされる[34]。なぜなら、双務契約を締結する者は、常に反対給付が得られないというリスクを引き受けており、さらに、反対給付の実現は、民法上の履行請求権（場合によっては詐欺罪）により別途保護されるため、同意者による双務契約の締結と、自身の債務の履行は、彼の行動の自由として評価できるからである。また、例えば高額の報酬を約束されたために、殴られることに同意をしたという場合のように、契約が公序良俗に違反しているため、訴訟による履行請求の実現可能性が認められない場合であっても、同意が有効であることに変わりはない。この場合に同意を無効として、行為者を傷害罪で処罰することは、民法が適切な理由で提訴可能性を拒否していることと矛盾するからである。

　他方で、③利他的目的に関する欺罔に基づく同意は「無効」とされる[35]。例えば、医学的な発展にとって非常に重要な実験であると偽られて、傷害に対して同意がなされたような場合である。この場合に「法益関係的錯誤」は認められないが、発生した出来事が、同意者の行動の自由を表現していない以上、行為者は処罰されるべきである。②「反対給付に関する欺罔」との違いは、同意者が追求した目的の達成の可能性が閉ざされているかどうかとい

───────────────

　　ナル9号（2016年）58頁以下、河野敏也「錯誤に基づく同意と同意の正当化根拠との関係について」明治大学大学院法学研究論集（2016年）26頁以下、野村・前掲注（23）194頁以下も参照。
33　Roxin, a.a.O.（Anm. 32）, S. 283.
34　Roxin, a.a.O.（Anm. 32）, S. 284 f.
35　Roxin, a.a.O.（Anm. 32）, S. 286.

う点に求められる。すなわち、②の場合に、同意者が望む状況は、訴訟等を通じてなお実現可能であるのに対して、③の場合には、その実現への道が最初から閉ざされている点に違いがあるというのである。

④損害回避に関する欺罔に基づく同意も「無効」と評価される[36]。まず、他人の損害を回避する目的で侵害に同意する場合には、同意者は利他的に行動しているため、類型③と同様に処理できる。また、同意者が、自身の損害の回避を目的とする場合、例えば、ケジラミがいると騙され髪の毛を切られることに同意したという事例[37]でも、同意は無効である。なぜなら、ここで被欺罔者は、災難をでっち上げられたことで「精神的なジレンマ」に陥っており、このようなジレンマは、脅迫に基づく強要が行われる場合と状況的に一致しているからである。脅迫を通じて獲得された同意が無効であると考えるならば、このような精神的なジレンマ状況においてなされた同意も同じように無効と評価されなければならない、というのである。

ただし、ロクシンは、そのような災難が現実に存在する場合には、同意が当然に有効であるとしている。なぜなら、この場合には、同意者に残された決定の自由が、実現されたと評価できるからである。ここではロクシンも、レナウと同じように、「客観的に制限されていない自由な決定の余地（objektiv unbegrenzter Spielraum freier Entscheidung）」が狭められたかどうかが重要であるとする。緊急状況が偽装された場合と、現実に存在する場合とでは、この点が決定的に異なるとされる。

最後に、⑤付随的事情ないし行為者に実現が左右できない事情に関する欺罔に基づく同意は「有効」と評価される[38]。

付随的事情に関する欺罔の例としては、前述した「医学実習生事件」が挙

---

36 Roxin, a.a.O. (Anm. 32), S. 286 ff.
37 この「ケジラミ事例」は、ヤコブスの設例である（Gunther Jakobs, Strafrecht AT, 2 Aufl., 1991, S. 249）。なお、ヤコブス本人は、ケジラミ事例について、法益関係的な欺罔が認められないため同意を有効と評価しつつも、法益処分を合理的と思い誤るような状況を作出した者には「管轄（Zuständigkeit）」が認められるとして、間接正犯としての処罰を認めるべきであるとしている。しかし、このような説明に対しては、法益主体の有効な同意が認められる以上、帰属の前提である不法結果を欠くため、間接正犯が成立する余地もないのではないか、という疑問が残る。
38 Roxin, a.a.O. (Anm. 32), S. 288 ff.

44　第1部　同意論の基本的視座

げられている。この事案は、患者が医師による治療侵襲に同意したが、実際には、医学実習生が当該侵襲を行ったというものである。ロクシンによれば、処置が単純であり、医師により実施されるか、医学実習生により実施されるかが、患者の健康に有意な違いをもたらさない場合には、この事情は単なる「付随的事情」に過ぎない。そのような事情は、患者本人が重視していたとしても、理性的な患者にとって重要とはいえない以上、意思決定の自律性を阻害しないとされる[39]。

　行為者に実現が左右できない事情に関する欺罔の例としては、美容整形外科医が、女性に対して整形手術をすれば女優として大成すると偽り、整形手術を受けることに同意させた場合が挙げられている。この場合に、女性の期待が外れに終わることは、整形手術を施す契約が履行されたという事実を何ら変えるものではない。自由な意思決定の帰結は常に不確実であり、意思決定を行った者があとで後悔をしたからといって、その決定の自律性が否定されることにはならない[40]。

　以上のように、ロクシンの見解では、欺罔に基づく同意が常に無効となるわけではなく、（同意がそもそも「不存在」である類型①を除くと）③「利他的目的に関する欺罔」や④「損害回避に関する欺罔」の場合のみ、自律性が阻害され、同意の有効性が否定されることになる。なお、行為者の欺罔がなく、同意者が自ら錯誤に陥った場合については、客観的な表示に対する信頼を重視すべきであるとし、法益関係的錯誤がある場合を含め、常に同意は有効になるとする[41]。

　ロクシンが、「自律」の概念を、同意者本人の主観的な価値体系に全面的に依存させることなく、客観的で法的な視点から捉えようとする点には、レナウの見解と共通の発想を見出せる。他方、レナウが、欺罔を原因とする限

39　Roxin, a.a.O.（Anm. 32）, S. 289.

40　Roxin, a.a.O.（Anm. 32）, S. 291.

41　Roxin, a.a.O.（Anm. 10）, § 13 Rn. 111. 例えば、ある者が自分の隣人に木を倒してはならないとの手紙を送ったが、その際に「してはならない（nicht）」という言葉を書き忘れたという事例が挙げられている。ただし、表示の受け手が、錯誤による同意であることを認識し、それを自分のために意識的に利用することは「権利の濫用」であり、同意を援用することが許されないとされている。

りで同意を常に無効と評価するのに対して、ロクシンは、欺罔の「内容」に着目して類型化した上で、自律性を阻害する欺罔とそうでない欺罔とを区別しており、この点に両者の見解の相違がある。

　欺罔の「内容」にも着目すべきであると考える本書の立場からは、ロクシンの見解は示唆的である。しかし、ロクシンの見解による事例類型の「仕分け」に合理的な根拠があるかどうかは、疑わしく、また、各類型に包摂される事例の射程も十分に明確とはいえない点に問題があるように思われる。

　例えば、同意が有効とされる「反対給付に関する欺罔（②）」と、無効となる「損害回避に関する欺罔（④）」との間に明確な線引きができるかは疑問がある。お金がなく食うのに困った者が、多額の報酬と引き換えに、臓器の摘出に同意をしたが、報酬の約束が嘘だったという場合、この嘘は、多額の報酬という「反対給付に関する欺罔」とも捉えられるし、飢えを回避するという「損害回避に関する欺罔」とも捉えられるだろう[42]。

　また、そもそも、「反対給付に関する欺罔」の場合に、同意を一律に有効と評価することの根拠も明らかではない。ロクシンは、「反対給付に関する欺罔」の事例では常に、同意者に、反対給付が得られないことのリスクの引受けがあることに言及しているが、目論見通りに事が運ばないリスクがあること自体は、利他的目的や損害回避目的での同意がなされる場合も同じであって、そのリスクを同意者がどこまで引き受けているかは、個別の事案によるだろう。したがって、同意者が反対給付を追求している場合のみ、一律に同意者のリスク引受けを強調して、騙されても「自律」の範囲内であると評価すべき根拠は、全く不明であると言わざるを得ない。

4　小　括

　意思形成過程において判断に必要な「情報」の保障についても、刑法は、全ての情報が揃った上での意思形成という「理想的な自律」を目指すべきではない。レナウがいうように、もともと我々が行使できるのは、宿命的に制限された知識に基づく「残された自由」のみである。したがって、あらゆる「錯誤に基づく同意」を、本人の価値体系に反することを理由に無効とすべ

42　Hans Joachim Hirsch, in: Strafgesetzbuch, Leipziger Kommentar, 11. Aufl., Vor § 32 Rn. 119.

きではなく、規範的自律の観点から、刑法上「自律性」を欠き無効となる範囲を限界づける必要がある。

ドイツの学説を概観しても明らかなように、この限定のアプローチは大きく、①情報の「内容」に着目した限定と、②法益主体が情報への到達に失敗した「原因」に着目した限定の2つが考えられる。以下では、それぞれのアプローチの当否や具体的な基準を、我が国の学説を参照しながら、検討したい。

第2款　情報の「内容」による絞り

意思形成にあたり、いかなる「情報」を重視するかは人によって様々である。例えば、食品を購入する際にも、美食家はその食品の味を重視するであろうし、自身の健康に配慮する者は、食品の栄養価を重視するであろう。ここで問題となるのは、刑法が保障する情報の範囲を、専ら各人の主観的な関心や価値観を基準にして決めるか、あるいは、客観的な観点からさらなる絞りをかけて限定すべきか、という点である。

この点、同意が自己決定権の保障に由来する概念であることから、同意者の主観的な価値観を重視する見解からは、本人にとり主観的に関心のある情報かどうかに着目する主観的アプローチに至ることになる[43]。

なお、主観的アプローチの中でも、本人が決定に際して重視しており、意思決定に影響する情報の全てに重要性を認める見解がある一方で（このような見解は条件関係的錯誤説に至る）、それよりは限定して、本人が意思形成に際して「特に」重視している情報に限って、刑法上の保護を認める見解も考えられる。例えば、林幹人は、被害者の「自由意思の有無は、あくまで被害者本人の意思に即して判断されなければならない」[44]としつつ、錯誤が生じた

43　上嶌一高「被害者の同意（下）」法学教室272号（2003年）78頁以下、林幹人「錯誤に基づく被害者の同意」『松尾浩也先生古稀祝賀論文集 上巻』（有斐閣、1998年）249頁以下、曲田統「生命・身体に対する罪における『被侵害者の錯誤と同意』」札幌学院法学24巻1号（2014年）34頁以下、杉本一敏「『真意説』の真意を問う」高橋則夫ほか『理論刑法学入門——刑法理論の味わい方』（日本評論社、2014年）135頁以下、井田良『講義刑法学・総論〔第2版〕』（有斐閣、2018年）353頁、田中優輝「被害者の同意に基づく行為の可罰性」刑法雑誌59巻2号（2020年）146頁、安田拓人「被害者の同意」法学教室499号（2022年）79頁等。

44　林（幹）・前掲注（43）249頁。

場合には、「被害者自身の価値観にとって、もたらされると信じた利益の価値が処分される法益の価値をはるかに凌駕〔圏点引用者〕するために、もはや衡量の余地なく問題の法益を処分せざるをえないと考えたのであれば、彼はその法益処分の意思決定について、不自由である」[45]と述べている。もたらされると信じた利益の価値が、処分される法益の価値をわずかにでも超えていれば、誤った意思決定が条件づけられるはずであるが、この見解は、それだけでは同意を無効とはせず、法益の価値を「はるかに凌駕する」という意味で、被害者が追求した目的が、本人とり「特に」重要な場合にのみ、同意を無効にするものといえよう[46]。

　他方で、刑法が保障すべき情報は、本人の関心や価値観のみで決まるのではなく、客観的な重要性も必要であるとする、客観的アプローチも有力に主張されている[47]。自律性を阻害する欺罔の内容を、客観的ないし規範的な視点から限定しようとしたロクシンの見解は、これに位置づけることができよう。

　我が国においても、例えば、森永真綱が、同意論における客観的考察方法の優位性を正面から説いており、注目に値する。森永は、法益主体の主観的な価値基準に照らして同意の有効性を決定すべきであるとする主観的考察方法に対して、「この見解が何ら客観的・規範的な限定を加える必要はないという趣旨で唱えられているのであれば〔……〕妥当でない」[48]とした上で、「ある法益主体の信頼が刑法において保護されるべき場合とは、それが少なくとも日本の刑法規範が向けられる者の間において、重要なものとして一般

45　林（幹）・前掲注（43）250頁。
46　同様に、杉本・前掲注（43）136頁も、動機づけられることが心理的に不可避な場合に限って意思決定を「不自由」と評価すべきであるとの理解から、「はるかに凌駕する」という限定が必要であると指摘している。
47　林美月子「錯誤に基づく同意」内藤謙先生古稀祝賀『刑事法学の現代的状況』（有斐閣、1994年）33頁以下（緊急状況の存否に関する錯誤が存在した場合に、誤信されていた内容が「緊急避難を構成して違法阻却が認められる場合であるか」を同意の有効性の判断基準とする）、塩谷淳『刑法の道しるべ』（有斐閣、2015年）68頁以下（被害者の抱いた目的が著しく違法な場合や、とるにたらない些細なものである場合、その錯誤を考慮する必要はないとする）、塩谷毅「欺罔による被害者利用の間接正犯」立命館法学405・406号（2022年）275頁以下等。
48　森永真綱「欺罔により得られた法益主体の同意」川端博ほか編『理論刑法学の探究④』（成文堂、2011年）137頁。

48 　第1部　同意論の基本的視座

化可能性を有し、法のレベルに高められたもので、しかも刑罰によるリアクションにふさわしいものでなければならない」[49]とする。

　本書は、以上のような客観的アプローチを支持するものである。確かに、法益主体の同意による犯罪阻却が本人の自己決定の尊重に由来するものである以上、主観的アプローチのように、本人の主観的な価値基準を出発点とすること自体は正当である。本人が主観的に関心を全く示していない情報について錯誤があるとしても、それが意思形成過程の自律性に影響を及ぼさないのは当然である。

　しかし、本人が同意に際して重視した情報であれば、全てに刑法的な要保護性を認めるというのは、自律性の過剰な保護である。規範的自律の観点からは、刑法的保障を認めるべき情報の内容についても、規範的限定を加えるべきである。すなわち、本人にとり、主観的に重要というだけではなく、それに加えて、刑法による保護に相応しいかという観点から、客観的に重要性が肯定できる情報についての錯誤のみが、同意の有効性に影響を与えると考えるべきである。

　他方で、主観的アプローチの一部の主張に見られるように、本人にとり「はるかに凌駕する」という意味での重要性まで要求するのは、無用な限定であると思われる。誤った意思決定を動機づける情報なのであれば、そのことだけで、本人にとっての主観的重要性は肯定できるのであって、それに加えて、そのような情報に基づく意思決定が規範の保護目的に含まれていると客観的に評価できるのであれば、同意を無効であるとしない理由は何も存在しないであろう。

　問題は、情報の客観的な重要性をいかなる基準で判断すべきかである。1つの理解として、法益放棄にあたり当該情報が「一般人」にとっても重視されるものかどうかを基準とすることが考えられる[50]。一般人をも法益処分に動機づけてしまう内容の嘘こそ、社会的に問題視されるべきであり、刑法的

───────────────

49　森永・前掲注（48）138頁。
50　筆者もかつての論稿（拙稿「法益主体の同意と規範的自律（2・完）」早稲田法学会誌67巻1
　　号（2016年）183頁）において、このような基準が情報の客観的重要性を判定する一つの指標に
　　なるとしていた。

なリアクションに相応しい、という発想自体は、全く理由のないものではない。このような理解からは、例えば、偽装心中事例では、恋人と一緒に死ぬために、命を投げ出すというのは、一般人から見てナンセンスであり、そのような情報は客観的な重要性を持たないのに対して、自身の飼う猛獣が周辺住民を襲おうとしているかどうかや、自分の息子が失明しかけているかどうかという情報は、その立場に置かれた一般人にとっても重要なものとして了解できるから、客観的な重要性を認めることができる、といった説明が考えらえる。

しかし、情報の客観的な要保護性をこのような基準だけで判断することには、看過できない問題がある。このような基準では、普通の人にとって共感できるような法益処分だけが、刑法によって保護されることになり、逆に、一般人が理解に苦しむような動機に基づく法益処分の保護が否定されることになるが、これでは自己決定権の保障の理念と完全に矛盾してしまうであろう[51]。子供の視力を救おうとする親の願望は、崇高で尊ぶべきものだが、恋人と一緒に死ぬという願望は「下らない」保護に値しないものだとして、国家が一方的に優劣を設けることは、市民間の選好の差別にほかならない。

また、情報の要保護性を判断するにあたり、社会システムの維持との関連性を指摘する見解も主張される。森永は、ロクシンの挙げる「利他的目的に関する欺罔」の事例を念頭に置きつつ、「献血や医学実験の目的に関する欺罔・錯誤のように、法益保全のために確立されたシステムに資する目的を害する場合も、いわば社会連帯の動機は保護されるべきであるので、刑法的重要性を否定する理由はない」として、同意が無効になるという結論を支持している[52]。しかし、倫理的な価値の高低によって同意の有効性を判断することは、自己決定権の思想に矛盾するであろう[53]。仮に、倫理的に賞賛価値のある動機による法益処分にのみ要保護性を認めるのだとすれば、それは狭す

51　曽根威彦『刑事違法論の展開』（成文堂、2013年）75頁は、自己決定権の保障範囲を人格的生存に不可欠な利益に限定する憲法学説（人格的利益説）を批判する文脈の中で、自己決定権は、各人の多様な個性への配慮を内容とする「個人の尊重」原理と結びついて理解されなければならず、時に「恣意性（Willkürlichkeit）の権利」ですらある、としている。

52　森永・前掲注（48）144頁。

53　上嶌・前掲注（43）79頁。

50　第1部　同意論の基本的視座

ぎると言わざるを得ない[54]。

　本書が要求する「客観的な重要性」とは、必ずしも以上のような意味のものではなく、あくまでも、当該情報に基づく法益処分が、各構成要件の規範の保護目的に含まれているかどうかを問題とするものである。したがって、当該構成要件が、個人の嗜好や選択を広く保護するものであるという解釈が合理的に根拠づけられるのであれば、一般人には理解できないエキセントリックな動機にも（それが違法でない限り）要保護性を認める余地があろう。そして、そのような解釈ができるかどうかは、犯罪類型ごとに検討すべき各論的な問題である。したがって、「客観的な重要性」の判断基準を一般的な定式の形で示すことは適切ではない。例えば、詐欺罪であれば、「交付の判断の基礎となる重要な事項」に当たるかをどのように判断するかという形で、各論的に論定されなければならない課題である。

　この点で、各構成要件の解釈において、本人の法益処分の動機を広く保護範囲に含めるという理解が支持を集めれば、具体的事案の解決は主観的アプローチに接近していくことになろう。もっとも、問題となる情報が、違法な目的を実現するためのものである場合には、それがいかに主観的には重要であったとしても、その要保護性を否定すべきである[55]。例えば、臓器売買のために、臓器の摘出に同意したが、報酬の支払いの約束が嘘であったという場合、報酬がもらえるかどうかは、本人にとっては重要な情報であろうが、臓器売買が法律で禁止された違法な行為である以上、その実現に必要な情報の要保護性は否定されるため、その情報の不足は本人の規範的自律に影響せず、同意は有効となる。

54　その意味で、照沼亮介「被害者を利用した間接正犯をめぐる議論」上智法学論集63巻3号（2019年）33頁が、筆者の掲げる「客観的評価」の内容が、社会的関心に照らして保護に値する重要情報についての認識の有無を問うということであるとすれば、「全法秩序に照らした総合考慮により違法性判断を行い、自己決定権の行使＝承諾はその一要素に過ぎないとする見解との差は事実上紙一重になる」とするのは、正当な指摘と言うほかない。

55　なお、塩見・前掲注（47）68頁は、「被害者が抱く違法な目的までは尊重すべきでなく、そこに錯誤があっても同意を有効とする〔……〕主張は基本的に支持できる」としながら、ここでいう違法な目的は「著しく違法な」目的に限られるとしている。

第3章　規範的自律の具体的条件　　51

第3款　情報の「原因」による絞り

1　欺罔の必要性

さらに、法益主体が、判断に必要な（客観的にも重要性が認められる）情報への到達に失敗した「原因」に着目した限定が考えられる。「理想的な自律」観からすれば、原因を問わず、重要な情報について錯誤があれば、常に同意が無効とされることになろう。しかし、情報の不足それ自体は、現実の社会生活における意思形成において常に付きまとうものであり、そのような状態の完全排除が刑法の課題であるとはいえない。刑法が保障すべきなのは、意思形成に必要な情報へのアクセスが、他人により不当に妨害されないという意思形成プロセスなのである。

そこで、規範的自律の観点からは、原則として、自律性の阻害を認めるために、情報の不足それ自体ではなく、それが他者による積極的な欺罔により生じたことを要求すべきである。したがって、行為者の欺罔によらずに、法益主体である本人が、判断に必要な情報の収集を怠るなどして、自ら錯誤に陥った場合には、原則として同意の有効性は否定されないことになる[56]。

例えば、絵画の価値が暴落したと勝手に誤信した所有者が、絵画の損壊を隣人に依頼したのに対して、隣人が、その勘違いを知りながら、黙ってこの依頼に応じたという場合には、錯誤にかかわらず、所有者による損壊の同意は「自律的に」形成された有効なものであり、隣人が器物損壊罪に問われることはない。

なお、法益関係的錯誤説からは、このような事例でも、所有者は絵画の財産的価値について錯誤に陥っているため、有効な同意が認められないと説明されるのが一般的である[57]。このように解すると、上記の事例でも、隣人が所有者の錯誤を認識している以上、故意の器物損壊罪が成立してしまいかね

56　田中・前掲注（43）148頁も、同意をコミュニケーション行為と捉える立場から、同意の受け手である行為者側の事情にも着目すべきであるとし、行為者に欺罔がある場合には同意を無効とすべき一方で、行為者とは無関係に法益主体が錯誤に陥った場合には、同意と目すべき意思決定が存する限り、基本的に同意は有効としてよいものとされる。

57　例えば、松原・前掲注（8）149頁は、高価な物を安価な物と誤解して損壊に同意した場合には、「その物」の認識はあっても、財産法益を根拠づける使用価値や交換価値について正しく認識していないから、有効な同意は認められないとする。

ない。そもそも「価値の錯誤」まで、同意の「存在」を打ち消すような「法
益関係的錯誤」に含めてしまうこと自体に問題があるが（絵画の損壊という結
果への同意がある以上、同意の「存在」は認めるべきである）、ここではさらに、法
益関係的錯誤説が、錯誤の「内容」に着目した解決基準であるがゆえに、錯
誤の原因性に適切な関心が払われないという同説の限界が露呈しているよう
に思われる。

　もちろん、例外的に、行為者に、その情報を伝える告知義務が法的に認め
られる場合には、これを告知しない不作為は、法的に保障された情報状態か
らの格下げを意味するものであり、自律性が有意に損なわれていると評価で
きることがあろう。例えば、医師が重大な副作用について説明せずに、患者
の手術への同意を取り付けるような場合には、同意が無効となりうる。もっ
とも、上述した例のような、ただ損壊を依頼されただけの隣人に、このよう
な保障人的地位は認められない。レナウも指摘するように、たまたま錯誤を
知ったという特別知識が、行為者の管轄を構成することはないからであ
る[58]。情報に対する保障人的地位をどこまで認めるかという問題について
も、理想的な自律への高望みに至らないよう、「規範的自律」を標準とし
て、慎重に限界づける必要がある。

　なお、法益主体が自ら錯誤に陥った場合であっても、それが同意の「存
在」を打ち消すような錯誤である場合には、事情が異なる。この場合には、
同意の有効性を問う以前に、同意が存在しないのであるから、錯誤の原因が
どこにあろうが、同意による正当化の余地はないと考えるべきである。例え
ば、空箱だと思って隣人に処分を依頼したが、実際には中に貴重な絵画が収
納されていたという場合には、絵画の損壊という結果発生に対して認容がな
いため、同意が認められない[59]。この場合、同意の「表示」があることを理

58　なお、この場合に、刑法上の重要な錯誤があることを理由に同意は無効とした上で、行為者
　に「錯誤を利用してはならない地位（真実告知義務）」がないことを理由に規範的な帰属を否定
　するという理論構成（森永・前掲注（48）156頁等）も示されているが、法益主体の意思決定が
　自律的である以上、結果の帰属を問題とする以前に、同意を「有効」と評価して、生じた結果
　そのものを正当化すべきである。
59　ロクシンは、法益主体が自ら錯誤に陥った場合につき、それが法益関係的錯誤だとしても、客
　観的な表示に対する行為者の信頼を重視すべきであるとして、同意を「有効」と評価すべきとし
　ているが（前掲注（41））、存在しない同意が「有効」であるという理屈は、理解が困難である。

由に、受け手の信頼を保護すべき場面はあろうが、それは法益主体の同意ではなく、例えば、故意・過失の否定といった別の要件[60]による解決を目指すべきであろう。

2 欺罔の強度の要求

さらに、自律性を阻害する欺罔について、一定の強度を要求することも考えられる。すなわち、刑法的な限界づけという観点からは、当罰的な意思形成過程への攻撃と評価するために、単に欺罔があったというだけでなく、本人による情報へのアクセスを有意に妨害したといえるだけの程度（巧妙さ）を要求するといった理解である。強制（脅迫）による同意についても、何らかの強制があれば常に同意が無効となるわけではなく、一定の強さが要求されていることからすれば、「欺罔」についても程度による限定を図ること自体は、不自然とはいえないであろう[61]。このような理解によれば、容易に見破ることが可能な（換言すれば、本人による再度の情報収集が期待できる）レベルの欺罔は、自律性を有意に阻害するものではなく、同意の有効性に影響しない、という理解が可能と思われる。

ただし、こうした理解は、簡単に騙された被害者側の「落ち度」を理由に、行為者の処罰を否定するのと紙一重である。この点で注目されるのが、近藤和哉の見解である。近藤は、同意による犯罪阻却の根拠を、「法益主体が、自己に属する利益を介して、社会の他の構成員と交渉をもとうとすること（逆からいえば、社会の他の構成員が、法益主体に属する利益を介して法益主体と交渉をもとうとすること）に対して、刑法が基本的に干渉すべきでない」ことに求めた上で、錯誤に基づく同意の問題を、同意を形成する過程における事実誤認の責任を、個人がどの限度で負うべきであるかという観点から解決すべきであるとする[62]。そして、その責任の線引きは、「事実を誤認したことについて、法益主体に落ち度が認められるか否かと言う観点から行うのが妥当」[63]であるとしている。

---

60 さらに、契約による正当化という解決を提示するものとして、佐伯仁志「被害者の同意と契約」『西原春夫先生古稀祝賀論文集 第1巻』（成文堂、1998年）385頁以下参照。

61 山口厚「法益侵害と法益主体の意思」同編著『クローズアップ刑法各論』（成文堂、2007年）12頁以下参照。

62 近藤和哉「錯誤に基づく同意について」神奈川法学40巻1号（2007年）259頁以下。

54 第1部 同意論の基本的視座

このように、法益主体の落ち度を考慮すること自体は、理由がないものではない。刑法が最終手段（ultima ratio）であることを前提とすれば、市民による自己防衛を期待できる場合には、刑法の投下は慎重であるべき、とも考えられる[64]。また、法益主体による十分な情報収集・確認措置を保護の資格要件とすることで、市民にこれらの措置を講じるインセンティブが生じ、欺罔からの自己防衛能力が高まるという面もあろう。

しかし、このような法益主体の落ち度を理由に、「騙された方が悪い」として、行為者をあっさり免責してしまうことには、少なからぬ異論がありうる。例えば、「振り込め詐欺」は、すでに社会問題として一般に認知されており、金融機関等による警告も度々なされていることから、被害者が欺罔を見抜く可能性は十分肯定できようが、だからといって被害者を騙してよい理由にはならない[65]。「落ち度」の利用を認めれば、市民は、自らの落ち度を他人に利用されないように、常に神経を研ぎ澄まし、相互に不信感を抱きながら生活しなければならなくなってしまう。

したがって、法益主体の落ち度をどのような場面で考慮してよいか、そもそも法益主体の「落ち度」の有無をどのように判断するかという点は、さらに慎重な検討を要する[66]。これと関連して、欺罔に「強度」を要求すべきか、要求するとして、どこまでの「強度」を要求すべきなのかという点についても、犯罪類型や問題となる場面ごとの、各論的な検討を行うことが不可欠となろう。

---

63 近藤・前掲注（62）262頁。

64 ドイツでは、被害者に期待される十分な自衛措置の有無を、犯罪の成否を限界づける視点として考慮しようとする「被害者解釈学」と呼ばれる立場がかつて盛んに主張されたが、主唱者であるシューネマンは、その根拠をまさに刑法の最終手段性に求めている（Bernd Schüne-mann, Das System des strafrechtlichen Unrechts: Rechtsgutsbegriff und Viktimodogmatik als Brücke zwischen dem System des Allgemeinen Teils und dem Besonderen Teil, in: Schüne-mann (Hrsg.), Strafrechtssystem und Betrug, 2002, S. 66）。

65 これに対して、近藤・前掲注（62）266頁は、「詐欺罪の特殊性に由来する取扱い」を理由に、詐欺罪の場合には法益主体の落ち度の有無が犯罪の成否を基本的に左右しないとしているが、詐欺罪だけが特別扱いされる根拠は不明である。

66 犯罪論において被害者の「落ち度」を考慮することの根拠・射程・基準について検討を加えたものとして、拙稿「被害者解釈学をめぐる議論の諸相」『髙橋則夫先生古稀祝賀論文集下巻』（成文堂、2022年）1頁以下を参照。

第３章　規範的自律の具体的条件　55

第４款　具体的事例の解決

1　偽装心中事例

以上で示した本書の判断枠組みを、第１章で取り上げた事例に具体的に当てはめると次のようになる。まず、偽装心中事例では、Ａに青酸ソーダを飲み死亡するという結果の発生に対する認容はあるため、同意の存在は認められる。そこで、追死するという情報の偽りが、Ａの同意の有効性を阻害するかどうかが問題となる[67]。

まず、情報の「内容」に関して、Ｘが追死するかどうかという情報は、Ａ本人の主観的な価値観にとり重要といえるが、客観的アプローチからは、さらに客観的な重要性が認められるかが検討されなければならない。すでに述べたように、恋人と死ぬために生命を放棄するという動機が、「一般人」に共感されないという理由から、直ちにこの重要性が否定されるわけではない。しかし、他者に対して自殺を要求することが違法である以上、心中という、法に反する目的を実現するために必要な情報へのアクセスは、規範的に要保護性を備えていないと考えざるを得ないように思われる[68]。このように考えれば、その錯誤は同意の有効性に影響しないことになろう。

また、仮に、情報の内容自体に刑法的な要保護性を認める場合でも、さらに、錯誤の「原因」に着目することが考えられる。この点、偽装心中事例では、被害者が自ら錯誤に陥っているわけではなく、行為者による欺罔そのものは認められる。もっとも、例えば、心中を強く迫ったのが被害者Ａの方であるといった事情が認められれば、Ａの側には情報収集の心理的な余裕がなお残されており、反対に、Ｘの欺罔には、Ａの自律的な意思形成を有意に妨害するだけの「強度」がないと見る余地も残されるであろう[69]。

---

[67]　なお、鈴木左斗志「欺きによる殺人罪（刑法199条）成否の判断」『西田典之先生献呈論文集』（有斐閣、2017年）110頁以下も、「法益関係的錯誤」に当たるかというカテゴリカルな判断により問題を解決するのではなく、欺きが被害者の自殺意思形成に与えた具体的な影響を認定すべき、との方向性を示す。

[68]　森永・前掲注（48）148頁も、「他者に対して自殺を要求すること自体、違法である以上、追死の約束を守らせたり、真実を告知することについて、これらを規範的に保護する理由は何ら存在しないことから、追死の意思を装うことは、刑法的に重要な錯誤に向けられた欺罔とはいえない」とする。

[69]　同意の有効性評価にあたり、行為者側の事情に着目する必要があるとする田中・前掲注（43）

56　第1部　同意論の基本的視座

　以上のように、錯誤の「内容」が客観的保護に値しないか、あるいは、「原因」として自律性を有意に阻害する強さの欺罔がないと考えれば、Aには、生命を放棄する同意が「存在」し、かつ、当該同意は自律的に形成された「有効」なものと評価され、殺人罪が成立しないことになる。

　なお、本書のように、偽装心中事例を専ら同意の有効性に着目して解決しようとする試みに対しては、偽装心中事例では、行為者に、被害者を利用する間接正犯として、正犯性が認められなければ殺人罪にならないのであるから、むしろ正犯性を検討すべきではないか、という疑問もありえよう。そして、心中を強く迫ったのがAであるという事情は、まさに行為者の事象経過に対する支配という意味での正犯性を否定する事情として位置付けるという理解もあり得る[70]。

　本書も、同意の有効性とは別の問題として、行為者の正犯性についても検討の必要があるということ自体を否定するものではない[71]。ただし、本書のように、同意の有効性評価において、被害者の意思形成過程が、行為者により有意にコントロールされていないかを問題とする立場からは、同意の有効性と、行為者の正犯性の問題が事実上オーバーラップするように思われる[72]。伝統的な見解は、同意の有効性の問題を、あくまでも被害者の主観（内心）の問題として捉えたために、行為者の与えた影響力が、これとは区別される正犯性の問題として論じられるものと考えられるが、本書の理解からは、行為者が被害者の自律的な意思形成プロセスが阻害したという事実が、同意の有効性を否定すると同時に、その正犯性を基礎づけうることになろう。

2　猛獣事例

　猛獣事例も、飼い主には猛獣の射殺という結果に対する同意は「存在」す

　148頁も、被害者の方が強く心中を迫った事案に関する昭和33年判決の結論には疑問を向ける余地があるとする。
70　塩谷・前掲注（47）279頁参照。
71　なお、照沼・前掲注（54）38頁以下は、同意の「存在」と「有効性」の区別を前提に、同意の存在が欠ける場合と同意の有効性が否定される場合のそれぞれについて、行為者の正犯性がどのように判断されるかを詳細に論じている。
72　同意の無効と背後者の間接正犯性を一致させるアプローチとして、島田聡一郎『正犯・共犯論の基礎理論』（東京大学出版会、2002年）256頁以下参照。

ることから、その「有効性」が阻害されていないかが問題となる。

情報の「内容」について、自身の飼う猛獣が檻から逃げて周辺住民に危険が及んでいるかという情報は、猛獣の射殺に同意するにあたり、飼い主本人にとっての主観的重要性はもちろんのこと、客観的な要保護性を否定する理由もない。このような重要な情報についての欺罔は、自律性を有意に阻害するものであり、同意は無効と評価される。

なお、この事例で「緊急状況」が偽装されている点は、欺罔の「程度」を強める事情として位置づけることが可能であると思われる。すなわち、法益主体は緊急状況だと思い込むことで、その情報の真偽を確かめるための時間的・心理的余裕を失う（＝直ちに同意しなければ、周辺住民が次々と危害に巻き込まれる）ため、正しい情報へのアクセスがより困難にされていると評価できる。これまで錯誤に基づく同意の議論において、「緊急状況の錯誤」の事例が、同意の有効性を否定すべきケースの典型として示されてきたことの背景には、正当にも、このような、情報収集過程への妨害の程度に関する直感的な洞察が含まれていたのではないだろうか[73]。

3 角膜事例

角膜事例も、母親には角膜摘出という法益侵害結果に対する同意は「存在」することから、その「有効性」が阻害されていないかが問題となる。

この点、錯誤の「内容」、すなわち、息子の視力の完全性に必要であるという情報は、母親本人にとっての主観的重要性はもちろんのこと、客観的にも要保護性を否定する理由はない。子を救うという利他的な目的の実現に関わることから、社会システムの維持との関係で、特に要保護性が高いと説明することも可能であろう。

また、錯誤の「原因」についても、行為者による欺罔があり、なおかつ、子を失明から救う必要があるという状況を装うことで、母親による冷静な判断力を奪っているとも評価できるため、この欺罔には、自律的な意思形成を有意に阻害するだけの「強度」も備わっていると優に評価できよう。

---

[73] 島田・前掲注（72）295頁は、緊急状況に置かれた場合、人は必ずしも合理的な選択ができず、後から考えれば到底法益の均衡を満たさないような行為を行いがちであるとする。

58　第1部　同意論の基本的視座

　したがって、角膜事例では、母親に、角膜を放棄するという同意が「存在」しているものの、行為者の欺罔により、意思形成過程の自律性が阻害されていることから、当該同意は「無効」となり、Xには傷害罪が成立すると結論づけることができる。

　なお、角膜事例については、学説上、行為者の欺罔よりむしろ、母親に生じた「心理的な圧迫」に着目し、「脅迫状況との価値的同一性」を理由に同意の有効性を否定すべきであるという説明もされている[74]。しかし、子の視力を救うために、角膜摘出への同意が強く動機づけられることは、現実に角膜の移植が必要な場合でも同様であり、この場合の母親の同意を有効と考えるのであれば、角膜事例で同意が無効となることの根拠は、やはり行為者の欺罔（＝正しい情報へのアクセスの妨害）により、母親の意思形成が歪められた点に求めるべきであろう。従って「脅迫との同視」を論じることにあまり意味はなく、錯誤の「内容」と「原因」の観点から、自律的な意思形成を有意に阻害する不当な干渉といえるかどうかを検討すべきである。

第3節　心理的な強制

第1款　強制の意義

　意思形成過程に、他者による不当な心理的強制（komplusiver Zwang）が介在する場合にも、決定の自律性が阻害されたと評価しうる。この心理的強制は、「絶対的強制（absoluter Zwang）」とは区別される。例えば、行為者が被害者の腕を力ずくで動かして、その財を無理矢理に放棄させる場合のように、事態の推移が被害者の否応なしに進展するような場合には、物理力による絶対的強制が問題となる。この場合、法益主体はそもそも発生する結果を認容するという心理状態が欠けるため、同意は端的に「不存在」となる。

　これに対して、心理的強制が問題となる場合とは、法益主体に結果発生に

74　例えば、佐伯仁志『刑法総論の考え方・楽しみ方』（有斐閣、2013年）220頁。また、小林憲太郎『刑法総論〔第2版〕』（新世社、2020年）も、緊急事態に関する錯誤は、「錯誤の類型というよりも、むしろ強制の類型である」とした上、「そこではむしろ強制による同意のロジックに従って被害者の同意が無効と判断され」るべきだと主張する。

対する認容という心理状態は存在するものの、その意思形成段階において、脅迫等の不正な干渉により、他者に利益状況を人為的に支配され、本来であれば望まない意思決定へと追い込まれたというような場合である。例えば、母親に対して、角膜の提供に応じなければ、息子を殺害すると脅して、その摘出に同意をさせたという場合には、角膜の摘出に対する同意は強制により無効となる。この場合に、母親は、自身の角膜か息子の生命かという無用なジレンマを押し付けられた結果、本来であれば両方とも無傷であることが望ましいところ、自身の価値体系に反する意思決定が強いられているのである。このような心理的過程に対する不当な支配こそが、強制の不法の本質といえる。

　欺罔と強制は、意思形成過程における不当な干渉を通じて、本人を価値体系に反する意思決定へと追い込むという点では、共通の性格を有しているといえよう[75]。ただし、欺罔の場合には、正しい情報へのアクセスを妨害するという方法で、誤った法益放棄が動機付けられるのに対して、強制では、行為者が現実の脅威を無用に作出することで、本来であれば望まない選択を強いるという点に違いがある。

　問題は、どのレベルの心理的強制があれば自律性が阻害され、同意が無効と評価されるかである。欺罔について、自律的な情報収集過程を阻害するだけの「強度」を要求したのと同様に、強制についても、望まない選択を強いるだけの、利益状況の支配の強さを要求すべきであろう。具体的にどれほどの強度を要求するかは、法益の価値や法定刑の重さによっても左右されるため、一概に論じることは困難であり、各論的な検討を要するところである。

　もっとも、一般論として、ここでいう心理的強制を認めるために「意思決定の自由を完全に失わせる」程度のものが常に必要であると考えるのは過剰である。すでに述べたように、ここで問題となる強制の不法の本質は、行為者が無用なジレンマを作り出すことで、本来の価値体系に反する選択を行わせる点にある。意思決定の自由を完全に失わせる程度に至らなくても、行為

75　杉本・前掲注（43）137頁は、「脅迫」と「欺罔」をいずれも同意の被害者への責任帰属を否定する事情と位置付けたうえで、両者は「『二者択一の場面において心理的強制が働く場合』という性格づけの下に一本化される」としている。

60 第1部 同意論の基本的視座

者によって相当程度大きく自由が制限されたといえる場合には、他者の不当
な干渉により、自律的な意思形成が有意に阻害されたと評価する余地が十分
認められるであろう[76]。

第2款 提案との区別

以上のように、心理的強制は、本人の利益状況を人為的に支配する点に特
徴があるが、これと区別しなければならないのが、本人にジレンマから脱却
するチャンスを与える「提案」である。

例えば、先に挙げたような、角膜事例において、子への角膜の移植が現実
に必要な状況で、母親に事情を説明して、角膜摘出を同意させ、子に実際に
移植したという場合を考えてみたい。伝統的な見解は、「強制」の本質を語
る際に、法益主体の心理的圧迫とその程度に着目してきた。このようなアプ
ローチは、単に内心のみに着目するという点で、「素朴な心理主義」とでも
名づけることができよう。このようなアプローチによれば、この事例でも、
子の視力の維持を願う母親の内心では、角膜の摘出が強く動機付けられると
して、その「心理的圧迫」を理由に、同意は強制されているとして無効とな
りかねない。

しかし、このような理解は、母親の自己決定をかえって軽視するもので
ある。この場合に、母親は現実に、自身の角膜か息子の視力かという選択を
迫られているのであり、そのようなジレンマを脱するために、悩み抜いて下
された母親の決断は、それがいかに「心理的圧迫」の下でなされていても、
立派な「自己決定」として尊重されるべきである[77]。同時に、このジレンマ
から脱却するための現実的な選択肢を「提案」し、母親の価値体系に合致し
た自己決定の実現をサポートした眼科医に、傷害罪の成立を認めることは、
明らかに不当であると言わざるを得ないのである。

これに対して、学説の中には、このような場合について、同意を持ち出さ

76　上嶌・前掲注（43）81頁参照。
77　山口厚「欺罔に基づく『被害者』の同意」『田宮裕博士追悼論集 上巻』（信山社、2001年）
329頁以下〔同『犯罪論の基底と展開』（成文堂、2023年）33頁以下所収〕も、緊急状況が現実
に対応している場合には、緊急状態により制約された法益主体の自由がまさに行使されたと見
ることができるとし、同意の有効性を認めるべきであるとする。

なくても、緊急避難による違法性阻却が可能なため、同意を有効と評価すべき実践的な要請は存在しないとの指摘もある[78]。しかし、冒頭で述べたような、市民の自律的な活動領域を確保するという同意論の意義に照らせば、この事例では、母親による自己決定を理由として、国家の刑法的干渉を排除することに、まさに実践的な要請が存在するというべきである[79]。

規範的自律の観点からは、自律的な意思形成を阻害するのは、「心理的圧迫」の存在それ自体ではなく、それが他者により不当に押し付けられることであると考えるべきである。したがって、前款で挙げたように、行為者が、角膜の提供に応じなければ、息子を殺すと脅すなど、わざわざ不要なジレンマを作り出して、法益主体を同意へと追い込む場合は自律性を阻害する強制と問題なくいえる一方で、すでに生じているジレンマから、打開する選択肢を示す行為は、それがいかに法益主体にプレッシャーを与えるものであっても、「提案」と呼ぶべきものであり、法益主体の自己実現にむしろ資する行為として、同意を無効とするような強制とはならないと考えるべきなのである。

ただ、この「提案」と「強制（脅迫）」をいかなる基準で限界づけるか、という点は悩ましい問題が残る。例えば、デパートで万引きをした女性客に対して、店長が、性的行為に応じれば通報しないと申し出たため、通報をなんとしても避けたいと考えた女性客が、これに応じたという場合、これは「提案」と「強制」のどちらだろうか。

この場合に、女性客は通報を避けるために、性的行為に応じることを強く動機付けられているが、すでに述べたように、このような「心理的圧迫」それ自体に着目して「強制」を根拠づけることはできない。むしろ、ジレンマ状況の答責性という観点からすれば、通報される原因を作り出しているのは女性客であり、店長は、すでに作り出されたジレンマから脱却するための

78　小林憲太郎『刑法総論の理論と実務』（判例時報社、2018年）200頁。
79　また、緊急避難による解決では、愛犬を失明から救うために飼主が角膜移植を決意したという場合、法益均衡を満たさず、移植手術を担当した（獣）医師が処罰されてしまうという問題が生じる。小林は、まさにこのような場合に、医師は過剰避難により刑が免除されうるに過ぎないとするが（小林憲太郎『刑法的帰責』（弘文堂、2007年）243頁以下）、それは愛犬のために身体利益を犠牲にするという自己決定権の否定にほかならないのではないだろうか。

62 第1部 同意論の基本的視座

「提案」を、性的行為に応じるという条件付きで申し出ていると見る余地が
あろう。このように考えれば、店長は、女性客の自由を侵害しているどころ
か、むしろ「性的行為に応じれば、通報されない」という新しい選択の可能
性を提供し、その自律的な自己決定をサポートしている、と評価される。

　もっとも、このようなラディカルな結論に対しては、違和感を抱く者も少
なくないと思われる[80]。この議論は、本書の提示する「規範的自律」の内実
を明らかにするための重要な試金石であるため、ここでは問題提起にとど
め、第2部第5章で改めて詳しく論じることにしたい。

第4節　議論の整理

　第1部の締めくくりとして、ここまでの議論のポイントを整理したい。第
1に、同意の「存在」と「有効性」は正しく区別されなければならない。同
意の「存在」は、法益主体が、具体的な法益侵害の結果の発生を認識し、認
容しているという心理状態を意味するのに対して、同意の「有効性」はこの
心理状態を形成するプロセスが、規範的・客観的に見て自律的であると評価
できるかという問題である。

　これに対して、同意の存在と有効性を峻別するか一元的に判断するかは、
説明の違いに過ぎないのではないか、との疑問も向けられる[81]。しかし、本
書の理解によれば、例えば錯誤に基づく同意に関して、同意の「存在」を打
ち消す錯誤があれば、その原因を問うことなく同意による犯罪阻却の余地が
失われるのに対して、同意の「有効性」に影響を与える錯誤は、その内容や
原因を含めて、規範的な自律性を阻害するかどうかを慎重に判断する必要が
生じる。このように、両者の区別は、具体的な事案の解決に影響を及ぼすも
のであり、決して「説明の違い」に過ぎないものではない。

　第2に、同意の有効性の判断に際しては、全知全能の理想的な自律概念で

80　高松高判昭和47年9月29日高刑集25巻4号425頁は、商店の経営者Xが、万引きした女性A
　　に対して、警察に通報しない代わりに身体を許すように迫ったところ、苦慮したAが、2週間
　　後に自分からXに連絡をして関係を持った事案で、脅迫による強姦罪の成立を認めている。
81　十河太朗「菊地一樹『法益主体の同意と規範的自律（1）（2・完）』（刑事法学の動き）」法
　　律時報91巻1号（2019年）128頁。

はなく、刑法による現実の保障に相応しい規範的自律に照準を合わせるべきである。現実を無視し、本人の価値体系との完全な一致を求めるような「高望み」の同意論は、自律への過剰な干渉を生み、ひいては自律性そのものの否定に至ることに警戒を払う必要がある。無論、この規範的自律というハードルの具体化は、犯罪類型ごとの各論的な検討を必要とする。

　意思形成過程の自律性が否定される原因としては、①判断能力の欠如、②重要な情報への他者によるアクセスの阻害（欺罔）、③他者による心理的強制を挙げることができる。これらは、単独で自律性を阻害する場合もあろうし、複数の原因が合わさることで、「合わせ技」により、刑法が保障すべき自律性の水準を下回ると評価されるケースもありうるだろう。

　なお、以上で示した理論枠組みの射程は、（処分可能な）個人法益に対する罪の全てに及ぶものである。学説の中には、被害者の同意論はせいぜい、傷害罪や器物損壊罪などの違法阻却の場面で問題となる理論に過ぎず、構成要件上、例えば「窃取」や「侵入」というように、被害者の意思に反することが予定されている犯罪では、構成要件の解釈だけが問題となるにすぎない、とする見解も有力に主張されている[82]。しかし、同じく被害者の自己決定を根拠に犯罪性が阻却される点に違いはない以上、これを規律する原理は共通と考えるべきである[83]。確かに、窃盗罪は、財物の交付に対する同意が存在しない、すなわち同意不存在という意味での自律侵害だけが切り取られて問題とされるのに対して、詐欺罪や恐喝罪では、財物交付への同意自体は存在するものの、その意思形成過程に瑕疵があるという意味での自律侵害が処罰の対象とされているといった違いはあるが、このことは、構成要件ごとに、立法者が、自律侵害のどの側面に着目したかの違いを示すものであり、本書の理論枠組みからも統合的に整理・理解することが可能である。

　そこで、第2部では、本書の理論枠組みが、各論的な検討においてどのように具体化されるかを示すことにしたい。

82　例えば、佐藤・前掲注（14）283頁は、被害者の承諾を3つに分類する三元説の立場から、窃盗罪や住居侵入罪における承諾は「行為態様に係る合意」であり、この場合には、「窃取」や「侵入」といった文言が排除されるかどうかが重要であるため、自律的な決定か否かを基準とする総論的な承諾に関する議論は妥当しないとする。
83　西田典之ほか編『注釈刑法第1巻』（有斐閣、2010年）348頁〔深町晋也〕も参照。

第 2 部

各 論 的 検 討

第1章

窃盗罪における条件設定論

第1節　問題の所在

　刑法は、財産処分に対する自律性の侵害のされ方に応じて、種々の構成要件を設けている。本書の整理によれば、窃盗罪は、財物の占有移転に対する同意が存在しない場合を捕捉するのに対して、詐欺罪や恐喝罪は、財物の占有移転に対する同意それ自体は存在するものの、その意思形成プロセスに、他者による不当な介入（欺罔や強制）があり、同意が無効となる場合を捕捉している[1]。このような整理によれば、窃盗罪は「同意不存在型」の財産犯であると呼ぶことができよう[2]。したがって、窃盗罪は、被害者の同意が及んでいない占有移転結果に対して成立することになる。

　もっとも、実際に生じた占有移転の結果に対して、同意の射程が及んでいるか判断に悩ましさが生じるケースも考えられる。例えば、成人に対して酒類を販売する自動販売機で、未成年者が缶ビールを購入した場合に、この缶ビールの占有移転に対して、占有者（自販機の設置者）の同意は及んでいるであろうか。この場合に、占有者が同意しているのは、「成人の購入者に対する酒類の占有移転」であると考えれば、未成年者に対する缶ビールの占有移転は同意の射程外の結果であり、「意思に反する占有移転」があったとし

1　被害者への行為帰属・責任帰属という視点から、財物奪取罪の構造分析を試みるものとして、Joachim Hruschka, Das Opferverhalten als Schlüssel zum System der Sachentziehungsdelikte, Jahrbuch für Recht und Ethik Bd. 2, 1994, S. 177 ff. 本論文を検討したものとして、杉本一敏「『三角詐欺』は存在しない——被害者の同意論・被害者への帰属論に基づく『三角関係』の検討——」川端博ほか編『理論刑法学の探究④』（成文堂、2011年）175頁以下。

2　なお、強盗罪は、その成立範囲に物理的強制の場合だけでなく、心理的強制の場合も含まれるという通説の理解（杉本一敏「俺の凶器は、お前の恐怖心だ」高橋則夫ほか『財産犯バトルロイヤル』（日本評論社、2017年）53頁）を前提とすれば、「同意不存在」と「同意無効」の場合にまたがる財産犯といえよう。

68 第 2 部 各論的検討

て、窃取性が認められることになる。

　しかし、このように占有者の設定した条件の全てに重要性を認めて、同意の射程を限定する理解には異論もあり得よう。この事例でも、自販機の設置者は、自販機を設置した時点で、「正当な対価を支払った購入者に対する商品の占有移転」を、包括的に同意しているのであり、そうである以上、代金を投下した未成年者に対する占有移転にも同意の射程が及んでおり、「意思に反する」とは評価できない、という見方も考えられる。

　実際に、我が国の判例でも、パチスロ機でのメダルの不正取得をめぐり同様の問題が争われた。最決平成19年 4 月13日刑集61巻 3 号340頁（以下、「平成19年決定」とする）は、パチスロ機が大当たりを連続して発生する周期と同期させることのできる体感器と称する電子機器を身体に装着して遊戯したという事案について、そのような遊戯行為自体が「通常の遊戯方法の範囲を逸脱するものであり、パチスロ機を設置している店舗がおよそそのような態様による遊戯を許容しないことは明らかである」ため、被告人が取得したメダルは「本件機器の操作の結果取得されたものであるか否かを問わず、被害店舗のメダル管理者の意思に反してその占有を侵害し自己の占有に移した」として、全体について窃盗罪の成立を認めた。これに対して、最決平成21年 6 月29日刑集63巻 5 号461頁（以下、「平成21年決定」とする）は、パチスロ店で共犯者による針金を用いた不正な遊戯を隠蔽するための「壁役」として、その隣のパチスロ台で遊戯した者について、「自ら取得したメダルについては、被害店舗が容認している通常の遊戯方法により取得したものであるから、窃盗罪が成立するとはいえない」としたのである。

　管理者の生の意思に着目する限り、平成21年決定の事案における、共犯者のゴト行為を隠蔽するための遊戯行為も、店舗側の意思に反しており、これによるメダルの占有移転には、同意が及んでいないとも考えられる。しかし、最高裁は、「通常の遊戯方法の範囲の逸脱」という基準を用いることで、窃盗罪の成立範囲に一定の限界を設けている。すなわち、「通常の遊戯方法の範囲の逸脱」が認められない場合には、店舗側の条件設定とそれへの違反は、窃取性を基礎づけないとされるのである。もっとも、このような制約を設けることの理論的な根拠は必ずしも明らかではなく、それゆえ、「通

常の遊戯方法の範囲の逸脱」という基準の中身も判然としない[3]。

　占有者の同意の射程の問題が先鋭化するのは、上記のように、自動販売機やパチスロマシン機といった「自動機械」を通じた占有移転が行われる場合である。この場合、対面して占有移転が行われる場合とは異なり、占有移転時の現実的・具体的な意思を問題にすることができず、機械の設置時点での（包括的）同意に着目せざるを得ない。それゆえ、このような事前の同意が、どこまでの占有移転結果をカヴァーしていると評価すべきかが争われることになるのである。

　この「自動機械からの窃取」の問題について、ドイツの判例・学説では、「条件付き合意（bedingtes Einverständnis）」論という理論枠組みを用いた解決が図られている。我が国では、こうした理論枠組みの簡単な紹介は行われているものの[4]、その展開過程や議論の詳細について検討は行われていない。そこで、本章では、条件付き合意論をめぐるドイツの判例・学説の展開を検討することで、この問題を解決するための示唆を得ることにしたい。

第2節　ドイツにおける条件付き合意論

第1款　条件付き合意論の意義

　ドイツにおいても、窃盗罪の成立には「窃取（Wegnahme）」、すなわち、意思に反する占有移転が必要とされ、占有者が、占有移転に対して「合意（Einverständnis）」[5]する場合には、窃取性が否定されるものと解されている[6]。

　3　本基準の曖昧さを問題視するものとして、森住信人「判批」専修法学論集103号（2008年）82頁以下、飯島暢「判批」刑事法ジャーナル20号（2010年）84頁等。

　4　橋爪隆「窃盗罪における『窃取』の意義について」刑法雑誌54巻2号（2014年）299頁以下、深町晋也「判批」論究ジュリスト13号（2015年）190頁以下、山内竜太「詐欺罪および窃盗罪における被害者の確認措置の規範的意義」法政論究111号（2016年）252頁以下等。なお、クリスチャン・イェーガー（野澤充訳）「偽装された返還準備がある場合における窃盗と詐欺の区別——ならびに条件つき合意の理論、および二者関係における間接正犯での窃盗についての論考」法政研究87巻2号（2020年）F163頁以下も参照。

　5　ドイツにおいて、被害者の承諾は、構成要件該当性を阻却する「合意（Einverständnis）」と違法性を阻却する「同意（Einwilligung）」に区別されて論じられるのが一般的であり、窃盗罪においては、占有移転を許容する意思が認められることで「窃取」という構成要件メルクマールが排除されることから、「合意」が問題になると考えられている。

　6　Wolfgang Mitsch, Strafrecht BT Bd. 2/1, 2. Aufl., 2003, § 1 Rn. 69; Andreas Hoyer, in: Sys-

70　第2部　各論的検討

　この合意は、事前に包括的に行うことも可能である[7]。まさに、自動機械を通じた物品の提供に際しては、機械の設置時点で内容物の占有移転に対する包括的な合意がされており、通常の利用客が物品を取り出す行為は、この事前の合意の射程内であることから、窃取には当たらないとされる。

　さらに、事前の包括的合意に際して、機械の設置者は合意に一定の条件を付すことも可能とされる。これが「条件付き合意」である。この条件に違反してなされる占有移転は、事前の合意によりカヴァーされないために、その意思に反するものとして、窃取性が肯定されることになるのである。

　もっとも、ドイツの判例・学説は、機械設置者による条件設定の全てに重要性が認められ、合意の射程が限定されるとは考えていない。窃盗罪の成否判断において考慮すべき条件の範囲に客観的な制約があるとされるのである。このような客観的な制約をどのような基準で行うかという点については、以下で見るように判例・学説において争われている。

第2款　判例における条件付き合意論

　ドイツの判例において、条件付き合意論は、大きく分けて、①自動販売機・スロットマシン、②現金自動預払機（ATM）、③セルフ式ガソリンスタンドの事案類型において展開してきた。

1　自動販売機・スロットマシン

　自動販売機・スロットマシンの事案類型で典型的に問題となるのは、偽造硬貨などの贋金の使用による内容物の取出しである。古くは1900年に、ライヒ裁判所が、硬貨の代わりに鉄製のメダルを投入しチョコレート板を取り出した事案について窃盗罪の成立を肯定し[8]、連邦通常裁判所も、1952年に下した判決の中で、ライヒ裁判所の先例も引き合いに出しつつ、贋金を使用し

---

tematischer Kommentar zum Strafgesetzbuch, 6. Aufl., 1999, § 242 Rn. 46; Joachim Vogel, in: Strafgesetzbuch, Leipziger Kommentar, 13. Aufl., 2022, § 242 Rn. 106; Roland Schmitz, in: Münchner Kommentar zum Strafgesetzbuch, 4. Aufl., 2021, § 242 Rn. 87; Nikolaus Bosch, in: Schönke/Schröder Strafgesetzbuch Kommentar, 30. Aufl., 2019, § 242 Rn. 36.

7　Mitsch, a.a.O. (Anm. 6), § 1 Rn. 76; Hoyer, a.a.O. (Anm. 6), § 242 Rn. 53; Vogel, a.a.O. (Anm. 6), § 242 Rn. 113; Schmitz, a.a.O. (Anm. 6), § 242 Rn. 87.

8　RGSt 34, 45.

ての商品の持ち去りは窃盗の構成要件を充足する、との判断を示した[9]。

この判決に対する評釈の中で、窃盗罪の成立を認める判断に反対の理解を示したのが、ドレーアーである。ドレーアーは、贋金を「人間」の売り手に対して用いた場合には、窃盗罪ではなく、詐欺罪が成立することを指摘した上で、行為者が自動販売機という「延長された腕」を用いる場合にも、事案の構造は異ならないため、窃盗罪の成立を認めることはできないとする。もっとも、自動販売機を通じた取引においては、「人間」の売り手が存在せず、「錯誤」のメルクマールを充足しないため、詐欺罪の成立を認めることもできない。そこで、ドレーアーは、窃盗罪も詐欺罪も認められないため、このような場合には、処罰の間隙を埋めるために創設された、給付の不正入手罪（265a 条[10]）を適用すべきとされる[11]。

このドレーアーの反論に応答する形で、今日において「条件付き合意論」と呼ばれている考え方を詳細に根拠づけたのが、1955年のバイエルン州最高裁判所の判決である。バイエルン州最高裁判所は、被告人がスロットマシンのコイン投入口に針金を挿入することでゲームを起動し、その結果得られた勝ち金を取得したという事案で、窃盗罪の成立を肯定する際に、次のように述べた。すなわち、自動機械の設置者は、その設置に伴って、「操作の指示」に従ってなされる物の持ち去りに対してのみ合意をしており、自動機械のロックが、この「操作の指示」に反して解除され、内容物が持ち去られる場合には、設置者の合意が及ばないことから、窃取性が肯定される[12]、というのである。

これ以降、「条件付き合意論」の思考方法は裁判実務において定着し、様々な事例へと適用が広がっていく。例えば、コブレンツ上級地方裁判所は、ゲーム開始前に金銭返却ボタンを押すことで事前に投入した額より多額

---

9 BGH MDR 1952, 563.

10 ドイツ刑法265a 条1 項は、料金を支払わない目的で、自動販売機の給付（Leistung）を得た者は、行為が他の規定において本条より重く処罰されていないとき、1 年以下の自由刑又は罰金に処すると規定している。なお、財産犯に関する刑事立法論の観点から、本罪を取り上げたものとして、宮川基「財産犯と立法」川端博ほか編『理論刑法学の探究⑧』（成文堂、2015年）83頁以下を参照。

11 Eduard Dreher, Anm. zu BGH, Urteil vom 22. 4. 1952, MDR 1952, S. 563 f.

12 BayObLGSt 1955, 120［121］.

72 第2部 各論的検討

の釣銭が放出されるという機械の欠陥を利用した被告人の行為について、金銭の占有移転は、プレイヤーが操作の手引きに従って機械を使用する場合にのみ、設置者の意思に合致するのであり、ゲームとしての機能をパスして、単に釣銭返却メカニズムの欠陥が悪用される場合には、経営者の意思に反した占有移転であるとして、窃取性を肯定した[13]。

さらに、デュッセルドルフ上級地方裁判所は、被告人がセロハンテープ細工を施した紙幣を両替機に挿入し、これを両替金が払い出された後で再び引き抜くという方法を通じて両替金を取得したという事案で、窃盗罪の成立を肯定している。その根拠も、自動機械の設置者は、利用者が「機序に従って機械を動かす場合にのみ、両替金の移転と引渡しに合意して」おり、そのような場合に当たるのは、「両替機に挿入された後も紙幣が機械の中に残り続け、利用者が紙幣を再び引き戻したりしない」場合であることに求められている[14]。

他方で、スロットマシンの「空プレイ (Leerspielen)」と呼ばれる事案、すなわち、事前に違法に入手したプログラムの知識を、運や偶然の要素を遮断し、高額の勝利を獲得するために利用する場合については、多くの裁判例において窃盗罪の成立が否定されている[15]。この場合には、少なくとも外観上、スロットマシンの機序に反した操作が存在しないことを理由に、勝ち金の占有移転に対して占有者の合意が及んでいると解されているのである。連邦通常裁判所も空プレイが問題となった事案において、窃盗罪ではなく、コンピュータ詐欺罪（ドイツ刑法263a条[16]）の成否が問題になるとしている[17]。

---

13 OLG Koblenz NJW 1984, 2424.

14 OLG Düsseldorf NJW 2000, 159 [160]. なお、本件については、一度両替機に挿入した紙幣を再度引き戻す行為に、この紙幣を客体とする窃盗罪が成立しないかも問題となる。これを肯定する見解も存在するが（Schmitz, a.a.O.（Anm. 6），§ 242 Rn. 103; Hans Kudlich, Mit Tesafilm zum Reichtum: Missbrauch eines Geldwechselautomaten - Besprechung von OLG Düsseldorf NJW 2000, 158, JuS 2001, S. 20 ff.）、デュッセルドルフ上級地方裁判所は、被告人が未だ紙幣に対する事実上の支配を失っていないことを理由にこれを否定している。

15 LG Ravensburg StV 1991, 214 [214]; OLG Celle wistra 1989, 355 [356]; LG Freiburg NJW 1990, 2635 [2636]. これに対して、窃盗を肯定するのは、LG Saarbrücken NJW 1989, 2272.

16 ドイツ刑法263a条1項：違法な財産上の利益を自ら得又は第三者に得させる目的で、不正にプログラムを形成し、不正若しくは不完全なデータを使用し、権限なくデータを使用し、又はその他の方法で権限なくデータ処理の結果に影響を与え、これにより他人の財産に損害を加えた者は、5年以下の自由刑又は罰金に処する。

スロットマシンの設置者の生の意思（願望）に着目するのであれば、空プレイ行為に対して合意が及んでいると解することは不可能である。したがって、ドイツの裁判所は、設置者による条件設定に対して、無条件に重要性を認めているわけではなく、考慮される条件に何らかの客観的な制約を設けていることが分かる。

2　現金自動預払機（ATM）

機械設置者の純粋に主観的な留保により、窃盗罪の成立が根拠づけられないことは、現金自動預払機をめぐる事案で顕著に認められる。問題となるのは、無権利者による現金の引出しであるが、ドイツの判例[18]の大部分は、他人のキャッシュカードを用いる場合[19]も、偽造カードを用いる場合[20]も、現金に対する窃盗罪の成立を否定している。

その根拠は、現金の引出しの「外観（äußere Erscheinungsbild）」が、設置者の意思に反する占有移転といえないことに求められている。例えば、連邦通常裁判所は、無権利者である被告人が、暗証番号を入力すると自動預払機から500ドイツマルクまでの金額を引き出すことができる他人のユーロチェックカードを挿入し、暗証番号を打ち込んで金銭を引き出したという事案で、「機能に適った操作」による現金の放出の外観は、銀行による「交付」であるとして、窃盗罪の成立を否定している[21]。その際、連邦通常裁判所は、銀行側が権限の欠如を知ったならば、その者に現金を引き渡さなかったかどうかは、重要ではないとしている[22]。なぜなら、銀行は有効なチェックカードとこれに対応する暗証番号が確認されたあらゆる利用者に対して、機械の中

17　BGHSt 40, 331. ただし、コンピュータ詐欺罪の成否についても本罪が要求する「権限なく（unbefugt）」の解釈をめぐって争いが存在している（Vgl. Walter Perron, in: Schönke/Schröder Strafgesetzbuch Kommentar, 30. Aufl., 2019, § 263a Rn. 17）。

18　この事案類型をめぐるドイツ判例を網羅的に紹介したものとして、長井圓『カード犯罪対策法の最先端』（日本クレジット産業協会クレジット研究所、2000年）109頁以下、178頁以下を参照。

19　BGHSt 35 152; OLG Stuttgart NJW 1987, 666; OLG Hamburg, NJW 1987, 366.

20　BGHSt 38, 120.

21　BGHSt 35, 152. 我が国でも、松宮孝明「過剰入金と財産犯」立命館法学249号（1996年）1302頁は、正当な引き出し権限を持たない者がATMから現金を引き出した場合について、「カードと暗証番号を用いて機械を正常に作動させた結果提供された現金は『窃取』されたとはいえない」としている。

22　BGHSt 35, 152 [159].

74 第2部 各論的検討

にある金銭の占有を委ねているため、無権利者による利用であっても、自動預払機が技術的に正しく利用される限りは、金銭の占有侵害が問題とならないからである[23]。

さらに、連邦通常裁判所は、被告人が、複製による偽造カードを用いて金銭を引き出した事案においても、同様の理由で窃盗罪の成立を否定する。連邦通常裁判所によれば、現金自動預払機の審査ルーティンが予定しているのは、単に磁気ストライプに存在するデータの一致を確かめることだけであり、そのカードが真正に作成されたものかどうかの審査はそれに含まれていない。それゆえ、たとえ偽造カードを用いて金銭が引き落とされる場合であっても、現金自動預払機が機能どおりに作動している点は異ならない。したがって、被告人は、「自動支払機の払出口から金銭を刑法242条〔窃盗罪〕の意味で奪取しておらず、むしろ自動支払機の作用により金銭の引渡しを受けている」[24]。

以上のように、連邦通常裁判所は、現金自動預払機からの不正な引出しについて、その払戻しの「外観」に着目した上で、「機能に適った操作」がされ、機械が事前のプログラミング通りに動いている場合には、意思に反する占有の侵害が生じないと解して、窃盗罪の成立を否定している[25]。もちろん、こうしたケースで現金の引出しが不可罰とされるわけではなく、むしろ瑕疵ある「交付」がなされたものとして、コンピュータ詐欺罪（ドイツ刑法では、財物を客体とする場合も含まれる）が成立するものとされる。

3 セルフ式ガソリンスタンド

支払い意思を持たない者が、セルフ式ガソリンスタンドで機械を作動させ

---

23 BGHSt 35, 152 [160]. 本件では、被告人の所為の時点において刑法263a条が発効していなかったために、コンピュータ詐欺罪による処罰ができず、結論的には金銭の横領罪の成立が認められている。なお、カードを客体とした窃盗の成否を別途問題とする余地はあるが、この事案では、現金引出し後にカードを権限者に返還する意思があったため、領得の意思がないとされた（BGHSt 35 152 [156 ff.]）。

24 BGHSt 38, 120 [122].

25 さらに、OLG Schleswig NJW 1986, 2652は、被告人が、銀行との契約に反して、自身の口座から限度額を超過する現金を引き出したという事案において、「占有破棄（Gewahrsamsbruch）」が認められないことを理由に窃盗罪の成立を否定している。なお、我が国ではこれと同様の事案で、窃盗罪の成立を肯定した裁判例が存在する（高松高判昭和60年5月30日高検速報426号）。

て給油を行う行為も、連邦通常裁判所は、窃盗罪ではなく詐欺罪の成立が問題になるとする[26]。ここでも、外観上、行為者は支払い意思があるかのように振る舞い、機械を正常に作動させてガソリンを給油しているのであり、自然的な観察方法のもとでは、この行為に対するガソリンスタンド側の合意が及んでいる以上、行為者の行為を窃盗罪の意味での「奪取」とは評価できないことが理由とされる。

　なお、このように考えると、行為者がガソリンスタンドの従業員に気づかれずに給油を行う場合[27]、人の「錯誤」が認められないため、詐欺罪も成立せず不可罰とならないかという疑問が生じるが、この場合には、従業員に気づかれる可能性があることを理由に、詐欺未遂罪の成立が認められている。もちろん、行為者が、自身の給油を従業員等に見られていないと確信している場合には、詐欺の故意が欠如するため詐欺未遂罪の成立も認められないことになるが、「今日の社会状況のもとでは、直接ないし監視設備を通じた知覚の可能性が常に考慮されるべきである」[28]ため、特殊な場合を除けば、少なくとも詐欺の未必的故意は常に認められるとされる。

4　小　括

　以上のように、ドイツの判例は、条件設定による合意の射程を考える際に、機械設置者の主観的な留保の全てに重要性を認めていない。むしろ、機械の「機能に適った操作」による占有移転には、広く合意が及んでいるものとして、窃盗罪の成立が否定されているのである。換言すれば、機械設置者の条件設定は、その機械のプログラミングに反映されている限りで意味を持ち、それ以外の主観的な留保は、考慮されていないことになる。

　もっとも、このような理解を一貫させるのであれば、贋金を用いて自動販売機から商品を取り出す行為も、窃盗罪の成立を認められなくなるように思われる。というのも、自動販売機の審査ルーティンは、機械に投入されたの

26　BGH NJW 1983, 2827.
27　なお、我が国のセルフ式ガソリンスタンドの場合には、従業員がモニターで確認したうえで、給油許可のボタンを押すことによって、はじめて給油が開始されるというシステムを採用しているのが一般的であるため、そもそも従業員に気付かれずに給油が行われるという状況を想定しがたい（橋爪隆『刑法総論の悩みどころ』（有斐閣、2020年）171頁を参照）。
28　OLG Köln NJW 2002, 1059 [1060].

76　第2部　各論的検討

が「真正な硬貨の寸法と重さを持つ物体」であるか否かをチェックするのみ
であり、硬貨の真正さをチェックする機能を備えていないからである。しか
し、条件設定の考慮をここまで限定し、窃盗罪の成立範囲を狭めるべきか
は、疑問の余地があろう。

第3款　学説状況

　ドイツの学説においても、通説的な見解は、構成要件の明確性の確保等を
理由に[29]、機械設置者の純粋主観的な留保の全てを重要視すべきではないと
して、自動機械の技術的設備に客観化されており、外形的に認識可能な条件
設定にのみ重要性を認めるべきであるとする。実際の事案処理としても、現
金自動預払機の不正利用や、支払意思のない者によるセルフ式ガソリンスタ
ンドの利用について、窃盗罪の成立を否定する判例の立場が支持されてい
る[30]。

　通説の内部でも見解が対立しているのは、贋金を用いた自動販売機からの
商品の取得の事例の処理である。学説の多数は、この事例では、贋金の使用
が機械の機序に反するとして窃盗罪の成立を認めようとする[31]。しかし、先
に述べたように、贋金が投入され商品が取得される場合であっても、自動販
売機の審査ルーティンは機序に従って作動している。なぜなら、自動販売機
の審査ルーティンは、機械に投入されたのが「真正な硬貨の寸法と重さを持
つ物体」であるか否かをチェックするのみであり、硬貨の真正さまで審査す
る機能を備えていないからである。そこで、この事例についても、窃盗罪の
成立を否定すべきであるとする見解[32]が有力に主張されているのである[33]。

29　Schmitz, a.a.O. (Anm. 6), § 242 Rn. 99.

30　Hoyer, a.a.O. (Anm. 6), § 242 Rn. 57 f.; Vogel, a.a.O. (Anm. 6), § 242 Rn. 117 f.; Schmitz, a.a.O. (Anm. 6), § 242 Rn. 104 ff., Rn. 111; Bosch, a.a.O. (Anm. 6), § 242 Rn. 36a; Urs Kindhäuser/ Elisa Hoven, in: Nomos Kommentar Strafgesetzbuch, 6. Aufl., 2023, § 242 Rn. 45 ff., 51 f.

31　Otfried Ranft, Grundfälle aus dem Bereich der Vermögensdelikte (1. Teil), JA 1984, S. 6; Horst Heubel, Grundplobleme des Diebstahltatbestandes, JuS 1984, S.447; Johannes Wessels/ Thomas Hillenkamp/Jan C. Schuhr, Strafrecht BT 2, 43 Aufl., 2020, Rn. 120; Bosch, a.a.O. (Anm. 6), § 242 Rn. 36a; Kindhäuser/Hoven, a.a.O. (Anm. 30), § 242 Rn. 49.

32　Vogel, a.a.O. (Anm. 6), § 242 Rn. 115; Hoyer, a.a.O. (Anm. 6), § 242 Rn. 55 f.; Schmitz, a.a.O. (Anm. 6), § 242 Rn. 102; Harro Otto, Grundkurs Strafrecht: Die einzelne Delikte, 6. Aufl., 2002, § 52 Rn. 15.

機械が正常に作動しているかどうかに着目し、ATM に偽造カードが挿入され現金が引き出された場合にも窃盗罪の成立を否定するのであれば、偽造通貨が挿入され商品が取り出される場合にも、同様の処理をしなければ一貫しないはずである。

これに対して、キントホイザーは、偽造カードが挿入される場合、複製されたデータそれ自体は真正であるのに対して、贋金事例では、用いられる硬貨が真正ではないため、結論が異なっても矛盾ではないとする。偽造カードを用いて「真正な」データを不正に使用する事例と対応するのは、違法に（例えば盗取により）取得した「真正な」硬貨を用いて自動販売機から商品を取得するような事例だというのである[34]。しかし、機械設備に技術的に客観化されているか否かという基準を用いる限りは[35]、「真正な硬貨」と「真正な硬貨の寸法と重さをもつ物体」との間に、有意な違いを認めることはできないであろう。やはり、両事例で結論を分けるのは、理論的な一貫性を欠くといわざるを得ないように思われる。

以上のように、判例・通説が「条件付き合意論」の枠組みを前提に、考慮される条件設定の範囲を議論するのに対して、このような枠組みそのものを、「刑事政策的に合理的であると考えられるような結論を獲得するための道具」[36]に過ぎないとして批判するのが、レナウの見解である。

レナウは、通説的見解が、条件設定が考慮される範囲について客観的な制約を設けようとする点について、「フィクションに基づく意思の規範化」であると批判する。通説によれば、スロットマシンの空プレイの事案におい

33　この見解からは、前述した、再び引き戻せるようにテープ細工を施した紙幣を両替機に投入することで、両替金を取得したという事案（OLG Düsseldorf NJW 2000, 159）についても、裁判所の結論とは異なり、窃盗罪の成立を否定すべきであった（Schmitz, a.a.O.（Anm. 6）, § 242 Rn. 103）ということになろう。

34　Kindhäuser/Hoven, a.a.O.（Anm. 30）, § 242 Rn. 52.

35　他方で、少数説ながら、「技術的客観化の要請」を拒否し、占有者の実際の意思により直接に合意の妥当範囲を決定しようとする見解も主張されている（Vgl., Mitsch, a.a.O.（Anm.6）, § 1 Rn. 77）。この見解によれば、贋金事例はもちろん、無権利者による現金自動預払機の不正利用についても、占有者の現実の意思に反しており合意が及んでいないことを理由に、窃盗罪の成立が広く認められることになろう。

36　Thomas Rönnau, Zur Lehre vom bedingten Einverständnis, in: Festschrift für Claus Roxin zum 80. Geburtstag am 15. Mai 2011, 2011, S. 496.

78　第 2 部　各論的検討

て、勝ち金の占有移転に対して、設置者の合意が及んでいるとされるが、違法にプログラムに関する知識を入手して遊戯行為に及ぶ行為を、設置者が望んでいるはずがない。ここでは、単なるフィクションから、設置者の合意の存在が擬制されているにすぎない。通説は、設置者の意思が技術的に客観化されているかという基準により、考慮される条件設定の範囲を限定しようとするが、設置者の「意思が技術的に客観化されていないことは、その意思の内容に何の変化ももたらさない」[37]はずである。同意という法制度が、個人の自律的で自由な活動を保障するための仕組みであり、権利者の現実の意思に重要性が認められなければならない以上、このような「意思の規範化」は正当化できない。

　さらに、「条件付き合意論」における事案の解決基準も不明確である。連邦通常裁判所は、「外観」を基準に判断するが、ATM から現金を不正に引き出す行為は、紙幣が機械から放出されているから「交付」があるともいえるし、行為者が取出口から紙幣を持ち出しているから「奪取」ともいえる[38]。また、「技術的な客観化」という基準も、贋金事例で学説上意見が一致していないように、適用に曖昧さが残るものである[39]。

　もっとも、レナウは、ドイツの判例・通説が窃盗罪の成立範囲を客観的に限界づけようとしている努力自体は正当なものとして評価する。例えば、自動販売機の設置者が、地域の保険料が上がるのが嫌だという理由で、糖尿病患者による甘いジュースの購入を個人的に望んでいなかったとしても、その純粋に主観的な意思に反していることを理由に、ジュースを購入した糖尿病患者の行為を窃盗とするわけにはいかない[40]。

37　Rönnau, a.a.O.（Anm. 36), S. 499.

38　Rönnau, a.a.O.（Anm. 36), S. 502. さらに、清掃作業に忙しい店主が、後の支払いを期待できる常連客に対して商品を棚から「持ち去ること」を許容したが、実際は客に支払意思がなかったという事例について、その外観にかかわらず、詐欺罪が成立することに異論はないはずである、との指摘も付け加えられている。また、我が国においても、林陽一「窃盗罪と占有の保護」研修814号（2016年）5 頁は、ドイツ判例の外観基準について、「なぜ外観の異常性が被害者の承諾を無効にし、窃取行為を認めることになるのか、説明が十分でない」との疑問を提示している。

39　Rönnau, a.a.O.（Anm. 36), S. 499 f. なお、レナウは贋金事例で窃盗罪の成立を認める見解に対して、「実際のところ、技術的な設備との関連づけを放棄している」との批判を加えている。

40　Rönnau, a.a.O.（Anm. 36), S. 498.

問題は、そのような客観的限界づけを、設置者の「合意」という主観的要件に担わせてしまう点である。レナウは、このような客観化・規範化の要請は、「合意」の射程の問題としてではなく、むしろ「占有」侵害の要件の適切な解釈を通じて果たされるべきであるとする。すなわち、窃盗罪が成立するためには、本罪の不法に典型的な、「社会的に不適切な平穏侵害（sozial inadäquate Friedensstörung）」という意味での「占有」侵害が必要であり、機械の機序（交付メカニズム）に従った財物の取出しは、この意味での平穏領域の破壊が認められないため、窃盗罪の成立が否定されるのである。したがって、結論的には、無権利者による ATM からの現金の引き出しも、支払意思のない者によるセルフ式ガソリンスタンドでの給油も、さらには、贋金を用いて商品を取り出す行為も、交付メカニズムどおりに財物が取り出されている以上、平穏領域の破壊はなく、窃盗罪の成立は否定されるとする[41]。このように理解しても、当罰的な行為態様の捕捉は、関連する特別の規定（ドイツ刑法263a条〔コンピュータ詐欺罪〕、265a条〔給付の不正入手罪〕）や、横領罪の規定を通じて実現可能であり、刑事政策的に看過できないような処罰の間隙は生じない[42]。

以上のように、レナウは、結論的には、ドイツの判例・通説と同様に「自動機械からの窃盗」の成立範囲を狭く限定しており、「技術的な客観化」を基準とするのと大差はないが、窃盗罪が成立しない根拠を、設置者の合意が及んでいるからとするのではなく、窃盗罪に典型的な平穏侵害がないことに求めることで、意思の規範化を回避しようとしている点に特徴を認めることができよう。

第4款　若干の検討

以上の検討から明らかなように、ドイツの判例・学説においては、自動機械の事案において、窃盗罪の成立範囲がかなり狭く捉えられている。機械の

41　Rönnau, a.a.O.（Anm. 36）, S. 505. なお、行為者が針金等の方法を通じて機械にショートを生じさせた場合に、交付メカニズムが依然として機能しているといえるかどうかは、事実認定の問題であるとされる。

42　Rönnau, a.a.O.（Anm. 36）, S. 505 f.

80　第2部　各論的検討

機序に従った取出しにつき窃盗罪の成立を否定する見解を一貫させれば、窃盗罪が成立するのは、機械を無理やりこじ開けて中身を取り出すような事例に限られることになろう。

　このように解したとしても、ドイツ刑法の場合には、我が国とは異なり財物も客体に含むコンピュータ詐欺罪（263a 条）や、あるいは、給付の不正入手罪（265a 条）といった他の規定による対処が可能であるため[43]、処罰の間隙は生じにくい。その意味で、自動機械の事例でどこまで窃盗罪の成立を認めるかという問題は、処罰の可否に直結するわけではなく、他罪との振り分けの問題に過ぎないともいえよう[44]。

　これに対して、我が国では全く事情が異なる。すなわち、我が国の電子計算機使用詐欺罪は、客体が財産上の利益に限られるため、窃盗罪の成立を否定すると、そのまま不可罰の結論が導かれてしまう[45]。したがって、ドイツにおける限定的な基準をそのまま我が国で採用することはできないことに、注意する必要があろう。

　窃盗罪の成立範囲を限界づける方法として、ドイツの判例・通説が、設置者の「合意」の射程に着目し、「意思に反して」の内容を限定的に捉えようとするのに対して、むしろ窃盗罪の不法が予定する「占有」侵害があるかどうかという観点から限定しようとするのがレナウの見解である。しかし、レナウの見解に対しては、自動機械内の財物が、行為者の手元に渡っている以

43　ただし、ドイツの通説によれば、給付の不正入手罪の適用対象である「自動販売機」とは、「給付の自動販売機（電話機、ミュージックボックス等）」を指し、「物品の自動販売機」は含まれないと解されているため（Wessels/Hillenkamp/Schuhr, a.a.O.（Anm. 31），Rn. 678）、この通説を前提とする限り、贋金事例に本罪の成立を認めることはできない。これに対して、学説上は、このような理解は狭すぎるとして、「物品の自動販売機」も含むべきとする見解も有力に主張されている（Schmitz, a.a.O.（Anm. 6），§ 242 Rn. 102）。

44　もっとも、ドイツにおいても、コンピュータ詐欺罪の規定が施行される1986年以前の法状況の下では、窃取性の否定により不可罰の結論に至る可能性があったことには注意を要する。実際に、他人名義のカードを無権限使用して自動支払機から現金を取得した行為について、窃盗罪の成立が否定された結果、無罪の結論が導かれた裁判例が存在している（AG Berlin-Tiergarten, NStZ 1987, 122; OLG Hamburg, NJW 1987, 336）。改正法によるコンピュータ詐欺罪規定の導入は、まさに旧法下におけるこのような状況を踏まえて、こうした行為が処罰しうるものであることを明らかにしようとしたものである。なお、井田良「西ドイツにおけるコンピュータ犯罪処罰規定」刑法雑誌28巻4号（1988年）603頁以下参照。

45　橋爪・前掲注（4）300頁参照。

上、客観的な占有移転の事実そのものは否定できないのではないか、という疑問がある。機械のメカニズムに従っている場合でも、機械内の（設置者が占有する）商品の占有が、行為者の占有下に移転していることは明らかである。レナウはここで、単なる占有移転を超えるような、社会的な平穏の侵害を読み込むことで、成立範囲を限定しようとするが、その内容は必ずしも明らかではないように思われる。

　したがって、やはり、自動機械からの窃盗の成立範囲の限定は、「意思に反して」の要件を通じて、設置者による条件設定を本罪がどこまで保護するかという観点から行うのが妥当であろう。レナウはこれを「フィクションに基づく意思の規範化」と批判するが、合意の射程が窃盗罪という犯罪の成否に直結する以上、考慮されるべき条件設定について規範的観点からの限定を図ることは、可能かつ必要である[46]。そこで、以下では、我が国の窃盗罪の解釈論として、合意の射程を判断する上で、設置者の設定した条件のうち、いかなるものが考慮されるべきかについて検討を加える。

第3節　条件設定の限界づけ

　前節で見たように、ドイツの通説的見解は、窃盗罪の成否において考慮される条件設定かどうかを判断するにあたり、機械に「技術的に客観化」されているか否かという基準を用いている。しかし、このような基準を一貫させれば、自販機に贋金を投入して商品を取り出すような行為にも、窃盗罪の成立は認められなくなってしまう。他罪による対処が可能なドイツであればともかく、我が国でこの基準を採用することは現実的ではない。

　また、そもそも、「技術的な客観化」という基準にこだわる理論的な根拠も明らかではない。ドイツの学説は、この基準を用いる理由として、処罰範囲の明確性を確保すべきことを挙げている。しかし、明確性だけが問題なのであれば、例えば、立て看板等の設置を通じて外部に明示された条件に重要

46　なお、丸山雅夫『刑法の論点と解釈』（成文堂、2014年）248頁以下も、窃盗罪の成否を被害者の意思内容だけに関わらせる「純粋意思説」は、窃盗罪の成立範囲を無限定なものとする点で問題があると指摘する。

82　第2部　各論的検討

性を認めることに何ら障害はないはずであり、それが機械にプログミングされていることを要求する必然性はない。空プレイの事案でも、これを禁止する掲示がなされていることが通常であろうから、少なくとも明確性の観点からは、窃盗罪の成立を否定すべき理由はないであろう。

　このように考えると、単に設置者の内心にとどまらず、外部的に表示された条件設定には全て重要性を認めるという理解もあり得なくはないだろう[47]。しかし、このような理解によれば、前述した糖尿病事例でも、「糖尿病患者は購入するな」という掲示さえあれば、糖尿病患者による購入は意思に反する占有移転として、窃盗罪の成立が肯定されてしまうことになるが、このようなケースに窃盗罪の成立を認めることに、筆者としてはやはり躊躇を覚えざるを得ない。

　そこで、条件設定を限界づけるために、窃盗罪の不法の本質に立ち返って検討することが考えられる。窃盗罪の保護の対象としての「占有」が認められるには、単に財物に対する随時の利用・処分可能性があるというだけではなく、当該財物に対する「支配・管理」が及んでいる必要がある。すなわち、「種々の手段を用いて支配・管理ができているときに初めて、その物の利用・処分可能性は（窃盗罪の）法益として保護に値する、堅牢なものになる」[48]のである。そして、そのような「支配・管理」の侵害こそが、窃盗罪固有の不法を特徴付けるといえる。

　そうだとすれば、設置者の条件設定の中で、窃盗罪により保護されるのも、この「種々の支配・管理」手段により、その実効性が確保されたものに限られるという理解が可能であるように思われる[49]。特に、自動機械の設置に際しては、利用客に対して包括的に占有が開放されているため、設置者の個別の留保に要保護性を認めるためには、「支配・管理」手段を通じた裏打

47　深町・前掲注（4）191頁は、「当該機械の利用についてのシステムにおいて客観化された条件」に反している場合は、窃取性を肯定できるとし、「客観化」の有無は、機械の占有者が自己の関心事を、規約やルールとして「明示」していたかどうかにより判断されるとしている。
48　林・前掲注（38）9頁。
49　この点で、江口和伸「パチンコ玉やメダルの不正取得と窃盗罪の成否について」『川端博先生古稀祝賀論文集［下巻］』（成文堂、2014年）132頁が、「様々な『意思』のうち、窃盗罪の成立要件として考慮される『占有者の意思』とされるべきは、その内容が財産の占有移転に直接関連するものである場合に限られる」としているのは示唆に富む指摘である。

ちが必要と考えられるのである。

　この「支配・管理」手段として、真っ先に思い浮かぶのは、機械のプログラムを通じた物理的な方法であろう。機械の設置者は、そのような物理的な手法により、メカニズムに反して機械から内容物を取り出そうとする者から、財物の占有を奪われないよう防御することができる。もっとも、このような物理的・技術的な手段による裏打ちを常に要求してしまうと、窃盗罪の成立範囲は著しく狭まることになる[50]。

　そこで、さらに心理的な方法によるコントロールも、ここでいう「支配・管理」手段に含めることが考えられる。例えば、林陽一は、財物の支配・管理手段として、物理的手段だけではなく、「持去りを抑制するメッセージを発して他者に働きかけるという社会システム的な手段」[51]も存在することを指摘し、その具体例として、農村地帯の道沿いにある無人農産物販売所を挙げる。このような販売所では、代金の支払いを確保するための物理的手段が講じられないのが一般的であるが、「屋根、商品台、看板などを工夫して無人販売所であることが直ちに理解できるようにし、商品をセロハン袋に入れるなど、代金を支払わずに持ち去るべきでないというメッセージが伝わるような設定」[52]を施すことで、代金支払いという条件に実効性を持たせているのである。

　以上のような、心理的な（あるいは社会システム的な）手段により実効性が確保された条件設定にも、窃盗罪における要保護性を認めることは可能であろう。したがって、例えば、ATMからの無権利者による現金の引出し行為についても、銀行が、規約等を通じて、名義人以外の者による口座の利用を禁止するセキュリティシステムを構築していることに着目すれば[53]、名義人

50　窃盗罪の成否が問題となったものではないが、東京地判平成24年6月25日判タ1384号363頁が、自動改札を利用したキセル乗車につき電子計算機詐欺罪の成否が問題となった事案で、本件は電子計算機の事務処理システムの欠陥・瑕疵に由来するものであり、被告人らを処罰することによりこのような欠陥・瑕疵を補完するのは許されないとする弁護人の主張に対し、旅客がその欠陥を悪用しないという被害者側の信頼は保護に値すると論じて本罪の成立を肯定していることは、技術的設備の限界と刑法による保護との関係を考える上で示唆的である。

51　林（陽）・前掲注（38）9頁。

52　林（陽）・前掲注（38）10頁。

53　林（陽）・前掲注（38）11頁。

84　第 2 部　各論的検討

以外の者による引出しを禁止する条件設定に重要性を認め、窃盗罪の成立を
認めることが可能となろう。

　もっとも、このような社会システム的な管理手段は、物理的・技術的な手
段と比べると不明確な面があり、どこまでの条件設定に実効性を認めてよい
かについては、さらに検討が必要である。

　まず、設置者が設定した条件が、貼り紙や掲示を通じて外部に表示されて
いることは、条件に反する占有移転を心理的に抑制する要素の一つに数える
ことができよう。林が指摘するように、「メッセージを発して他者に働きか
ける」ことは、社会システム的な支配・管理手段の典型といえる。条件内容
の外部的な表示は、条件に反して財物を取得することに対する行為者の心理
的な抵抗を呼び起こすものであり、いわば「心理的な障壁」として、設定さ
れた条件の実効性を高めるのである。このような外部的表示は、行為者の故
意の認定の間接事実としても意味を持ちうるものであるが、それとは別個
に、条件設定に要保護性を付与するという、独自の規範的意義が認められ
る[54]。

　しかし、掲示さえあれば、あらゆる条件設定に実効性が認められるとはい
えないように思われる。そこで、さらに、設定された条件に反する占有移転
を抑制するような具体的な措置の有無に着目することが考えられる。例え
ば、酒類の自販機において、単に未成年者の購入を禁止する掲示をするだけ
ではなく、監視カメラを設置することや、年齢確認システムを搭載すること
で、このような条件設定の実効性はさらに高められるといえ[55]、より窃取性
を基礎づけやすくなるであろう。

　さらに、条件内容それ自体の合理性も、それに違反する占有移転を抑制す
る効果を持ちうると思われる。すなわち、条件内容が合理的であり、社会一

54　山内・前掲注（4）257頁以下も、被害者の確認措置が、故意の問題には還元されない独自の
　規範的意義を有しているとする。
55　この場合は、条件設定が物理的・技術的な手段により裏打ちされていると考えることも可能
　かもしれない（深町・前掲注（4）192頁参照）。もっとも、例えば、偽造した運転免許証を使
　用してシステムをかいくぐる場合には、機械のプログラム自体は正常に作動しているともいえ
　るため、そのような条件違反を抑制する心理的な障壁という観点による基礎づけが必要となろ
　う。

般に承認されているようなものであれば、それに反して機械を利用することに、強い心理的なブレーキがかかることが期待されるであろう。例えば、自動販売機の利用に際して、贋金を使用してはならないというような、取引目的の実現に不可欠な条件については[56]、特に外部的な表示などがなくとも、当然遵守されるべき条件として、考慮することが許されるであろう。逆に、条件自体に合理性がなく、社会的に確立していると言えなくなるほど、それに要保護性を認めるためには、外部への表示や具体性のある措置が必要になる、ともいえる。

このように考えた場合、糖尿病事例では、仮に糖尿病患者による購入を禁止する掲示がなされていたとしても、それが単に利用者の自制・注意を促すものに過ぎず、購入者が糖尿病患者であるかどうかを確認するような具体的な措置による裏付けもない場合には、この条件に反する購入に対する心理的な抑制が十分に基礎づけられないため、条件設定に重要性が認められず、その結果、商品の占有移転は、包括的同意の射程内の結果となり、「意思に反する」占有移転が認められない、という帰結を導くことができる。

第4節　メダルの不正取得

以上の理解を踏まえ、パチスロ機からメダルを不正取得する行為につき、窃盗罪の成立をどこまで認めることができるかを検討したい。まず、パチスロ機そのものに「誤作動」を生じさせて、メダルを取得する行為に窃盗罪が成立することには問題がない。例えば、パチスロ機のメダル投入口にセルロイド機器具を差し込んで同機に内蔵された感知装置を異常作動させる方法で、機械に誤作動を起こして、メダルを取得する場合[57]、そのようなメダルの取得は、機械に技術的に客観化された設置者の「意思に反する」占有移転であり、窃取性を肯定できる[58]。

56　なお、関心の対象が反対給付に関する事実なのか、反対給付以外の付随的な目的に関する事実なのかにより、被害者の情報収集責任の程度が異なることから、詐欺罪・窃盗罪の成立範囲にも違いが生じうることを指摘するものとして、山内・前掲注（4）261頁以下。
57　東京地判平成3年9月17日判時1417号141頁。

86　第2部　各論的検討

　問題は、パチスロ機そのものに「誤作動」が生じているわけではない場合にも、窃取性を肯定する余地があるかどうかである。平成19年決定の事案で用いられた「体感機」は、大当たりを連発させるためのボタンの押し順を判定する機能を有しているが、パチスロ機本体に対して何らかの干渉や影響を及ぼすものではないことから、まさにこの点が問題となった[59]。この点につき、最高裁は、体感器が「パチスロ機に直接には不正の工作ないし影響を与えないものであるとしても」、このような機器を装着して遊戯をすること自体が「通常の遊戯方法の範囲を逸脱する」として、窃盗罪の成立を認めた。

　これに対して、学説上は、機械に対する「外部的で物理的な干渉作用」があってはじめて窃取性が認められるという前提から、そのような干渉のない本件において窃盗罪の成立を認めた平成19年決定を批判する見解もある[60]。しかし、すでに検討したように、機械に「誤作動」を生じさせることが、自動機械からの窃盗を認めるために常に必要とするのは狭すぎる理解であり[61]、設置者の条件設定が心理的方法により実効性を有しているという場合にも、その条件に違反する占有移転に窃取性を肯定することが可能である。

　この点、体感機を用いるなど、「通常の遊戯方法の範囲から逸脱」するプレイについては、店内掲示や遊戯機自体への表示によって明確にされており[62]、かつ、店舗の従業員や監視設備等により、体感器の使用が発覚した場

58　窃盗罪の成否との関係では、他にも、行為者が被害店舗内にいる間は、メダルの占有移転が認められないのではないか、また、景品と交換するために返還する意思があるため、権利者排除意思が認められないのではないか、という点が問題となる。もっとも、実務上は、いずれも肯定されると一般的に解されている（小島吉晴「判批」研修 532 号（1992 年）26頁以下参照）。

59　葛原力三「演習刑法」法学教室360号（2010年）154頁は、機械が事前に設定されたプログラムどおりに作動しているという点で、体感機利用の事案は、盗取するなど不正に入手したカードにより ATM を操作して現金を取得する事案と共通の構造を有していることを的確に指摘している。

60　本田稔「パチスロ機の不正操作によるメダルの取得と窃盗罪の成否について」立命館法学316号（2008年）303頁、同「特殊機器を用いたパチスロ機の不正操作によるメダルの取得と窃盗罪の成否」季刊刑事弁護55号（2008年）98頁。

61　内田幸隆「窃盗罪における窃取行為について」『曽根威彦先生・田口守一先生古稀祝賀論文集下巻』（成文堂、2014年）120頁。

62　入江猛「判解」最判解刑事篇平成19年度（法曹会、2011年）141頁も表示による明確化を重視して「窃取」該当性を判断している。ただし、占有者の意思が明示されていない場合でも、「窃盗罪の構成要件は行為規範としての機能も有することから、一般人を基準として当該占有者の意思を合理的に解釈し、その意思に反しているといえ」れば、窃取性を認めることが可能とす

合には具体的な制止等の措置が発動する可能性が認められる。また、このようなルールは、メダルの排出率を人為的に高めることで店舗側に経済的な損失が生じることを回避する目的で設定されているものであり、その内容も合理的なものであると評価できる[63]。したがって、本書の立場からも、「通常の遊戯方法の範囲を逸脱する」プレイを禁止する条件設定には、要保護性を認めることができ、これに反するメダルの取得に窃取性を認めた最高裁の判断は妥当であると評価できる。

　なお、本決定では、体感機を使用する以前の「試し打ち」の段階でのメダルの取得にも本罪の成立を認めているが、これに対しては、「試し打ち」の段階では店舗側にいかなる経済的損失も生じないとして、批判も加えられている[64]。しかし、心理的障壁という観点からは、体感器のような「専らパチスロ遊戯において不正にメダルを取得する目的に使用される機器」を身体に装着して遊戯行為に及ぶ行為自体が、店舗側の設定した条件に反する行為であるといえ、このような行為を抑制する心理的な働きかけが存在している以上、「試し打ち」によるメダルの取得も含めて、「意思に反する」占有移転と評価することは可能であろう[65]。この点で、単に磁石や針金のような汎用性のある器具を携帯して遊戯を行うにとどまる場合とは異なるように思われる[66]。

　これに対して、平成21年決定では、被告人がパチスロ店で共犯者Ａのゴト行為を隠蔽するための「壁役」として、その隣のパチスロ台で遊戯する行為について、窃取性を否定している。原審（仙台高判平成21年1月27日刑集63巻5号470頁）は、「壁役」として遊戯する行為も本件犯行の一部となっている

　る（同139頁）。

63　内田・前掲注（61）133頁は、財産の移転が実質的な「財産的損害」を生じさせる場合、すなわち、条件内容が経済的な合理性を有する場合に限って窃取性を肯定すべきであるとする。

64　林幹人「判批」ジュリスト1402号（2010年）149頁、松原芳博『刑法各論〔第3版〕』（日本評論社、2024年）228頁注33、内田幸隆「判批」刑事法ジャーナル10号（2008年）126頁以下、同・前掲注（61）135頁、清水晴生「判批」白鷗法学15巻1号（2008年）160頁以下。

65　なお、同一人が体感器を用いて不正にメダルを取得する目的で行う一連の行為については、全体が不可分であるとして操作以前の占有移転についても窃取性を認めるべきであるとするのは、西田眞基「メダルの不正取得と窃盗罪」池田修＝金山薫編『新実例刑法〔各論〕』（青林書院、2011年）9頁。

66　入江・前掲注（62）148頁以下も参照。

88　第 2 部　各論的検討

ものと評することができ、被害店舗においてそのメダル取得を容認していないことが明らかであるとして、すべてのメダルについて窃取性を肯定したのに対して、最高裁は、A が取得したメダルについて窃盗罪が成立し、被告人もその共同正犯として罪責を負うものの、「被告人が自ら取得したメダルについては、被害店舗が容認している通常の遊戯方法により取得したものであるから、窃盗罪が成立するとはいえない」としたのである。

　しかし、店舗側は、ゴト行為それ自体だけでなく、ゴト行為に共犯的に関与する行為も当然に禁止しているはずであり、そのようなルール自体にも合理性が認められることを考えれば、少なくとも心理的障壁という観点からは、このような条件設定にも要保護性を認め、「壁役」としてメダルを取得することも「意思に反する」として、窃取性を認めることができるように思われる。

　これに対して、ゴト行為それ自体とは異なり、ゴト行為の共犯的関与には様々な類型が含まれるため、そうした類型を一括に禁じるのは、当該機械の利用に関するルールとして極めて広範かつ不明確なものとするという指摘もある[67]。このような広範・不明確性を理由として、十分な心理的な抑制が働かなくなる、という説明は考えられなくはない。しかし、ゴト行為の共犯的関与は多様であるとしても、「壁役」として関与することは、店舗側が禁止している典型的な関与の仕方であると考えられ、ゴト行為そのものに対するのと同程度に、心理的に抑制するメッセージが発せられていると考えるのが素直な理解であるように思われる。これを「パチプロお断り」のような、定義や範囲が曖昧であり、取り締まりの実効性を欠くようなルール[68]と同列に語ることはできないであろう[69]。したがって、平成21年決定の結論を支持す

67　深町・前掲注（4）191頁。

68　なお、神元隆賢「不正なパチンコ・パチスロ遊戯と財産犯（1）」北海学園大学法学研究47巻2号（2011年）253頁以下は、「行為の外観」と「行為者の属性」を区別したうえで、包括的同意を限界づけるのは「行為の外観」のみであるとの見解を示しているが、パチプロのような、外観に反映されない行為者の属性については、店舗側も取り締まりようがないため、心理的な抑制が十分に機能しない、と考えれば、このような区別基準にも理由があるといえよう。

69　もっとも、この場合も、例えば、パチプロのブラックリストを作成し、これを排除するための実効的な措置を講じているような場合には、窃盗罪の成立を認める余地があるように思われる（石井徹哉「個人的法益において侵害される利益の内実」『野村稔先生古稀祝賀論文集』（成

第 1 章　窃盗罪における条件設定論　　89

るためには、例えば、被告人の行為がパチスロ遊戯の当選確率に何ら影響を
与えておらず、「財産的損害」の危険性がないといったような[70]、別の観点
を持ち出すほかないように思われる。

第 5 節　　他罪への応用

　このような条件設定論の枠組みは、取引条件のうちどこまでが刑法的に保
護されるかが問題となるという意味で、詐欺罪における欺罔行為の解釈、と
りわけ「重要事項性」をどの範囲で認めるかという議論にも、応用可能かも
しれない。

　例えば、暴力団員がその身分を秘して、暴力団員の利用を禁じているゴル
フ場を、正規の料金を支払って利用した場合に、二項詐欺罪が成立するかど
うかが学説上争われている。ここでは、暴力団員か否かというゴルフ場の経
済的損失に直結しない事項が、詐欺罪の成立を基礎付けるような重要事項と
いえるかが問題となる。

　この点、条件設定論の枠組みを応用し、設定された条件に心理的な実効性
があるかという観点から検討すれば、暴力団排除のルールが重要なものとし
て確立しており、かつ、当該ゴルフ場で、例えば、暴力団排除情報をデータ
ベース化して利用者の氏名を確認するなどの具体的な措置が講じられていれ
ば、そのような取引条件にも実効性があるとして、重要事項性を認めると
いった説明が可能となろう。実際に、最高裁も、暴力団員によるゴルフ場利
用の事案につき、詐欺罪の成立を肯定する判断（最決平成22年 7 月29日刑集64巻
5 号582頁〔宮崎事例〕）と否定する判断（最決平成22年 7 月29日刑集64巻 5 号646頁
〔長野事例〕）を下しているが、両者の結論の違いは、ゴルフ場による暴排措
置の徹底度の差によるものであるとの分析がなされている[71]。

　　文堂、2015年）242頁以下参照）。
70　飯島・前掲注（ 3 ）84頁。
71　松宮孝明「詐欺罪と機能的治安法」生田勝義先生古稀祝賀『自由と安全の刑事法学』（法律文
　　化社、2014年）365頁、冨川雅満「判批」法学新報123巻 1 = 2 号（2016年）218頁、杉本一敏
　　「詐欺罪をめぐる日本の議論の現在」甲斐克則編『日中刑法──総論・各論の先端課題』（成文
　　堂、2018年）216頁等。

90　第2部　各論的検討

　ただし、詐欺罪が問題となる場合は、「自動機械からの窃取」の場面とは異なり、不特定多数の者に対する事前の包括的な同意がなされるわけではない。また、本書の理解によれば、窃盗罪が「同意不存在型」の財産犯であるのに対し、詐欺罪は、同意の存在を前提とした、「同意無効型」の財産犯であるという点で構造的な違いも認められる。したがって、本章での議論をそのまま応用できるかは、さらなる慎重な検討を要する問題であり、今後の課題としたい。

　他方で、窃盗罪における「窃取」と同様、「意思に反する」という要素をもつ「侵入」の解釈との関係で、特に、開放された建造物への条件（利用ルール）に反する立入りに、どこまで建造物侵入罪を認めるかという問題の解決に対しては、本章で示した枠組みをダイレクトに応用可能であると考えられる。すなわち、ここでも、利用客の立入りへの事前の包括的同意に際して留保された条件設定が、いかなる範囲で「侵入」の成否の判断において重視されるかが問題となる点で、本章での議論と同一の構造を有しているのである。そこで、次章では、住居等侵入罪と法益主体の意思の関係について、さらに詳細な検討を加えることにしたい。

第2章
住居等侵入罪と法益主体の意思

第1節　問題の所在

　従来の学説上、居住者や管理者が錯誤に陥って立入りに許諾した場合に、いかなる範囲で同意が無効となり、住居等侵入罪が成立するかが議論されてきた。この点について、最判昭和23年5月20日刑集2巻5号489頁は、強盗殺人の目的を秘して、顧客を装って、店内に立ち入った行為について、「住居権者の承諾ある場合は違法を阻却すること勿論であるけれども、被害者において顧客を装い来店した犯人の申出を信じ店内に入ることを許容したからと言つて、強盗殺人の目的を以て店内に入ることの承諾を与えたとは言い得ない」として住居侵入罪の成立を認めている。さらに、最大判昭和24年7月22日刑集3巻8号1363頁も、強盗の目的を隠して住居に立ち入った事案について、「強盗の意図を隠して『今晩は』と挨拶し、家人が『おはいり』と答えたのに応じて住居に入った場合には、外見上家人の承諾があったように見えても、真実においてはその承諾を欠くものであることは、言うまでもないことである」として、本罪の成立を肯定している。これらの判例は、偽装心中事件の判例（最判昭和33年11月21日刑集12巻15号3519頁）と同様に、真実を知っていれば被害者が承諾しなかったといえる場合について、承諾を無効とする条件関係的錯誤説の理解によるものであると一般に考えられている。

　さらに、一般に立入りが許されている場所に、違法な目的で立ち入るケースについても、最高裁は、ATM利用客のカードの暗証番号等を盗撮する目的で、行員が不在の銀行支店出張所にその営業中に立ち入った行為について、その外観が一般の利用客のそれと異なるものではなくても、同所の管理者である銀行支店長の意思に反することが明らかであるとして、建造物侵入罪の成立を肯定している（最決平成19年7月2日刑集61巻5号379頁）。

92　第2部　各論的検討

　もっとも、このような判例の理解に対しては、学説上、住居等侵入罪の成立範囲を無限定にするものであり、妥当でないとの批判も有力である。例えば、松原芳博は、居住者や管理者の主観的意思を絶対化し、本罪の成立を広く認める傾向を「意思侵害のひとり歩き」であると批判し、「侵入」といえるためには、立入りを拒否する意思に基づく実効的な支配が確立していることを前提に、支配を確保するための物理的・心理的な障壁を乗り越えて立ち入ることが必要であるとする[1]。また、佐伯仁志も、住居侵入罪は、住居権者の意思それ自体を保護しているのではなく、住居等への立入りがコントロールされている状態が保護されているとして[2]、同じく物理的・心理的障壁の突破を要求する立場から、本罪の成立範囲の限定を試みている。

　筆者も、このような問題意識に共感するものであるが、「障壁の突破」という観点から本罪の不法を捉えようとする場合に、居住者や管理者の意思が「侵入」の概念にどう反映されるかは、具体的な検討が必要である。とりわけ、居住者や管理者が錯誤に基づき同意したという場合や、立入りへの包括的同意がある建物に、違法な目的で立ち入るような場合に、いかなる範囲で「心理的障壁」の突破が認められるかは、必ずしも明らかとはいえない[3]。そこで、本章では、以上の問題意識を踏まえつつ、住居等侵入罪における法益主体の意思の保護の限界について検討を加える。

第2節　「同意不存在型」としての住居侵入罪

　まず、この問題を検討する前提として、同意の「存在」と「有効性」を区別する本書の立場からは、住居等侵入罪が、「同意不存在」の場合のみを処罰する規定なのか、「同意無効」の場合も含めて処罰する規定なのか、という性質決定をしておく必要がある。財産犯の場合には、占有移転への同意に瑕疵があり「無効」と評価できる場合を詐欺罪や恐喝罪が捕捉することか

1　松原芳博『刑法各論〔第3版〕』（日本評論社、2024年）136頁、同「法益侵害と意思侵害」生田勝義先生古稀祝賀『自由と安全の刑事法学』（法律文化社、2014年）50頁以下。
2　佐伯仁志「刑法における自由の保護」法曹時報67巻9号（2015年）43頁。
3　このことから、「心理的障壁」が有効な限定の基準たりうるか疑問があるとするものとして、齊藤彰子「住居侵入罪」法学教室514号（2023年）28頁。

ら、窃盗罪は、占有移転への同意が「不存在」の場合のみを捕捉する「同意不存在型」の財産犯であると考えることに支障はない。これに対して、住居等の空間への立入りからの保護について、刑法典は、住居等侵入罪しか処罰規定がないため、本罪は（殺人罪や傷害罪と同様に）、法益主体の同意が「存在」するものの「無効」の場合までカヴァーしていると解する余地もある。

　この点を検討する上で参考になるのが、ドイツの議論である。ドイツでは、「侵入（Eindringen）」の成否の判断において、立入りを許容する「事実的な意思（tatsächlicher Wille）」の存否が重視されており、これが認められれば「侵入」該当性が否定されて、本罪が成立しないとする見解が支配的である[4]。それゆえ、例えば、承諾者に判断能力が備わっていない場合や、動機に錯誤がある場合でも、実際に立入りが許諾された以上は、本罪が否定されると解されている。本書の用語法に引きつけていえば、ドイツでは住居侵入罪の規定において、「同意不存在」のケースのみが捕捉され、同意が存在するものの瑕疵がある「同意無効」のケースは射程外である、ということになろう。

　このような見解の根拠とされているのが、被害者の承諾論において強い影響を有しているゲールズの「二元説」である。二元説によれば、被害者の承諾には、構成要件該当性を阻却する「合意（Einverständnis）」と、違法性を阻却する「同意（Einwilligung）」が区別され、前者は事実的性格を、後者は法的性格を有するとされる。すなわち、「合意」については、法益主体の自然的・事実的な承諾意思が存在するだけで認められるのに対して、「同意」については、欺罔や強制といった瑕疵に基づくものではないことまで要求される。そして、住居侵入罪における承諾は、「侵入」という構成要件メルクマールを排除する要素であることから、前者の構成要件阻却的「合意」に該当する。したがって、立入りに対する事実的な承諾意思さえ存在すれば、本罪の構成要件該当性が阻却される、という帰結が導かれるのである[5]。

4　Wolfgang Stückemann, Der getäuschte Hausrechtsinhaber, JR 1973, S. 415; Klaus Geppert, Zu einigen immer wiederkehrenden Streitfragen im Rahmen des Hausfriedensbruches（§ 123 StGB）, Jura 1989, S. 380 f.; Detlev Sternberg-Lieben/Ulrike Schittenhelm, in: Schönke/Schröder Strafgesetzbuch Kommentar, 30. Aufl., 2019, § 123 Rn. 22.

94 第 2 部 各論的検討

　我が国でも、佐藤陽子によれば、「侵入」とは、事実的に存在している立入りの拒絶という心的バリア克服して住居内に立ち入るという「特別な行為態様による」住居権の侵害を指し、住居侵入罪における承諾は、それが存在することで「侵入」という文言を排除する「行為態様に係る合意」に位置付けられるため、自己決定に基づく法益の処分としては不十分な意思であっても（瑕疵ある承諾であっても）、事実上の承諾が存在すれば「侵入」の文言が満たされなくなる、とされる。このような立場を一貫させて、佐藤は、欺罔や強制による立入りであっても、結果的にその人物による立入りが許容された場合には、「侵入」したといえないため、本罪が成立しないという結論を導いている[6]。

　このような理解に対しては、成立範囲をそこまで切り詰める実質的根拠が明らかではない、との疑問が向けられよう。同意が存在しない場合も、意思形成過程に瑕疵がある場合も、法益主体の自律的な処分とはいえないという意味では等価値であるはずであるのに、前者のみを処罰し、後者を処罰範囲から除く合理的な理由があるかが問われなければならない。小林憲太郎も、刑法の解釈に際しては、言葉の可能な意味を超えない限りは、保護法益を標準とした目的論的解釈を追求すべきであり、上記のような解釈は文理のイメージを肥大化させすぎているとの批判を向けている[7]。

　もっとも、以上のような限定解釈は、本罪の保護法益論からも基礎づけることが可能であるように思われる。

　現在の通説は、本罪の保護法益を「住居権」に求めているとされるが、この（新）住居権説と呼ばれる見解には、その自由権的性格を強調する見解と、支配権的性格を強調する見解という 2 つの異なる見解が含まれているとの指摘がされている[8]。このうち、前者のように、住居権を、誰を住居内に

　5　Friedrich Geerds, Einwilligung und Einverständnis des Verletzten im Strafrecht, GA 1954, S. 265 ff.

　6　佐藤陽子『被害者の承諾』（成文堂、2011年）160頁以下。

　7　小林憲太郎「被害者の同意の体系的位置づけ」立教法学84号（2012年）30頁、西田典之ほか編『注釈刑法 第 2 巻』（有斐閣、2016年）293頁〔小林憲太郎〕。

　8　日髙義博「住居侵入罪の保護法益」植松正ほか編『現代刑法論争Ⅱ〔第 2 版〕』（勁草書房、1997年）84頁以下、井上大「住居侵入罪の問題点」阿部純二ほか編『刑法基本講座第 6 巻』（法学書院、1993年）160頁以下。なお、伊東研祐「住居侵入等罪（刑130条）を巡る法益論と解釈

立ち入らせるかを決める自由に純化して捉える見解（許諾権説[9]）に対しては、近時、法益把握が形式的にすぎるとか、裸の意思ないし願望を保護することになりかねないといった、強い批判が向けられている[10]。そこで、今日の有力説は、住居権を、一定の要保護空間に対する居住者・管理者の支配権として理解すべきであるとしており[11]、このような見解は「領域説」と呼ばれている。

　単なる裸の意思ないし願望の侵害に尽きない、本罪に独自の法益侵害の内容を示すという点では、領域説の方が妥当であろう。住居権に自由権的な側面があること自体は否めないが、同時に、この権利が、住居等という一定の場所に対する事実上の支配と結びついたものであることからすれば、こうした支配に裏打ちされている限度で住居権者の意思が保護されると解すべきである[12]。本罪において「侵入」という文言が用いられていることも、まさにこうした空間への支配を前提として、そのような支配を基礎付ける物理的・心理的障壁を突破する行為を要求する趣旨であると理解できる。

　このような理解を前提とすれば、意思形成プロセスに瑕疵がある場合であっても、結果的に住居権者が、個別の立入りに許諾している場合には、立入りを拒絶する「心的バリア」が解除されたとして、「侵入」該当性が否定される、と解することが可能である。ドイツでも、ボーナートは、「侵入」とは、空間への自由な立入りを制限する物理的・心理的な障壁の克服であるという理解を前提に[13]、この心的バリケードを基礎づけるのは、権利者によ

　　論」法曹時報63巻2号（2011年）282頁注5は、両者の見解を併せて「新住居権説」と呼ぶ分類に対して、「両説の視座の相違、したがって、新住居権説の視座の独自性を把握し得ていない、あるいは、意図的に無視する分類」であると批判する。
　9　例えば、平野龍一「住居侵入について」警察研究57巻7号（1986年）9頁以下、山口厚『問題探究　刑法各論』（有斐閣、1999年）66頁以下を参照。
　10　許諾権説に対する批判については、松原・前掲注（1）『刑法各論』132頁以下、嘉門優『法益論』（成文堂、2019年）190頁以下、佐伯・前掲注（2）40頁以下も参照。
　11　日高・前掲注（8）85頁、林幹人『刑法各論〔第2版〕』（東京大学出版会、2007年）100頁、山中敬一『刑法各論〔第3版〕』（成文堂、2015年）180頁以下、松原・前掲注（1）『刑法各論』133頁、佐伯・前掲注（2）42頁以下等。
　12　その意味では、「住居権（Hausrecht）は、支配権と自由権との結合した特殊の権利」（江家義男『刑法各論〔増補版〕』（青林書院、1963年）235頁）であるともいえよう。
　13　なお、ボーナートは、ここでいう障壁を「心理的な性質のものでもよい」として、心理的障壁を副次的であるかのように語るのは誤解を招くものであって、むしろ、心理的障壁こそが本

96 第2部 各論的検討

りその都度形成される具体的な意思のみであり、それが立入りの時点におい
ても継続して存在しなければならない、として、権利者が欺罔により立入り
を許容した場合には、行為者の心的バリケードの克服を認めることができ
ず、本罪の成立が否定されるとしている[14]。

　さらに、このような限定解釈は、刑事政策的な考慮によって補強すること
も可能であると思われる[15]。すなわち、本罪が建物内で行われる犯罪の予備
罪的性格を有していることは否めないところ、本罪について、意思形成プロ
セスの無瑕疵性まで保障しようとすれば、処罰範囲が広がりすぎてしまうこ
とが懸念される。立入りへの許諾の意思が存在するが、それが結果的に真意
に沿わないものであったという事例については、立入り後の退去要求に従わ
ない場合の不退去罪や、建物内で行われる犯罪を処罰する規定による対応に
とどめるべきである、と考えることには十分な理由があろう。

第3節　錯誤に基づく立入り許諾

　以上のように、本罪は「同意不存在」型の犯罪であり、立入りに対する法
益主体の同意が「存在」する場合には、本罪の成立が否定されると解さ
れる。もっとも、ここから直ちに、欺罔による立入りが常に本罪を構成しな
い、という結論が導かれるわけではない。欺罔のために、居住者による行為
者の立入りへの同意の「存在」が認められない事例では、「侵入」を肯定す
ることがなお可能である。ここでは、同意の「対象」にどこまでの要素を読
み込むかが問われなければならない。例えば、強盗目的を秘して、住人の同
意を得て家屋に立ち入る場合に、「その人」の立入りへの同意は存在すると

　　質的であり、物理的障壁はそれに量的に関係する要素にすぎないとしている（Joachim
　　Bohnert, Die Willensbarriere als Tatbestandsmerkmal des Hausfriedensbruch, GA 1983, S. 3
　　f.）。

14　Bohnert, a.a.O.（Anm. 13）, S. 15 f. ボーナートの見解については、須之内克彦『刑法における
　　被害者の同意』（成文堂、2004年）168頁以下も参照。

15　ベルンスマンも、居住者の真の意思ではなく、実際に表示された意思を基準とすべき根拠と
　　して、本罪の処罰範囲が著しく拡大してしまうことを回避すべきであるという、刑事政策的理
　　由を強調している（Klaus Bernsmann, Tatbestandsprobleme des Hausfriedensbruchs, Jura
　　1981, S. 403 f.）。

して、本罪の成立が否定されると考えるのか、「強盗目的の者」の立入りへの同意は不存在であるとして、本罪の成立を認めるべきなのかは、さらに検討が必要である。

この点、学説上は、「その人」への許諾が存在すれば、本罪は成立しない、という見解が有力に主張されてきた。例えば、山口厚は、許諾権説と法益関係的錯誤説を組み合わせることで、住居権者に「誰を立ち入らせるか」についての錯誤がなければ、それ以外の事情についての錯誤があっても、承諾の有効性に影響を与えないとされ、上記の事例では、居住者が当該人物を認識しこれに対して立入りの許諾を与えている以上、本罪の成立は否定されるとする[16]。

さらに、本罪の不法を「障壁の突破」に求める見解からも、同様の結論が支持されている。すなわち、立入りの実効的なコントロールが住居権侵害の前提をなすと考える場合には、外部から認識しえない行為者の立入り目的は保護の対象から除外されるため、この錯誤は、同意の有効性に影響を及ぼさないとされる。そして、「その人」の立入りを居住者が現実に許諾しているのであれば、障壁の突破があるとはいえないため、「侵入」に当たらないといった説明も、あわせて示されている[17]。

確かに、同意の存否を画するうえで、同意対象者のあらゆる目的まで読み込もうとすれば、居住者の真意に沿わない立入りが、全て「同意不存在」へと転換されてしまい、処罰範囲に歯止めが効かなくなってしまうであろう。心理的障壁という観点から見ても、例えば、友人を招き入れたが、その友人が実は強盗目的であったという場合、友人の立入りへの同意そのものは「存在」しており、同意を受けた張本人が、その空間に立ち入ること自体に対しては、もはや心理的な抑制は働きようがない。もちろん、実際に強盗という行動に移ることに対しては、なお心理的な抵抗が残るだろうが、これは立入り自体の心理的抵抗とは区別すべきである。したがって、単なる内心の違法な目的により、同意が広く「不存在」になるわけではない、という点で、上

---

16 山口・前掲注（9）75頁。
17 松原・前掲注（1）『刑法各論』139頁、140頁注35。

98 第2部 各論的検討

述した見解は正しい内容を含んでいるといえよう。筆者自身も、以前の論稿[18]においては、このような見解に全面的に賛同し、冒頭で挙げた、強盗目的を偽ったケースで本罪の成立を肯定した判例に対して、批判的な態度を示していた。

　もっとも、改めて考えてみると、例えば、強盗の意図を秘して、宅配便業者を装って住居に立ち入る場合にも、上述の理解を一貫させて、「その人」の立入りを許諾しているから、「侵入」に当たらないとすることには、疑問の余地があるように思われる。この場合、居住者は、かりにインターフォンのモニター越しに行為者の顔や外見を確認していたとしても、その顔や外見を基準として立入りを認めているわけではない。あくまでも、宅配便業者という属性があるからこそ、立入りを認めているのである[19]。とすれば、ここで同意されているのは、あくまでも「宅配便業者による立入り」であって、そのような属性を持たない行為者との関係では、なお同意は存在せず、その立入りを拒絶する心的バリアが残っていると見ることが可能であろう。このことは、住人の家族に成りすまして、インターフォン越しにドアを開けるよう頼み、中の住人に鍵を開けてもらっても、家族ではない行為者の立入りに対する同意は存在しておらず[20]、その立入りに対する心理的障壁が残っている、と解されるのと全く同じ理屈である。

　このように考えると、行為者の「属性」と「目的」を切り分けて、前者の錯誤がある限度で、同意の有効性（正確には存在）を否定する見解[21]が、正しい方向性を示していると思われる。「属性」と「目的」を異なって扱うこと

18　拙稿「法益主体の『真の意思』と犯罪の成否——住居侵入罪を例として——」早稲田法学93巻2号（2018年）81頁以下。

19　橋爪隆『刑法各論の悩みどころ』（有斐閣、2022年）75頁。

20　山口も、このような事例では、立入りの許諾が認められないとして本罪の成立を肯定している（山口厚「法益侵害と法益主体の意思」山口厚編著『クローズアップ 刑法各論』（成文堂、2007年）28頁）。これに対して、松原・前掲注（1）『刑法各論』139頁以下は、「その人」への許諾がある限り、人違いによる許諾も有効であるとするが、ここまで侵入が認められる範囲を限定する結論には、疑問がありえよう。

21　橋爪・前掲注（19）75頁以下。同様に、和田俊憲「住居侵入罪」法学教室287号（2004年）60頁以下も、特定の目的に関する錯誤だけで処罰を認めるのは妥当でないとしつつ、「意思に基づき一定の目的実現のために他人を立ち入らせることも、保護が目指されるべき」ことを理由に、客観的属性を偽る場合には本罪の成立を認めるべきであるとする。

第 2 章　住居等侵入罪と法益主体の意思　　99

に対しては、理論的な根拠があるか疑問も示されているが[22]、行為者の立入りに対する心理的バリアがなお残されているかどうか、という点で、両者を区別することには合理的な理由がある。もちろん、限界事例では、両者の区別が微妙になることも否めないが、だからと言って、こうした区別が無意味となるわけではない。

　この点に関して、近時、興味深い裁判例（松江地判令和 2 年 3 月12日 LEX/DB 25570878）が現れている[23]。事案は、被告人が、A の居室の外にある水道の元栓を閉め、あたかも水道事故が生じたかのように偽装し、その不具合を解決するために訪問したように装い、A の許諾を得て立ち入り（1 回目の立入り）、その際に、A から別件のトイレ修理を依頼されたため、後日、A への恋心を秘して A 宅に立ち入って作業し（2 回目及び 3 回目の立入り）、トイレの不具合を一時的に解消したというものである。本件で、松江地裁は、「誰を立ち入らせるかについて承諾を与える場合、その判断の根拠となった具体的事情があるはずであるから、承諾の前提をなしている重要な事実に錯誤がある場合に、その承諾は無効となる」とした上で、1 回目の立入りについては、「A はあくまで、被告人を、室内の水が流れないという『事故』に対処してくれる水回り関係の業者であると信じて、被告人の立入りを認めたのであり、そのことが立入り承諾の前提をなしている以上、水回りの事故があるかのように偽装した上で得られた承諾は無効である」とする一方、2 回目及び 3 回目の立入りについては、「トイレの修理を行う被告人を立ち入らせるという事実については錯誤がない」ため、承諾は有効であり、住居侵入罪は成立しないとされた（本件では、3 回目の立入り行為のみが公訴事実であったため、被告人は無罪となった。）。

　まず、本判決が、1 回目の立入りについて、本罪の成立を肯定できるとしている点は、本書の立場からも支持できる。本判決が指摘するように、A はあくまでも、水が流れないという事故に対処してくれる正規の水回り関係の業者の立入りに対して、同意をしているのであり、そのような属性を有し

22　小林・前掲注（7）『注釈刑法 第 2 巻』297頁参照。
23　本判決の評釈として、神元隆賢「判批」北海学園大学法学研究56巻 2 号（2020年）55頁以下。

ない被告人に対する同意は「不存在」である。したがって、被告人との関係では、立入りを拒絶する心理的バリアがなお存在しており、それを克服してA宅に立ち入った被告人の行為は「侵入」といえる。

これに対して、2回目及び3回目の立入り行為については、Aが、被告人の恋心や、あるいは、1回目の立入り行為が被告人による偽装であったことを知っていれば、当然に同意しなかったであろうことを、どのように考えるかが問題となる。この点について、松江地裁は、「被告人がAに恋心を抱いたという内心」は、「トイレの修理を行う被告人を立ち入らせるという立ち入り承諾の前提をなす重要事実に錯誤を及ぼす内容ではないから、承諾が無効となるものとは解せない」としている。このような理解は、真実を知っていれば同意しなかったであろう場合に、広く同意を無効とする条件関係的錯誤説（重大な錯誤説）とは、明らかに一線を画する理解といえよう。

筆者の理解からも、これらの事情は同意の意思形成プロセスにおいて仮に重要な情報であるといえても、その錯誤が行為者の立入りに対する同意の「存在」を打ち消すものではない以上、本罪の成立を肯定する理由にはならないと考えられる。そして、本判決も指摘するように、2回目及び3回目の立入りに際しては、「トイレの修理を行う被告人」の立入りに同意がなされているのであるから、被告人の立入りに対する心的バリアは取り払われており、「侵入」にならないという理解が可能であろう。

なお、仮に2回目及び3回目の立入りに際して、被告人にトイレを修理する気がなく、例えば、盗撮用カメラを設置する目的であったという場合に、どうなるかという点は理解が分かれうる。本判決は、被告人が実際にトイレの不具合を一時的に解消しており、トイレ内での作業以外には何も行っていないことに着目して、本罪の成立を否定しているため、このような事例であれば、1回目の立入りと同じ理由で、「侵入」を認める趣旨であるとも考えられる[24]。もっとも、このような理解とは異なり、被告人とAが1回目の訪問を通じていわば「既知の間柄」となったことにより、2回目及び3回目の

24　神元・前掲注（23）204頁以下は、行為の客観面に向けた承諾の有無が重要であるという立場から、仮に被告人が盗撮等の目的で隠しカメラを設置するなどした場合は、Aの承諾した立入行為の客観面を逸脱しているため、その時点で住居侵入罪の成立を認めうるとする。

立入りでは、まさに被告人という「その人」の立入りが許諾されたと解し、上記の錯誤は、同意を与えた相手の主観的な「目的」に関するものにすぎない、と見る余地もあろう。

第4節　包括的同意と建造物侵入罪

　前節では、居住者が個別の立入りに対して、立入りの許否を判断するような「対面型」の事例を念頭に検討を加えたが、他方で、管理者が一般人や顧客の立入りを事前に包括的に認めており、これらの者に対して事実上開放されている建造物への立入りが問題となる事例については、別途検討が必要である。

　このような事例でも、管理者が建物の開放にあたり、立ち入る者の目的や属性について一定のルールを設けること（条件設定）が考えられる。もっとも、この場合には、対面型の事例とは異なり、事前の包括的同意による支配領域の開放がある以上、同意の射程を狭める条件設定の有効性については、「障壁の突破」という法益侵害の実態が認められるかという観点から、より慎重な限界づけが必要である。

　この点との関係で、前章での「自動機械からの窃盗」の事例に関する条件設定論の議論を応用することが可能である。本書の理解によれば、建造物侵入罪も、窃盗罪と同様に「同意不存在」型の犯罪であり、かつ、「支配・管理の侵害」を不法の本質とする点で、同質性を有している。そこで、建造物への立入りに対する包括的同意に際して設定された条件に、本罪における要保護性が認められるかどうかという点についても、当該条件が、「心理的障壁」を含めた実効的な管理手段により裏打ちされているかどうかにより判断するということが可能と思われる。

第1款　条件内容の外部的表示
　条件違反の立入りを心理的に抑制する手段としては、まず条件内容の外部的表示を挙げることができる。この外部的表示に関しては、立入りが管理者の設定した条件に反することの故意を認定するための間接事実に位置付ける

102　第 2 部　各論的検討

ものもある。例えば、大槌郵便局事件判決（最判昭和58年 4 月 8 日刑集37巻 3 号
215頁）の調査官解説では、「一般に、意思が内心に留保されるだけでは、被
告人にも認識不可能であって、故意が阻却される」[25]との説明がなされてお
り、意思の外部的表示が基本的には故意の認定にかかわる問題であるという
整理が前提とされている。

　しかし、条件内容の外部的表示は、単なる故意の認定の間接事実に過ぎな
いものではなく、「侵入」の成否、すなわち本罪の客観的不法を基礎付ける
ものと解される。すなわち、条件内容の外部的表示は、それに反する立入り
に対する心理的な抵抗を呼び起こすことで、心理的障壁を基礎付ける要素と
位置づけられるのである。したがって、行為者がたまたま管理者により設定
された条件を知っていたとしても、それが一切外部に表示されておらず、心
理的障壁が根拠づけられない場合には、本罪の成立が否定されることもあり
うる。例えば、葛飾マンション事件の第 1 審判決（東京地判平成18年 8 月28日刑
集63巻 9 号1846頁）は、「ビラ配布のためのマンションへの立入りが原則的に
は禁止されているとはいい難いことからすると、単にそのような意思決定が
されただけでなく、立入りを禁止していることが訪問者にも分かるように明
示されることによって（単に、訪問者に自制・注意を促すようなものではなく、その
目的による立入りが不法侵入となることが理解できるような表示が必要であろう。）、は
じめてその立入りが違法性を帯びることとな」るとの理解を示している。さ
らに、同事件の最高裁判決（最判平成21年11月30日刑集63巻 9 号1765頁）の調査官
解説も、「外部的表示が明確になされていればいるほど、立入り禁止意思の
強さ、意思に反した立入りによる被侵害利益の大きさが推認され、違法性判
断において法益間の比較衡量をする場合には、違法性肯定の方向に傾くとい
うことになり、その意味で違法性判断にも外部的表示は関連すると解され
る」[26]としている。

　ただし、条件内容の外部的表示がなければ、その条件に反する立入りへの
心理的障壁がおよそ根拠づけられない、とまでは言えないであろう。外部的

25　森岡茂「判解」最判解刑事篇昭和58年度（法曹会、1987年）74頁。
26　西野吾一「判解」最判解刑事篇平成21年度（法曹会、2013年）544頁。

第2章　住居等侵入罪と法益主体の意思　103

表示を欠いていても、その条件が確立した社会慣習となっており、表示する
までもないような場合には、心理的障壁性を肯定する余地はある。その限り
で、前出最判昭和58年4月8日が、「建造物の管理権者が予め立入り拒否の
意思を積極的に明示していない場合であっても、該建造物の性質、使用目
的、管理状況、管理者の態度、立入りの目的などからみて、現に行われた立
入り行為を管理権者が容認していないと合理的に判断されるとき」にも建造
物侵入罪が成立しうると判示している点は一般論として支持できる。

　これとは反対に、外部的表示さえあれば、常に心理的障壁が根拠づけられ
るとも言えない。例えば、当該表示が、利用者に単に自制・注意を促すよう
なものにすぎず、単なる一般的・抽象的な注意勧告として受け止められてい
るというのが実態であるという場合には、心理的障壁が基礎づけられないで
あろう。この観点から、葛飾マンション事件において、ビラ配布の禁止とい
う条件設定の表示が、一般的・抽象的な注意勧告を超えるような意義を有し
ていたかどうかは、検討の余地がある[27]。

第2款　実効的な措置の発動可能性

　さらに、条件違反の立入りが心理的に抑制されるためには、そのような立
入りを拒絶するような実効的な管理手段の発動可能性が、抽象的にでも存在
している必要があるように思われる。このような可能性が全くない場合に
は、当該条件が外部に表示されており、内容も合理的なものであったとして
も、心理的障壁が根拠づけられない。

　学説上は、例えば、万引き目的でスーパーマーケットに立ち入る行為のよ
うに、行為者の違法目的が単なる内心にとどまっており、立入りが通常の外
観であった場合には、本罪の成立を否定すべきとする見解が有力である
が[28]、このような見解も上記の枠組みから支持しうる。すなわち、万引きを

27　関哲夫『続々・住居侵入罪の研究』(成文堂、2012年) 198頁は、葛飾マンション事件におけ
　るはり紙について、「『悪質なパンフレット・チラシ等にわずらわされたくない』とか、『詐欺ま
　がいの内容のパンフレット・チラシ等は投函されたくない』、『パンフレット・チラシ等に関わ
　るトラブルを避けたいので、あらかじめ一般的に拒否する意思を表示しておく』という程度の
　一般的・抽象的な内容の意思表示と考えるのが実態に即している」と指摘している。
28　伊藤渉ほか『アクチュアル刑法各論』(弘文堂、2007年) 108頁〔齊藤彰子〕、山口厚『刑法各

104　第 2 部　各論的検討

禁止するルールの内容自体は合理的であり、そのことが店頭に掲示されているとしても、目的が内心にとどまっており、店舗側にこれをチェックする手段がおよそない以上、そのような目的での立入りに対する心理的な抑制が十分に働かないため、包括的同意の範囲を狭める効果を持たないと考えられるのである。

　もっとも、この「発動可能性」をどこまで具体的に要求すべきかは、検討の余地があろう。例えば、ほとんど誰にも見抜くことができない完璧な女装をして、覗き目的で女性用トイレに立ち入る場合、心理的な抑制という観点からは、女装が発覚する可能性がほとんどないのであれば、立入りへの心理的なブレーキが喚起されないため、違法な目的が純粋に内心に留まるケースと違いがないのではないか、とも考えられるが、この事例で本罪の成立を否定する結論の妥当性には疑問が生じよう[29]。

　この点について、佐伯仁志は、盗撮目的で女性用トイレに入る行為について、「入ってはいけない」というルール自体が、心理的障壁として成立しており、その突破が認められるという説明をしている[30]。しかし、およそ発覚可能性とは切り離して、ルールそのものを心理的障壁と捉えてしまうと、心理的障壁の概念が過度に観念化されてしまい、本罪の成立範囲を限定する機能が失われてしまうように思われる。このような説明によれば、万引き目的でスーパーに入る事例でも、万引き目的で立ち入ってはならないというルールの突破があるとして、本罪の成立が認められてしまうであろう。

　したがって、実効措置の発動可能性はやはり必要条件として要求すべきである。もっとも、この「発動可能性」としては、常に高度かつ具体的なものを要求する必要はないように思われる。上述した事例でも、単に違法目的が内心にとどまる場合とは異なり、女装という外形に現れた違いから、違法な

　　論〔第 3 版〕』（有斐閣、2024年）130頁以下、松原・前掲注（1）『刑法各論』138頁、高橋則夫『刑法各論〔第 4 版〕』（成文堂、2022年）163頁以下、宮川基「建造物侵入罪と包括的承諾」東北学院大学法学74号（2013年）34頁以下等。

29　勝亦藤彦「自由に対する罪」曽根威彦＝松原芳博編『重点課題 刑法各論』（成文堂、2008年）59頁注47は、立入り段階で被害者にとって錯誤が回避可能な場合には刑法上の保護を認めるが、逆に、被害者にとって錯誤が回避不可能な場合に刑法上の保護を否定することは、「被害者の答責性の程度と被害者へのリスク配分の関係にバランスを欠く」と指摘している。

30　佐伯・前掲注（2）62頁。

目的が発覚してしまう可能性が、抽象的には存在することに着目すれば、なお心理的障壁を肯定する余地があろう[31]。他方で、およそ発覚の可能性が観念できないような場合には、本罪の成立は断念し、建物内で行われた犯罪について別途処罰を認めるにとどめるべきであると思われる。

この点で、ATM が設置された銀行支店出張所に、暗証番号等の盗撮目的で立ち入ったという平成19年決定の事案については、違法な目的が純粋に内心に留まっているわけではなく、盗撮用のビデオカメラや映像受信機等の携帯という外形の違いに、その目的が反映していると見る余地がないではないと思われる。もっとも、ビデオカメラや映像受信機等を携帯しての立入りそのものが禁止されているわけではないことからすると、やはり本件で心理的障壁性を見出すことは困難であろう。

第3款 想定される批判

以上のように、一般利用客に開放された建造物において、管理者が設定した条件に反する立入りを「侵入」とするためには、当該条件が実効的な管理手段により裏打ちされている必要がある。

このような理解に対しては、第一に、居住者が個別に立入りの許否を判断する「対面型」では、属性の錯誤を理由に、広く同意の「不存在」を認めるのに対して、「開放型」の事例では、ある属性の者の立入りを拒絶する実効的な措置（の発動可能性）による裏付けがある場合にのみ、包括的同意の射程が狭まると解するのは、基準として一貫しないのではないか、との批判がありうる。

もっとも、この点についてはまさに「対面型」と「開放型」の事案の類型的な違いを無視すべきではないと思われる。「対面型」の事例として想定されるような、個人の住居等では、原則として他人が立ち入ることに対して拒絶のバリアが存在し、それが個別の来客に対して逐一解除されるのに対して、「開放型」では、事前に利用客に対して広く立入りを同意することで、

31　ただし、このような評価は、生物学上の男性が、女装をして女子トイレに立ち入る行為は基本的に許されない（見つかれば通報・排除される）、という社会通念を前提とするものであることに注意を要する。

106 　第 2 部　各論的検討

心理的バリアが取り払われているという実態がある中で、管理者の個別・主観的な留保に、どこまで重要性を認めるかが問題となっている。この点で、両類型ではいわばベクトルが真逆なのであり、「侵入」の前提となる心理的障壁の構成しやすさには、自ずと違いが生じるといえる。

　第二の批判として、本書のように、条件設定の要保護性を認めるために、実効措置の発動可能性を要求すれば、実効的な措置を講じる経済的・人的・時間的な余裕がある法益主体のみに保護適格が認められ、そうした余裕のない「弱者」の保護が切り捨てられるのではないか、との批判もありうる[32]。

　しかし、この点についても、第一に想定される批判への応答と関連するが、ここでの理論枠組みが、事前に利用客への包括的同意が存在する「開放型」の事例を念頭に置いたものであることに注意する必要がある。したがって、本書の立場は、個人の住居等も含めたあらゆるケースについて、立入りを拒絶する実効的な備えがなければ、およそ「侵入」を認めるべきではない、というものではない。例えば、個人の住宅や、あるいは閉店後の深夜の大型店舗において、扉の鍵が閉め忘れられており、事実上誰でも入れる状態であったとしても、これに無断で立ち入れば、本罪が成立するのは当然のことである。

第 5 節　おわりに

　本章では、住居等侵入罪が、住居等の支配空間に対する障壁の克服を不法の本質とする「同意不存在型」の犯罪であるという理解を前提に、個別に立入りの許否が判断される「対面型」の事例と、一般的な利用客の立入りに対する事前の包括的同意が認められる「開放型」の事案類型を区別し、法益主体の意思がどこまで保護されるかについて検討を加えた。「対面型」の場合、単なる「目的」の錯誤では、同意の存在が否定されない一方、「属性」

32　齊藤彰子「侵入（刑法130条前段）と住居権者、管理権者の意思」法政論集285号（2020年）119頁以下は、「法益侵害（意思に反する立入り）に対する実効的な備えをしていることを保護の前提として要求する考え方は、住居等侵入罪にとどまらない射程を有しうるものであり、慎重な検討を要する」とする。

について錯誤がある場合には、同意していない属性の者の立入りへの同意は存在せず、侵入が認められる。これに対して、「開放型」では、包括的同意に際して設定した条件が、心理的障壁を含めた実効的な手段により裏打ちされていると評価できる場合に限って、要保護性が認められ、それに反する立入りに侵入該当性を認めることが可能となる。

　もちろん、事案によって「属性」と「目的」の区別が微妙な場合はありうる。また、「対面型」と「開放型」も常にいずれかに割り切れるわけではなく、両者の中間的な事案も想定しうるであろう。その意味で、上記の区別自体が絶対的なものというわけではなく、最終的には、当該行為者の立入りに対して、心理的な障壁がなお残存していると評価できるかという視点から、具体的な事例ごとの検討が必要である。

第2部　各論的検討

第3章

刑法における性的自律の保護

第1節　はじめに

　性暴力は、被害者の尊厳を著しく踏みにじる重大な人権侵害であり、その根絶は社会的な課題である。我が国では、性犯罪の被害の実態に即した適切な処罰のための法整備を目指して、2017年における性刑法の「110年ぶりの大幅改正」[1]に引き続き、さらなる改正に向けて、2021年より法制審議会刑事法（性犯罪）部会での議論が行われ、ついに2023年6月に、「暴行・脅迫」要件の撤廃を含む大きな改正を内容とする改正法が成立し、同年7月から施行されている。この改正法では、従来の性犯罪を特徴付けていた「暴行・脅迫」と「抗拒不能」要件が撤廃され、「同意しない意思を形成し、表明し若しくは全うすることが困難な状態」という包括要件に統合された。これに伴い、罪名も「不同意性交等罪・不同意わいせつ罪」に改称され、性犯罪の本質が被害者の「不同意」に求められることが、明確になったといえる。

　もっとも、性犯罪の適切な処罰範囲をめぐっては、激しい議論もなされているところであり、今般の改正に対しても、必ずしも賛同の声ばかりではなく、批判的な見解も主張されている。解釈論にとどまらず、将来のさらなる改正も見越した立法論的な視野も含め、当罰的といえる性的行為の範囲を明らかにすることは、現在の刑法学における最も重要な課題の一つといえるであろう。そこで、本章では、今回成立した改正法の個別の規定の解釈からはやや距離を置き、本書の理論枠組みから、被害者の性的自由がいかなる場合

1　2017年改正については、本庄武「性犯罪規定の見直し」法律時報88巻5号（2016年）98頁以下、島岡まな「性犯罪の保護法益及び刑法改正骨子への批判的考察」慶應法学37号（2017年）19頁以下、田中亜紀子「性犯罪規定改正に向けての一考察」三重大学法経論叢34巻2号（2017年）11頁以下、樋口亮介「性犯罪規定の改正」法律時報89巻11号（2017年）112頁以下等参照。

に当罰的に侵害されたと評価できるかを明らかにしたい。

第2節　性犯罪の保護法益

　当罰的な性的行為の範囲を検討するための出発点として、まず、性犯罪の保護法益を明らかにしておく必要がある。伝統的な見解は、性犯罪の保護法益を、「性的自己決定（ないし性的自由）」と把握してきた[2]。

　これに対して、近年では、このような形式的な法益理解では、性犯罪の深刻な被害の実態を捉えきれないという問題意識から[3]、新たな法益を構想する異論も主張されている[4]。例えば、齊藤豊治は、性的自由という保護法益の内実は必ずしも明らかでないとし、性犯罪を「性それ自体、さらにはその基底にある性的人格権に対する攻撃」として特徴づけている[5]。また、辰井聡子は、「自由」の背後に隠された真の保護法益を明らかにするというアプローチから、強制わいせつ・強姦罪に固有の保護法益は、性的尊厳、性的人格権と表現するのが適切であるとの結論を導いている[6]。和田俊憲も、強姦罪を単に意思侵害と身体侵害を加算したものと考えることは不十分であるとし、「強姦罪は、人格的領域を交錯させることにより女性の人格的統合性を

2　山口厚『刑法各論〔第3版〕』（有斐閣、2024年）104頁、高橋則夫『刑法各論〔第4版〕』（成文堂、2022年）129頁、大谷實『刑法講義各論〔新版第5版〕』（成文堂、2019年）118頁、浅田和茂『刑法各論〔第2版〕』（成文堂、2024年）117頁、日髙義博『刑法各論』（成文堂、2020年）137頁等。成瀬幸典「『性的自由に対する罪』に関する基礎的考察」齊藤豊治＝青井秀夫編『セクシュアリティと法』（東北大学出版会、2006年）256頁によれば、こうした理解はすでに戦前から一般的であり、その淵源は明治時代における旧刑法下の学説に求められる。

3　すでに、木村光江「強姦罪の理解の変化──性的自由に対する罪とすることの問題性──」法曹時報55巻9号（2003年）15頁は、性犯罪を「自由」に対する罪であるとする理解は、一見女性を重視・尊重した進歩的な解釈のように見えて、その思想史的基盤は薄弱であると指摘していた。

4　近時、「新たな法益構想」をめぐる議論を詳細に分析し、性犯罪の保護法益について検討を加えたものとして、石居圭「性犯罪の保護法益」明治大学法学研究論集53号（2020年）125頁以下。

5　齊藤豊治「性暴力犯罪の保護法益」齊藤豊治＝青井秀夫編『セクシュアリティと法』（東北大学出版会、2006年）235頁。

6　辰井聡子「『自由に対する罪』の保護法益──人格に対する罪としての再構成」町野朔先生古稀記念『刑事法・医事法の新たな展開　上巻』（信山社、2014年）425頁。さらに、刑法学において「尊厳」の概念が果たす役割について、同「刑法における人の『尊厳』」法学セミナー748号（2017年）24頁以下を参照。

110　第2部　各論的検討

害する罪として理解するのが妥当」との主張を示している[7]。

　こうした新たな法益構想は、性犯罪により被害者から何が奪われるかという実態に目を向けさせ、その深刻さを再認識する上で、無視できない重要性を有している。また、従来の見解が、「性的自由」という概念の内実を十分に明らかにしておらず、ともすれば、性犯罪が被害者の「単なる好き嫌い」の問題であるかのような誤解を与えかねないものであった点について、伝統的な見解は反省を迫られているといえよう。内容空虚な法益概念は、適切な解釈論を妨げ、その処罰範囲を恣意的に拡張することにも縮小することにも繋がりかねない。

　もっとも、解釈論の指針としての明確性という意味では、新たな法益構想にも同じかそれ以上に問題がある。例えば、「性的尊厳」という概念が、過度に抽象的で曖昧であることは否めず、性犯罪の被害の重大性を認識する上では有益な概念であるとしても、そこから具体的な立法論ないし解釈論的な帰結を導くことは困難と言わざるを得ない[8]。

　そこで、通説は、以上のような批判を受け止めつつも、なお、従来の法益理解を基本的に維持している[9]。筆者も、従来の法益理解自体は維持可能なものであると考えているが、その場合、新たな法益構想の問題提起を受け止めて、刑法で保護すべき「性的自己決定」の内容を具体化していくことが課題になる。性犯罪をめぐる個別のトピックについての議論の豊富さに比して、「性的自己決定」という概念そのものの検討は明らかに乏しい状況にある[10]。そこで、以下ではまず、刑法における保障の対象とすべき、「性的自己決定」という概念そのものについて分析を加えたい。

　7　和田俊憲「鉄道における強姦罪と公然性」慶應法学31号（2015年）264頁。

　8　井田良「性犯罪の保護法益をめぐって」研修806号（2015年）7頁参照。

　9　従来の法益理解を基本的に維持しながら、「性的自由」の実質的な内容を、「自己の身体を性的に利用されない自由」として捉えていく方向性を示すものとして、佐伯仁志「刑法における自由の保護」法曹時報67巻9号（2015年）37頁。また、井田・前掲注（8）8頁は、性犯罪の保護の実体を、「身体的内密領域を侵害しようとする性的行為からの防御権という意味での性的自己決定権」として捉えるべきであるとする。

10　成瀬・前掲注（2）265頁も、自由に対する罪一般における「自由」という概念の内容の解明に加えて、その内容を「性的」自由に関して修正することの要否を明らかにすることが必要不可欠であるにもかかわらず、この問題に関する刑法学における詳密な理論的検討が十分に行われていない点を問題視する。

第3節 「性的自己決定」概念の分析

　「性的自己決定」の保護においても、本人の価値体系と完全に一致する決定という意味での、理想的な自己決定の実現を目指すことは、刑法的な介入の過剰を招くものであり、適切ではない。例えば、恋人と別れ、その者との性的行為を後悔するような場合、その性的行為は結果的に、本人の価値体系と矛盾していたことになるが、だからと言って、刑法が不法と評価するような性被害が発生しているとは評価できないであろう。性刑法の課題は、市民の恋愛における後悔を抑止することではない。

　ドイツの学説においても、ヘルンレが、まさにこの意味での理想的な性的自己決定の保障が刑法の現実的な課題になり得ないことを強調している。ヘルンレは、ドイツの2016年性刑法改正[11]において、委員会のメンバーとして召集されているが、同時期に執筆された論文[12]の中で、次のように説明している。すなわち、本人の価値体系との完全な一致を要求するような自己決定の理解[13]は、「善き生」が何かを問う哲学のアプローチとしてはともかく、市民に対する禁止規範を構築するための法的評価にとっては狭すぎる。むしろ、法的評価にとって重要なのは、「答責領域の各人への割当て」という視点である。我々は、成人した者が原則として自己答責的に決定し、行動していることを信頼して生活することが許されている。したがって、自己答責的になされた決定は、それが本人の価値体系とは矛盾するものであっても、「自己決定された」ものであるとして、他の市民を免責する機能が認められ

11　ドイツにおける性刑法の改正については、嘉門優「ドイツ性刑法における『被害者の意思に反する（gegen den Willen des Opfers）』要件の展開——ドイツ刑法177条の改正の動きを中心に——」川端博ほか編『理論刑法学の探究⑨』（成文堂、2016年）281頁以下、深町晋也「ドイツにおける2016年性刑法改正について」法律時報89巻9号（2017年）97頁以下参照。

12　Tatjana Hörnle, Sexuelle Selbstbestimmung: Bedeutung, Voraussetzungen und kriminalpolitische Forderungen, ZStW 127（2016）, S. 851 ff. 本論文の紹介として、拙稿〔〔外国文献紹介〕タチャーナ・ヘルンレ『性的自己決定：意義、条件、そして刑事政策的要請』」早稲田法学92巻2号（2017年）197頁以下。

13　ここでヘルンレが名指しで批判しているのは、本書の第1部でも取り上げたアメルンクの見解（Knut Amelung, Irrtum und Täuschung als Grundlage von Willensmängeln bei der Einwilligung des Verletzten, 1998）である。

るのである[14]。

　そこで、ヘルンレは、性的自己決定の保護の限界を論じるために、「積極的自由」と「消極的自由」という2つの異なる次元を区別すべきであると主張している[15]。ここでいう消極的自由とは、他人から性的関係に巻き込まれないということを内容とする自由であるのに対して、積極的自由とは、その者自身の価値体系にしたがって、自らにとって望ましい性的関係を実現していくことを内容とする自由である。このうち、刑法が保障の対象とすべきなのは、前者の「消極的自由」の側面である。すなわち、刑法は、個人に他者から一方的に性的関係に巻き込まれないという「防御権（Abwehrrechte）」を認め、禁止規範を通じてこれを保護することで、その保障を引き受けているのである[16]。

　これに対して、積極的自由との関係で、刑法は、人々の性的行為を容認する（規制しない）という形で、控えめにのみその実現に寄与することが許される。国家が、望ましい積極的自由の内容を規定し、そこから外れる性的行為を排除するために人々の性的関係に介入しようとすれば、それは結局モラリズムか過剰なパターナリズムのいずれかに至り、人々の積極的自由の実現をかえって阻害してしまう[17]。

　以上のような、「消極的自由」と「積極的自由」の区別は、性的自己決定の保護の限界を考える上で重要であり[18]、かつ、同意の「存在」と「有効性」を区別する本書の枠組みとも接続可能である。すなわち、性刑法の主要な任務が、性的接触に巻き込まれることを望まない者の消極的自由を保護す

14　Hörnle, a.a.O. (Anm. 12), S. 857 ff.

15　Hörnle, a.a.O. (Anm. 12), S. 859 f.

16　なお、ヘルンレによれば、このような消極的自由の保護の重要性は、性的に寛容・奔放な時代への移り変わりに伴って弱まることは決してないとされる。なぜなら、ヌード写真の流通は「積極的自由」が広い範囲で認められるに至ったことを意味するだけであり、望まない性的接触に対する非難まで取り去られることを意味しないからである。Hörnle, a.a.O. (Anm. 12), S. 866.

17　齋野彦弥「立法問題としての性的自己決定の保護」現代刑事法5巻3号（2003年）29頁は、「間主観的に存在する個人の自己決定権は、その侵害からの完全な保護を追求するならば、かえって自らの決定の自由をも制約する結果を生み出すというパラドキシカルな関係にある」とする。

18　刑法における「積極的自由」と「消極的自由」の区別については、江藤隆之「『自由に対する罪』を擁護する」桃山法学28号（2018年）5頁以下も参照。

ることであることに鑑みれば、被害者に、行為者と性的関係を結ぶことの同意がないまま、性的行為が行われる場合（＝同意不存在）には、消極的自由の保護の貫徹という観点から、無条件に刑法による禁止規範を差し向けるべきであると考えられる。これに対して、行為者と性的行為を行うこと自体については同意しているものの、その意思形成過程に何らかの問題があるという場合には、同意の存在自体は認められるため、モラリズムや過剰なパターナリズムを通じて、その同意の有効性が軽々に否定され、積極的自由がかえって損なわれることのないよう、その有効性を慎重に評価する必要がある。次節以降では、性的自己決定の保護が問題となる具体的な局面ごとに、その限界づけのあり方を検討することにしたい。

第4節　性的同意能力

　性的行為に対する、有効な同意の存在を認めるためには、その前提として「性的同意能力」が必要であると解されている。もっとも、ここでいう「性的同意能力」の具体的な内容については、検討が必要である。

　まず、被害者が、特定の相手方と性的行為を行うことの認識ができない状態にある場合、性的同意が存在する余地はなく、消極的自由の保護の観点から、この者との性的行為は常に禁止されなければならない。例えば、嬰児や、泥酔により自身の行為を認識できない状態にある者のように意思能力を欠く場合には、性的行為に対する同意の存在を認める余地はないといえる。さらに、行為の性的な意味を理解する能力を欠く場合にも、「性的」行為への同意は不可能であるため[19]、そもそも同意が不存在となろう。

　この意味での同意の事実的な能力を欠く場合には、同意の「存在」が否定されるのに対して、同意の「存在」を前提に、これを有効と評価するためには、さらに同意者に合理的な判断能力が要求される。その内実として、法制審議会刑事法（性犯罪）部会での性的同意年齢をめぐる議論の中で、幹事で

19　佐伯仁志「被害者の錯誤について」神戸法学年報1号（1985年）94頁も、性的関係を結ぶことに同意するためには、性的行為の社会的「意味」を最低限理解していることが必要であるとする。

ある佐藤陽子が、①行為の性的な意味を認識する能力、②行為が自己に及ぼす影響を理解する能力、③性的行為に向けた相手方の働きに的確に対処していく能力を挙げていることが注目に値する[20]。本書の整理によれば、①は同意が「存在」するための前提要件といえるが、ここではさらに、②自己に及ぼす影響を理解する能力に加え、③行為者との関係で、その働きに「的確に対処」する能力まで要求されていることが重要である。「的確に対処」の具体的な意義についてはさらに詰めるべき点が残されているように思われるが、これらの能力は、性的文脈において同意が（「他」律ではなく）自律的に形成されたと評価するために必要であると考えられ、基本的に支持できる発想であるように思われる。

　この能力が何歳から備わるのか、というのがまさに性的同意年齢をめぐる議論であるが、①の能力だけではなく、②や③の能力も必要であるという前提に立つのであれば、改正前の13歳という年齢は、低すぎたと言わざるを得ないであろう。今般の改正では、性的同意年齢の、16歳以上への引き上げ（ただし、13歳～15歳との性的行為が処罰されるのは相手が5歳以上年上である場合に限る）が実現された。年齢差要件の合理性や、同意年齢を引き上げながら法定刑をそのまま据え置きにしたことの当否など、検討すべき課題は残るものの、引き上げそれ自体は、妥当であったと評価できる。

　もっとも、この判断能力を過剰に要求することは、市民の性的行為の自由の不当な制限を招きかねないことに注意を要する。例えば、精神障害と判断能力の関係をどう考えるかは、深刻な問題である。今回の改正では、同意しない意思を形成・表明・全う困難な状態の具体例として、「心身の障害」が条文に加えられたが（176条1項2号）、精神的障害があることを理由に、一律にその同意能力を否定するとすれば、精神障害者にも性的な欲求が存在し、これを実現する積極的自由があることが無視されてしまうであろう。こうした問題は、我が国において未だ十分に議論されていないが、今後の検討を要する課題である[21]。

20　法制審議会刑事法（性犯罪）部会「第6回会議　議事録」24頁。なお、同部会の会議の議事録・配布資料は、法務省のウェブページ（https://www.moj.go.jp/shingi1/housei02_003011）から閲覧が可能である。

さらに、この判断能力の問題について、ヘルンレが興味深い主張をしており注目に値する。ヘルンレは、前述したような自己答責性という観点から、同意の有効性を評価する際には、意思の瑕疵それ自体が重要なのではなく、そのような意思の瑕疵が、他者により不当な方法で惹起させられたことが重要であるとした上で、同意者が自ら大量にアルコールや薬物を摂取して性交に及ぶケースでは、判断能力を失っていること自体を理由に、同意を無効と評価してはならないとする。他者に無理やり酩酊状態にされた場合とは異なり、成人の者が、自身の決定に基づいて、酔っ払った場合には、その後に表明された同意の有効性を肯定すべきというのである[22]。この際に、もし「酔わなければ」決して性交に同意しなかったであろう、ということは、同意の有効性を否定する理由にはならない、という。なぜなら、理性のある状態では保たれている歯止めを、酒の力を借りることで取り払い、普段ではしないような意思決定を行う自由もまた、その者の「自由」に属するからである。

　このような主張は、意思形成プロセスの自律性に着目する本書の理解からも、基本的に支持しうる[23]。もっとも、飲酒行為自体が、任意に行われていれば、その後に何が起きても自己答責的な出来事であるとすることには、疑問が残る。判断能力のない時点での同意を自律的に形成されたものと評価するためには、完全な判断能力のある飲酒の時点で、酩酊状態に陥ることと、酩酊状態下において性的行為を行うことについての予見（原因において自由な行為でいう「二重の故意」）を要求すべきではないだろうか。

第5節　欺罔に基づく性的行為

　同意の「存在」と「有効性」を区別する本書の枠組みからは、欺罔に基づ

21　この点につき、ヘルンレは、病状が判断能力に影響した程度だけを問題にして一律に処罰を肯定する素朴な解決は誤りであるとして、病者自身の性的欲求や健康に及ぼすリスク、さらには当事者同士の関係性の親密さなどの様々な事情の総合考慮が必要であるとする（Hörnle, a.a.O.（Anm. 12）, S. 877 ff.）。

22　Hörnle, a.a.O.（Anm. 12）, S. 879.

23　なお、泥酔により性的行為の意思能力を欠いている場合には、そもそも同意が「不存在」である以上、その者を性的行為に巻き込むことが許されないのは、当然である。

116　　第 2 部　各論的検討

く性的行為も、①欺罔があることにより、相手方に行為者と性的関係を結ぶ
ことに同意がないまま、性的行為が行われるタイプ（以下、「同意不存在型」と
する）と、②行為者と性的関係を結ぶこと自体には同意が存在するものの、
その意思形成過程に欺罔が介在することにより、本人の真意に反する性的行
為が行われるタイプ（以下、「同意騙取型」とする）に区別することができる。

第 1 款　同意不存在型の処罰

　相手方の同意が存在しないのに、その者を性的関係に巻き込む行為につい
ては、前述のとおり、消極的自由の保護の観点から、無条件に禁止規範が差
し向けられなければならず、行為者にその故意がある限り[24]、常に当罰性を
認めるべきである。不同意に行われた性行為は例外なくレイプであり、そこ
に処罰の間隙があってはならない。このことは、性的行為に至る過程で、欺
罔が用いられている場合でも、何ら異なるところはないのである。

　今般の刑法改正では、176 条（177 条）2 項において、「行為がわいせつなも
のではないとの誤信」がある場合と、「行為をする者について人違い」があ
る場合における性的行為が処罰の対象として新たに明記されたが[25]、このよ
うな「わいせつ性の錯誤型」と「人違い型」では、まさに、性的行為の相手
方に「（自分が選んだ）特定の相手方との間で性的関係に入る」という同意そ
のものが欠けているのであり、同意不存在型として、当罰性を認めることが
可能な類型といえる。

1　わいせつ性の錯誤型

　従来からこの類型として処罰されてきた典型としては、医師あるいは医師
を装った者が、治療行為を仮装して、性的行為に応じさせる事例が挙げら
れる。この類型において、被害者は外形的な行為について認識しており、表
面的には行為者の行為を受け入れているといえるが、被害者に行為の「性
的」な性質について誤認があることにより、被害者は全く意図せずに、欺罔

24　同意が存在しないことについて過失がある場合の処罰については、（重）過失レイプ罪の創設
　　も可否も含めて、別途検討が必要な問題である。もっとも、行為者の欺罔が原因となっている
　　ケースでは通常、その故意を容易に認定できるであろう。
25　新 2 項の意義と解釈論上の問題については、拙稿「新しい性犯罪規定と欺罔類型について」
　　季刊刑事弁護117号（2024年）37頁以下も参照。

者との間の性的な関係に一方的に巻き込まれており、そこに被害者の「性的」自己決定は一切介在しないことから、「同意不存在型」として当罰性が認められなければならない。

　例えば、改正前の事案であるが、横浜地判平成16年9月14日判タ1189号347頁は、東大医学部卒の医師であると偽り、自身が営む医学系大学受験専門の学習塾の女子塾生ら4名（14〜16歳）に対して、悪性腫瘍や癌の診療、脳を活性化させて頭がよくなる特殊な治療等と騙して、わいせつな行為を行った事案で、被害者らには、「本件各行為の外形的な認識はあっても、被告人にわいせつ目的などはなく正当な診療・治療等の行為を行うものと信じ込まされていたものと認められる」としたうえで、被害者らは、被告人にわいせつ目的を疑ったり、性的行為を拒むことは著しく困難であったとして、「抗拒不能」を認め、準強制わいせつ罪の成立を認めている。この事例で、被害者らは、まさに行為の外形的な認識はあっても、被告人にわいせつ目的があることを知らないことで、被告人による行為が「性的」な行為であるとの認識が欠落しているのであり、本件被害者らは、被告人から一方的に性的関係へと巻き込まれていると評価することができよう[26]。

　治療行為の仮装以外の文脈でも、例えば、就職や業務上の必要性を偽ることで、性的行為に応じさせる場合も、この類型に含めることができる。例えば、東京地判令和2年12月14日D1-Law28290426では、声優志望の被害者に対して、宣伝用写真の撮影の練習をする必要があるなどと誤信させ、その乳首等に円形のシールを貼り付けて触り、その乳房を露出させた被害者の姿態等を写真で撮影したという事案が問題となった。この事案でも、被害者は、業務上の必要性を偽られたことで、被告人の行為の性的な性質について誤認しており（なお、本件の被害者は、被害者を心配した母親に対して、「被告人は芸術としてしか見ていない、これは仕事である」旨の発言もしている）、被告人から一方的に性的関係へと巻き込まれているものとして当罰性を肯定することができる[27]。改正後は、このようなケースも、「行為がわいせつなものではないと

26　さらに、性病の治療行為を仮装して、性交が行われた事案で、準強姦罪の成立を認めた裁判例として、名古屋地判昭和55年7月28日判時1007号140頁、東京地判昭和62年4月15日判時1304号147頁。

118　第2部　各論的検討

の誤信」が認められるとして、2項で処罰することが考えられるであろう。

　この類型で、実際に問題になるのは、被害者がわいせつ性を誤認している かどうかをいかに認定するかという点であると思われる。この点について は、被害者が行為者の性的意図（思惑）を正しく認識できていたかどうか が、決定的に重要であると思われる。というのも、この類型では、被害者 は、行為の外形そのものについては認識した上で同意しているため、外形的 事情についての錯誤は問題となり得ず、むしろ、行為者が性的意図を有して いたことを被害者が見抜けていたかどうかが、当罰性評価の中心とならざる を得ないからである。理論的にも、行為者に性的意図が存在するのに、ない と誤信することにより、被害者は知らないうちに行為者による性的満足の道 具（客体）へと貶められているのであり[28]、この点に性犯罪としての不法の 本質を見いだすことは、筋の通った説明であると思われる。過去の裁判例で も、この種の類型の処罰に際しては、被害者が行為者の性的な「意図」を 知っていたかどうかを問題としており、それは、本類型の処罰の力点を正し く踏まえたものと評価できる。このように性的「意図」を問題にすることに 対しては、強制わいせつ罪について性的意図を不要とした判例（最大判平成29 年11月29日刑集71巻9号467頁）との整合性を疑う声もあるかもしれないが、最 高裁も、行為の性的性質を判断するにあたり、行為者の性的意図が「考慮」 されることまで否定しているわけではないため、本類型の処罰に際して、行 為者の性的意図を問題にすることが、矛盾であるとまではいえないように思 われる[29]。

27　他にも、例えば、東京高判平成15年9月29日東時54巻1~12号67頁は、女子高生であった被害 者らに対して、英語の上達につながるリラックス法があると言葉巧みに説き、わいせつな行為 をする意思があるのにこれがないと装い、わいせつな行為をした事案で、準強制わいせつ罪の 成立を肯定している。

28　この点で、山中純子「欺罔による性的行為の処罰について」東海法学59号（2020年）20頁 が、行為者の性的意図の有無は、被害者が「性的他己決定の客体となるか否かを分ける要素で あり」、「行為者の性的意図の有無によって、被害者にとってはその性交自体の性質が異なって くる」ことから、性的意図の有無が性交への同意を決する本質的な要素となるとしているの は、正当な指摘である。

29　さらに、本罪の成立に、自己の性欲を満足させる意図は不要としても、被害者を性的に道具 化するという意味での性的（収奪）意図は、やはり必須の要件であると解する余地があること について、拙稿「強制わいせつ罪における性的意図」松原芳博編『続・刑法の判例　各論』（成 文堂、2022年）42頁以下参照。

2　人違い型

　次に、人違い、すなわち、行為をする者について人違いをさせ、あるいは人違いをしていることに乗じて、性的行為が行われるケースとしては、例えば、夫と思い誤っている被害者に、その誤信に乗じて性交に応じさせる事例を典型例として挙げることができる[30]。この場合も、性交それ自体への同意はあるとしても、それはあくまでも夫との間の性交に対するものであり、同意していない相手方との間での性的行為は、性的自己決定の射程外であるため、同意「不存在」型として、当罰性を認めるべきである。このような「人違い」型は、特に英米法圏で明示的に処罰の対象とされており[31]、我が国でも、今回の改正で処罰が明示されたことは、適切である。

　もっとも、「人違い」のケースの中には、当罰性を無条件に肯定してよいか、悩ましいケースも含まれている。例えば、報道記者であるＡが、国家の機密情報を得るために、事務担当官の女性Ｖに近づき、肉体関係をもったが、その際にＡは、自身の身元が判明しないよう、全く別の架空の人格（例えば、魚屋のＢ）に成りすましていたという場合、Ｖは、ＡとＢを取り違えており、その意味で「人違い」があるとも言えそうであるが、目の前の「その人」と性的関係に入ること自体に同意がある、こうしたケースについてまで、夫の取り違えのケースと同じように「人違い」として、処罰を認めるべきかについては、検討の余地があろう。

　したがって、本類型の処罰に際しては、「人違い」かどうかを決めるための、「人格の同一性」の判断基準を精緻化する必要がある。この点、イギリス2003年性犯罪法（Sexual Offences Act 2003）における、同意が存在しない状況についての推定規定（76条）が参考になる[32]。これによれば、被告人が、

30　我が国の裁判例においても、仙台高判昭和32年4月18日高刑集10巻6号491頁は、被害者が夢うつつの中のおぼろげな意識のうちで、同室の隣で寝ていた情夫から性交をいどまれたものと勘違いし、被告人による姦淫に応じたという事案について、また、広島高判昭和33年12月24日高刑集11巻10号701頁は、被害者が半睡半醒の精神状態で、被告人の声が夫の声と酷似していたために、被告人を夫であると思い誤って性交に及んだという事案について、それぞれ被害者の「抗拒不能」を認めて、準強姦罪での処罰を肯定している。

31　英米法圏における性犯罪規定について、詳しくは、樋口亮介＝深町晋也編著『性犯罪規定の比較法研究』（成文堂、2020年）3頁以下参照。

32　同規定をめぐるイギリスの議論状況については、橋本広大「イギリスにおける性的行為の処

120　第 2 部　各論的検討

被害者の「個人的に知っている人物（a person known personally）」に成りすまして、性的行為に同意するよう被害者を誘引した場合（同条 2 項 b）に、同意の不存在が確定的に推定されるという。このような基準によれば、魚屋の B が架空の人物である場合や、実在するとしても、以前から V との間で個人的な親交がない場合には、「個人的に知っている人物」への成りすましではないとして、処罰が無限定に広がることを回避できるであろう。ただし、この基準でも、例えば、魚屋の B が実在しており、V とは小学校時代の友達であった（が、何十年も経っていたために顔を覚えておらず、B と A を取り違えた）という場合には、やはり「個人的に知っている人物」への成りすましということになるが、この場合に、当罰性にそれほど有意な違いがあるのかは、疑問もありうるだろう[33]。

　以上のように、各類型の限界づけについては課題も残されているものの、「わいせつ性の錯誤型」と「人違い型」に当てはまるケースは、同意されていない性的行為が一方的に押し付けられたものとして、消極的自由の保護の観点から、少なくとも行為者に故意がある限り、無条件に処罰が認められるべきである。したがって、この類型については、例えば、欺罔の巧妙さや錯誤の解消しにくさなどの付加的（限定）要件も不要と考えるべきである。なぜなら、被害者が以上で見た意味での錯誤に陥っている以上、性的同意は「不存在」なのであり、その者に対して性的行為をしてよい理由は何一つ存在し得ないからである。

　この点で、例えば、「一般的」な婦女にとり、容易に嘘を見抜けるかどうかという視点を持ち出すことも、「同意不存在型」に関する限り不適切というべきである。例えば、夫との取り違えのケースについて、その男が夫でないことを見破るのがいかに普通の人とって簡単なことであり、見破れなかったことにある種の「落ち度」があるとしても、現に当該事案で、人違いをして、同意のない人物との性的関係に巻き込まれているのであれば、そこで

罰と欺罔・錯誤に基づく同意」季刊刑事弁護117号（2024年）49頁以下参照。
33　なお、顔を見て「この人」と性的行為を行う認識に至っていれば（瓜二つの別人と誤信するような例外的場合を除き）、原則として「人違い」には当たらないとの解釈を示すものとして、橋爪隆「性犯罪に対する処罰規定の改正等について（1）」警察学論集77巻 8 号（2024年）28頁。

は、刑法が介入すべき消極的自由の侵害が生じているのである[34]。このこと
は、鍵が開けっ放しの家で、財物が無防備な状態で置かれているとしても、
それを勝手に持って行くことが許されないのと全く同じことである。被害者
の意思によってカヴァーされていない以上、それは被害者の「意思に反し
て」行われる許されない行為であり、そこに被害者の「落ち度」が問題とな
る余地はない。

　過去の裁判例の中には、性的に無知な被害者に、堕胎をするために必要な
行為であると誤信させて、性交に応じさせたという事案で、抗拒不能状態の
認定にあたっては、「通常その年齢層の婦女であるならば心理的に『抗拒不
能』になるという一般性を有しなければならない」として、「抗拒不能」を
否定したものがある（岡山地判昭和43年5月6日下刑集10巻5号561頁）。しかし、
その年齢層の「一般的な」婦女にとってそれが容易に見抜ける嘘であり、そ
の意味で、被害者が騙されたことにある種の「落ち度」があるとしても、被
害者が、行為の性的な性質について現に誤解しており（わいせつ性の錯誤）、
全く自覚なく行為者との性的関係へと一方的に巻き込まれている以上は、少
なくとも性犯罪としての当罰性は認められなければならないのである。改正
前の準強制わいせつ罪や準強制性交等罪が「抗拒不能」という高いハードル
を想定しているような文言を用いていたことが、こうした限定解釈の誘因と
なってきた面は否めないと思われるが、そのような限定は、この類型の当罰
性評価にとって、本来全く無用なものと言わなければならない。

　この点で、改正後の2項では、「わいせつ性の錯誤型」と「人違い型」
が、同意しない意思の形成・表明・全うが困難かどうか（1項）とは切り離
されて処罰の対象とされており、これらの錯誤があれば無条件に処罰の対象
となることから、付加的限定もかからない構造となっている。これらの類型
については、その錯誤の解消がいかに容易であろうとも、処罰を認めるべき
であることからすれば、こうした規定のあり方は、高く評価できるものであ

34　夫との人違いが問題となった事案で、広島高裁（前掲注（30））は、被害者による誤信の主た
　る原因が半睡半醒の精神状態にあったと認定しつつ、それに続けて「性交の当時或はその直前
　には被害者が睡眠より完全に覚醒していたとしても、なお被害者が犯人を自己の夫と誤認して
　いる状態の継続する限り右は刑法第一七八条にいわゆる抗拒不能に乗じて婦女を姦淫したもの
　と解するを妨げない」としている。

ると思われる。

3 形態（タイプ）の錯誤型

　ただ、錯誤・欺罔により同意が不存在となるケースとしては、もう１つ、「形態の錯誤」と呼べる類型を挙げなければならない。すなわち、行われる性的行為の形態（タイプ）を偽ることで、同意の射程外の形態の性的行為が行われるというケースである[35]。例えば、膣性交しかしないと被害者を騙して、相手方が視認できない隙をついて、肛門性交を開始するという場合（あるいは、その逆パターン）が考えられる。この場合、被害者は、行為者との間で、あるタイプの性的行為が行われることについては、その性的な意味も認識したうえで同意をしているが、そのような同意が存在するからといって、行為者に、あらゆるタイプの性的行為をしてよいという「フリーパス」が与えられるわけではない[36]。「性的自己決定」には、どのような性的行為を行うかを自ら決定する自由も含まれているのである。膣性交と肛門性交は、それぞれ独立した相互に異なる「別物」の性的行為であり、当初の同意の射程外の「別物」の性的行為を行うことも、「同意不存在型」として当罰性が認められなければならない。

　この類型については、改正後の２項で捕捉されていないが、１項の「同意しない意思を形成し、表明し若しくは全うすることが困難な状態」の解釈として、当初同意したのとは別のタイプの性的行為（上記の事例では、肛門性交が行われること）に対して同意しない意思を形成・表明・全うすることが困難な状態も含まれると解すれば、視認できない隙をついて、別のタイプの性的行為を不意打ち的に開始する行為を、１項５号の、同意しない意思を形成・表明・全うする「いとまがない」類型として捕捉することも可能であろう。

　もっとも、何をもって「別物」の性的行為と評価するかの限界づけについては、課題も残される。この点を考えるための重要な素材となるのが、いわ

35　潘卓希「欺罔性交に対する刑事規制（１）」早稲田大学大学院法研論集183号（2022年）26頁以下は、人物の同一性と行為性質に関する錯誤という、従来から処罰すべきことが明確とされてきた「旧型欺罔性交」と対比させて、性交の様態に関する錯誤を、グレーゾーンに位置づけられる「新型欺罔性交」と呼称する。

36　Johannes Makepeace, „I'm not sure this is rape, but…" Zur Strafbarkeit von "Stealthing" nach dem neuen Sexualstrafrecht, KriPoZ 1, 2021, S. 14.

ゆる「ステルシング（Stealthing）」、すなわち、避妊具（コンドーム）を使用しての性交を行うことを約束したにもかかわらず、相手方に隠れて、避妊具をこっそり外して、避妊具なしでの性交を行う事例である。ドイツ刑法では、伝統的に、欺罔により合意を騙取して、性的行為を行うケース（本書でいう「同意騙取型」）の処罰を一貫して否定してきたが[37]、近時、ステルシングについては、「コンドームを使用しての性交」と「コンドームを使用しない（生の）性交」とは「別物」の性交であり、後者についての合意が欠如していることから、「（認識可能な）意思に反する」性交がなされているとして、性的侵襲罪（ドイツ刑法177条1項[38]）の成立を認める判断が、ドイツ連邦通常裁判所によって示されている[39]。ここでは、欺罔により得られた合意に基づく性的行為は処罰しないという伝統的な立場を堅持しながら、「別物」の性的行為という論理を介在させ、合意の射程（対象）を切り詰めることで、処罰の道が切り拓かれているのである[40]。このような見方をするならば、我が国の改正法のもとでも、ステルシング行為は、「コンドームを使用しない性交」への同意をしない意思の形成・表明・全うを困難にしているともいえ、可罰性を認める解釈の余地がないとはいえない。

　しかし、「コンドームを使用しての性交」と「コンドームを使用しない性交」とが、膣性交と肛門性交のような、それぞれに独立した「別物」の性交と評価してよいかどうかは、なお検討を要する。ドイツでも、過去にはステルシングの処罰を否定した裁判例もあるが、そこでは、いずれも「性交」であることには何ら変わりはないとの評価が示されている[41]。また、「別物」

37　Jörg Eisele, in: Schönke/Schröder, Strafgesetzbuch Kommentar, 30. Aufl., 2019, § 177, Rn. 6; Thomas Fischer, Strafgesetzbuch, 69. Aufl., 2022, § 177 Rn. 2a.

38　ドイツ刑法177条1項：他の者の認識可能な意思に反して、この者に対して性的行為を行い、若しくは、この者に性的行為を行わせ、又は、この者に第三者に対する若しくは第三者による性的行為を行い若しくは甘受するように決意させた者は、6月以上5年以下の自由刑に処する。

39　BGH, Beschluss vom 13.12.2022 – 3 StR 372/22.

40　ドイツにおける、ステルシングの処罰をめぐる議論についての詳細は、拙稿「ステルシング（Stealthing）の処罰について」早稲田法学98巻1号（2022年）47頁以下、ティル・ツィマーマン（石居圭訳）「ドイツにおける『ステルシング（Stealthing）』の可罰性について」龍谷法学54巻1号（2021年）337頁以下、山中・前掲注（28）12頁以下、深町晋也「2016年改正後のドイツ刑法第177条を巡る諸問題」樋口＝深町・前掲注（31）368頁以下等を参照。

41　AG Kiel, Urteil vom 17.11.2020 – 38 Ds 559 Js 11670/18, Rn. 9.

という評価を際限なく認めれば、単なる動機の錯誤も含めた、あらゆる錯誤の事例が、「同意不存在型」へと翻訳されてしまい、無限定な処罰を招いてしまうであろう。例えば、嘘の結婚の約束をして、性交に及ぶような場合さえも、「結婚を前提とした性交」と「結婚を前提としない性交」は「別物」であり、後者への同意が欠如しているとして、無条件の処罰が帰結されかねない。

　もちろん、ドイツにおいてステルシングの可罰性を認める見解においても、このような無限定な処罰が帰結されているわけではない。例えば、女性がピルを飲んでいないのに、ピルを飲んでいると男性に偽り性交するケースについては、「別物」の性交がなされているわけではないとされる[42]。ここでは、外形に現れる違いだけが性的行為の「別物」性を基礎付けるという発想を看取できる[43]。しかし、ステルシング事例もピル事例も、相手方の生殖の自由を侵害しているという点では異ならないようにも思われ、同意の射程を画する上で、外形に現れる違いのみを重視することの理論的な根拠は明らかではない。ステルシングについて、社会学のアプローチから初の研究論文を公刊したブロツキーも、「別物」の性交が押し付けられたことを処罰の根拠とすることが妥当であるとしつつ、ある行為が「別物」の性的行為といえるかどうかは、最終的には、我々の性風俗習慣や直観といった、曖昧なものに頼らざるを得ないとしている[44]。

　我が国では、ステルシングを性犯罪として処罰すること自体、社会的コンセンサスが形成されておらず、これを（5年以上の拘禁刑を定めた）不同意性交等罪として処罰するという運用は、実際には想定し難いと思われる。もっとも、ステルシングが単に妊娠や性病への感染という身体的リスクを生じさせ

42　Thomas Hoffmann, Zum Probremkreis der differenzierten Einwilligung（Einverständnis）des Opfers im Bereich des § 177 StGB nach dem Strafrechtsänderungsgesetz 2016, NStZ 1, 2019, S. 17

43　このような発想には、窃盗罪の包括的合意の限界づけに際して、技術的に客観化している条件のみに重要性を認めるドイツの通説的理解（本書第2部第1章第2節）と親和性を見出すことができる。現に、ツィマーマン（石居訳）・前掲注（40）345頁は、窃盗罪における条件付き合意論の形象を、ステルシングの可罰性の根拠づけに転用可能であるとしている。

44　Alexandra Brodsky, *"Rape-Adjacent": Imagining Legal Responses to Nonconsensual Condom Removal*, Columbia Journal of Gender and Law 32, 2017, at 191.

るだけでなく、「尊厳と自律性への重大な侵害（grave violation of dignity and autonomy）」を伴う性暴力であることからすれば[45]、我が国においても、その処罰の可能性を本格的に検討する必要がある。何をもって「別物」の性的行為とするかについての基準を精緻化していくことが、今後の理論的課題となろう。

第2款　同意騙取型の処罰

1　処罰の当否

今回の改正では、上記のような「同意不存在型」の事例として分類可能な、わいせつ性の錯誤型と人違い型について、2項による明示的な処罰が規定されたのに対して、それ以外の錯誤・欺罔については、特に規定が置かれなかった。その背景には、欺罔・錯誤に基づく性的行為が多様であることから、明らかに当罰性が認められる類型を明示的に処罰の対象とする一方で、それ以外の場合は、処罰に慎重であるのが賢明である、との発想があったものと思われる。

本書の分析視角からも、上述した「同意不存在型」とは異なり、行為者により騙取された同意に基づき性的行為が行われる「同意騙取型」については、より慎重な検討が必要となる。ここでは、「同意不存在型」の事例とは異なり、被害者に行為者との間で性的関係に入ること自体の同意は存在しており、その意思形成過程に動機の錯誤があるにすぎないため、そもそも処罰の対象とすべきかどうかについて検討を要する。

我が国の学説上も、この「同意騙取型」については、処罰の全面否定論も有力に主張されてきた。特に、法益関係的錯誤説の論者は、性犯罪の保護法益である性的自己決定を、「誰と性的行為を行うか」を決定する自由であるとしたうえで、被害者に、「誰と性的行為を行うか」についての正確な認識がある以上、それ以外の事情に関する錯誤があっても、それは法益関係的ではないため、被害者の同意は有効であり、準強制性交等罪・準強制わいせつ罪の成立が否定される、と主張してきた[46]。誰と性的行為を行うかの認識が

45　Brodsky, *supra* note 44, at 186-88.

ある以上、「それを超えた恣意的な選好を、刑罰でもって保護すべきではない」[47]という同説の背後にある問題意識は、十分に共感の得られるものであり、多くの支持を集めてきたといえる[48]。

もっとも、同意が騙取され、動機の錯誤に基づき性的行為が行われる場合も、本来ならしなかったであろう、その意味で被害者の価値体系に合致しない性的行為が行われているという点では、「性的自己決定」に反している（そして、その意味では、「法益関係的」である）とも評価し得るのであり、なぜこの類型に関して、処罰範囲を限定的に捉えなければならないのかの実質的な根拠は、我が国においてこれまで十分に明らかにされてこなかったように思われる。

この点については、ドイツの議論が参考になろう。先述のとおり、ドイツにおいては、伝統的に「同意騙取型」の性的行為を一貫して処罰の対象から除外しているが、欺罔に基づく性的行為一般を広く処罰すべきでないことの根拠については、次のような説明がされている[49]。

まず、性的関係を結ぶうえでパートナーから何らかの嘘をつかれることは、それぞれの個人が引き受けるべき「一般的な生活リスク（allgemeines Lebensrisiko)」の範囲内である。もちろん、そのような嘘をつかれることで、後日パートナーに対して失望し、性的行為に及んだことを後悔するかもしれないが、そのような事態を防ぐことは刑法の課題ではなく、せいぜい道徳の問題である。

46　佐伯仁志「被害者の錯誤について」神戸法学年報1号（1985年）95頁、山中敬一『刑法各論〔第3版〕』（成文堂、2015年）171頁以下、西田典之（橋爪隆補訂）『刑法各論〔第7版〕』（弘文堂、2018年）105頁等。

47　安田拓人「被害者の同意」法学教室499号（2022年）76頁。

48　過去の裁判例にも、性器結合という行為の性質やその相手方が誰であるかについて取り違えがない場合には、「一般に暴行・脅迫により相手方の意思を無視して行われる通常の姦淫に比べ、性的自由に対する侵害の程度が際立つて異なつており、仮に性行為を承諾するに至つた動機ないし周辺事情に見込み違いがあつたとしても、実質的にはるかに軽い程度の被害にとどまつているのが通例であると言わざるを得ない」とし、「それにもかかわらず準強姦罪の成立を認めるためには、そのような承諾があつたにもかかわらずなお暴行・脅迫と同程度に相手方の自由意思を無視したものと認めざるを得ない特段の事情の存することが必要」としたものがある（東京地判昭和58年3月1日刑月15巻3号255頁）。

49　Elisa Hoven/Thomas Weigend, Zur Strafbarkeit von Täuschungen im Sexualstrafrecht, KriPoZ 3, 2018, S. 160.

第 3 章　刑法における性的自律の保護　127

　また、性的行為にあたっての「選好」が広く刑法で保護されることで、私人間のプライベートな親密領域に国家が過剰に介入することや、ひいては、差別的な選好の実現に国家が加担してしまうおそれがある。実際に近年、イスラエルでは、「人物の同一性」を偽り性交に及ぶ行為を強姦であるとする規定のもとで、アラブ人の男性が自身をユダヤ人であると偽って性交に及ぶことは、その本質的な人的な属性を偽るものであるとして、有罪判決を受けた例[50]が存在する。こうした事例のように、特定の人種としか性交をしたくないという差別的な選好に刑法上の意義を認め、国家が保護することが、差別への加担にならないか、という点は深刻な問題といえよう。

　さらに、行為者側に広く真実告知義務が課されることで、行為者のプライバシー権侵害のおそれがあることも指摘される[51]。すなわち、欺罔による性的行為の処罰を広げていけば、性的行為にあたって、行為者は自らの情報（ステータス）を全て曝け出した上でなければ処罰されるリスクがあるということになりかねないが、これは、行為者側がどこまでの情報を開示するかを自ら選択し、セルフイメージをコントロールするという（それ自体一つの人権ともいえる）プライバシーの権利を過剰に制約してしまいかねない、というのである。

　こうした処罰限定的な理解は、理想的な性的関係の実現、すなわち、積極的自由の行使のための努力（情報収集）は、各人の責任であり、国家がむやみに干渉すべき事柄ではない、という発想からも裏付けられるであろう[52]。

　もっとも、このような理解に対しては、重大な疑問もありうる。まず、「一般的な生活リスク」、つまり、「恋愛には嘘はつきもの」だということを強調する考え方に対しては、性的行為に必要な条件につき欺き、被害者が本来望まない性的関係を押し付けることは、性犯罪の不法の本質である、被害

50　CrimA 5734/10 Kashur v. State of Israel（2012）（Isr.）.

51　Beatriz Corrêa Camargo, Sexuelle Selbstbestimmung als Schutzgegenstand des Strafrechts, ZStW 134（2022）, S. 384 ff.

52　すでに、小松正富「錯誤を利用した姦淫と抗拒不能」判タ111号（1961年）49頁は、性行為に関する動機の錯誤について、「社会生活においては、被欺罔者自身が被欺罔の結果に対して責任を負うべき一種の法的に放任された私的自治の分野があるのであって、法はこのような領域にまで干渉し、その行為を可罰的なものとすることはできない」としていた。

者の身体の「道具化（Instrumentalisierung）」そのものであり、「一般的な生活リスク」の範疇などとして、軽く見ることは許されないのではないか、という疑問がある。

さらに、処罰否定論は、差別的な選好への国家の加担を問題視するが、どのような選好を抱くかは個人の自由であり、それが行為者との間のコミュニケーション過程で、条件として明示されている以上は、どんな選好であっても、国家はそれを等しく尊重すべきであり、等しく保護する限りで、差別への加担にはならない、という見方も可能であろう[53]。

また、そもそも欺罔については、財産犯においては詐欺罪において網羅的に処罰の対象とされてきたところ、「財産より何倍も重要な人の性的自己決定権、さらに言えば人の性的統合性や性的人格権、性的尊厳を侵害し、被害者に一生のトラウマを残すような性犯罪を詐欺罪と同様のシンプルな『欺罔性交等罪』にしようと主張した途端、大きな抵抗を受ける」[54]のは不可解であり、ここに、現行刑法の（あるいは刑法学者の）ジェンダー・バイアスが潜んでいる、との批判もなされている。

以上のような、処罰否定論に対するアンチテーゼは、かなり強力な説得力がある。処罰否定論が挙げるような、実質的な根拠づけにもそれなりに合理性はあるものの、「同意騙取型」の事案は、嘘の内容や態様においてまさに千差万別であり、その中には、悪質な欺罔を通じて相手方の意思形成を歪めることで、ある種「無理やりに」自分との性的関係へと巻き込み、その性的尊厳を踏みにじる、その意味で、性的自由の消極的側面を侵害する当罰的な行為も含まれるように思われる。

2　処罰の限界

もっとも、同意騙取型のケースの全てを、性犯罪として処罰するのは過剰であるように思われる。法制審では、例えば、結婚の意思がないのにあると偽って、性交に応じさせるようなケースにまで当罰性を認めることには疑問

53　Rita Vavra, Täuschungen als strafbare Eingriffe in die sexuelle Selbstbestimmung?, ZIS 12, 2018, S. 615 f.

54　島岡まな「性犯罪に見られる現行刑法のジェンダー・バイアス」『高橋則夫先生古稀祝賀論文集［下巻］』（成文堂、2022年）253頁。

があり、一律に処罰することへの抵抗感が示されていた[55]。また、過去の裁判例でも、例えば、東京地判平成20年2月8日D1-Law 28145475は、テレビ局の人事担当者を偽った被告人が、アナウンサー志望の被害者らに対して、採用で有利な扱いをすると嘘をついて、わいせつな行為に応じさせたという事案において、結論としては準強制わいせつ罪の成立を認めつつ、一般論としてではあるが、性的関係を持つ当事者間で「何らかの誤認が存在することは、社会生活上あり得べき事態」であり、その全てを処罰するわけにはいかないとして、処罰を慎重に限界づける必要性を示していることが注目される。同意騙取型には、グラデーションがあるという理解を前提としつつ、当罰的な行為を限界づけることが必要である。

　そのような限界づけの視点としては、第1部で明らかにしたように、大きく欺罔の「内容」（＝何を騙したか）に着目した限定と、欺罔の「態様」（＝どう騙したか）に着目した限定が考えられる。

　まず、①「内容」面での限定として、欺罔の内容が本人にとって重要なものであるという主観的な重大性だけではなく、さらに、客観的にも重要性が認められる場合にのみ処罰を認める、という客観的アプローチが考えられる。嘘の「内容」も千差万別であるところ、例えば、容姿を気に入られ性的関係をもつに至ったが、実際にはそれが美容整形手術やかつら等で修正したものであったという場合、その点をいくら相手方がパートナー選びの際に重視していたとしても、そのような選好は、刑法的介入を必要とするほどに、要保護性を備えた重要なものとは評価できない[56]、と考えるのである。

　もっとも、第1部でも述べたように、法益主体が実際に抱いていた関心について、国家が「下らない」動機であるとして、客観的に優劣をつけることは許されない。例えば、パートナーが整形しているかどうかは取るに足らない関心であるが、アナウンサーとして就職できるかどうかは、刑法で保護すべき立派な価値のある関心である、というのでは、それこそ、個人の選好間の国家的な差別にほかならないであろう。市民間の「積極的自由」の内容に

55　法制審議会刑事法（性犯罪関係）部会第3回会議19頁〔今井猛嘉発言〕等を参照。
56　齋野・前掲注（17）29頁は、こうした場合について、「そのような自己決定の瑕疵についての要保護性の優先順位は低いと言わざるを得ない」とする。

序列を設けて、一方を奨励し他方を切り捨てるような介入の仕方は、性的な自己実現をかえって阻害しかねない。少なくとも、性的自由の保護という文脈で、動機が一般人から見て重要なものかどうかを問うという形での限定は困難と言わざるを得ない。

　そこで、別の限界づけの視点として、欺罔による告知内容が、本人にとっての「利益」となるもの（＝性的行為に応じれば利益が得られる）か、「不利益」となるもの（＝性的行為に応じなければ不利益が生じる）かによって区別し、前者のように、偽りの「利益」をちらつかせて性的行為に応じさせる「利益誘導型」の事例については、処罰を否定するということが考えられる。

　もちろん、利益誘導型の事例でも、偽りの利益をちらつかせることで、その意思形成過程を歪めて、本来なら望まないはずの性的行為に同意をさせているという事実には変わりない。しかし、人間が「不利益」の回避を（時に必要以上に）強く動機づけられやすい心理的な傾向があることに鑑みれば、「現在の状態」というベースラインからの純粋な「改善」に向けられた欺罔と、「悪化」の回避に向けられた欺罔との間で、判断者の心理過程に与える支配性の程度に格差を見出すことは可能であると思われる。謙抑性の観点から、あらゆる性的欺罔を処罰するわけにはいかないとすれば、このような基準を用いることが、有力な候補になりうるであろう[57]。

　また、②欺罔の「態様」面での限定として、単なる錯誤の利用だけではなく、行為者による欺罔行為を要求した上で、さらに、欺罔に「強度」を要求することが考えられる。こうした理解は、望ましい性的関係の実現のための情報収集が原則として各人の責任であり、行為者側のプライバシーの観点から、真実告知義務を原則として課すべきではないという発想からも根拠付けることができよう。

　ただ、欺罔に「強度」（＝巧妙さ）を要求する場合、一般人が容易に見抜けるような稚拙な欺罔については、処罰が否定される余地が出てくる。第 1 部

57　嶋矢貴之「性犯罪における『暴行脅迫』について」法律時報88巻11号（2016年）72頁は、利益誘導型の欺罔に関して、強い支配依存関係により、判断能力低下、および、支配依存関係からの離脱に対する躊躇が性行為をしない選択を困難にしていると評価できる場合に限定して性犯罪の成立を肯定する余地がありうるとする。

で述べたように、このような理解は、騙された被害者側の「落ち度」を問う理解と紙一重であり、特に性犯罪において、このような視点は考慮すべきでない、との反論もあり得よう。しかし、同意不存在型とは異なり、本類型では、性的同意自体は存在しており、その意思形成過程における情報収集の妨害が処罰の本質をなしているため、どこまでの「強度」を要求するかは議論が必要であるものの、こうした限定を読み込むこと自体は正当化しうると思われる。

3　具体例の検討

　改正前の規定の下でも、「同意騙取型」に当てはまる事例が準強姦（準強制性交等）罪や準強制わいせつ罪として処罰された裁判例が存在するが、それらの事例の多くは、以上の基準から見ても当罰性が備わっていると評価できる。

　例えば、東京高判昭和56年1月27日刑月13巻1＝2号50頁は、芸能プロダクションの実質上の経営者である被告人が、入会金を払って、所属契約を結んでいた被害者女性らに対して、全裸になって写真撮影をされることもモデルになるために必要なことであると偽り、被害者を全裸にさせ写真撮影したうえ、陰部を弄ぶ等の行為をしたという事案について、被害者らは「全裸で写真撮影されることもモデルになるため必要なことであり、これを拒否すればモデルとして売り出してもらえなくなるものと誤信し、被告人の執ような言動に対する諦めの気持ちも手伝ってやむなく全裸になったものと認定するのが相当であ」るとして、抗拒不能を認定し、準強制わいせつ罪の成立を肯定している。本件では、一見すると「モデルとして売り出してもらう」という「利益」に向けられた欺罔が問題となっているようにも思われる。しかし、本件の被害者らはすでに入会金を支払って、被告人の経営するプロダクションとの間で所属契約を結んでおり、被告人の意向一つで、例えば仕事を回してもらえない等といった、著しい不利益を受ける立場にあった。その意味で、被告人による性的行為の要求は、現状というベースラインからの純粋な改善に向けられた「利益誘導」的なものではなく、むしろ、断ることにより、現状から「悪化」させるという害悪の告知を含むものであったと解される[58]。さらに、このような不利益が、実質上の経営者という立場の違いがあ

132 第 2 部 各論的検討

る被告人から示され、かつ、執拗な言動で迫られたことも相まって、正しい
情報の収集が強く阻害されていると考えられる。

さらに、前述した東京地判平成20年 2 月 8 日でも、「不利益」の回避に向
けられた欺罔が問題になっていると見る余地がある。本件については、昭和
56年の事案とは異なり、アナウンサー志望の被害者らは未だテレビ局との間
で雇用の契約を結んでいたわけではないが、このことから直ちに、本件の欺
罔を、現状からの純粋な改善（採用）に向けられた利益誘導にすぎないと見
るのは、やや皮相な評価であろう。被害者らにとって、被告人は自分たちが
就職を熱望しているテレビ局の人事担当者なのであり、被告人の要求を拒絶
すれば、今後の採用選考において不当に不利に扱われるかもしれないという
「不利益」の回避も問題になっていたと考えることができる。また、東京地
裁は、抗拒不能の認定に際して、行為者が、わざわざテレビ局の関係者の名
刺を差し出すなど、当初から、極めて具体的に虚偽の事実を語るものであっ
たという事実に言及しているが、このような事実は、欺罔の「強さ」を根拠
づけるものとして位置付けられる。

これに対して、本書の当罰性評価の基準から見ると、一歩踏み越んだ有罪
認定をしたと思われるのが、東京高判令和 3 年 3 月23日 LEX/DB 25569458
である。東京高裁は、CM や番組の監督等を担当してきた映像ディレクター
である被告人が、モデル志望者の被害者（当時18歳）に対して、モデルとし
て売り出すための宣伝資料を作る必要があり、その際、性交場面の動画があ
れば有利な取り計らいを受けることができると誤信させ、性交をしたという
事案で、「被害者にとっては、主観的に重大な点について錯誤に陥らされた
ことにより、被告人から持ち掛けられた性交場面を含む性的な動画の撮影を
拒むことは期待し難い心理状態にあった」として、抗拒不能を認定し、準強
姦罪の成立を認めている。

確かに、東京高裁が指摘するように、本件でも、「被害者にとっては、モ

---

58 飛田清弘「判批」警察学論集34巻12号（1981年）157頁以下は、本件の被告人の行為を、「欺
罔行為」というよりは、むしろ「脅迫行為」であり、被害者が全裸になって写真撮影に応じた
のは、「錯誤」によってのことではなく、「畏怖」した結果によってのことと見ることができる
とする。

デルとして自己を売り込んでくれる被告人はいわば自分の夢を実現してくれる人物で圧倒的な地位の格差があった」とはいえる。しかし、本件では、すでに事務所等との間で所属契約を結んでいる（あるいは、その予定がある）といった事情はなく、被告人も、芸能界に人脈をもつ人物のうちの一人にすぎないのであり、ここでいう「地位の格差」というのは、昭和56年判決の事案で認められるような、「被害者の現在のステータスを、その意向一つで奪うことができる」というものとは質的に異なるようにも思われる。その意味では、被告人の欺罔は、断ることで、すでに今ある仕事やその可能性を失うといった「悪化」の回避に向けられたものではなく、現在の状況からの純粋な「改善」に向けられた、利益誘導的なものであったと評する余地があろう[59]。東京高裁は、被害者が若年であることによる判断能力の未熟さに着目したのかもしれないが、「18歳」という（成人に達している）年齢を殊更重視して、処罰のハードルを下げてよいかは、検討を要するであろう。

　以上のように、議論の余地のある裁判例は存在するものの、過去の裁判例では基本的に、「同意騙取型」の無条件の処罰が認められてきたわけではなく、本書の基準からも当罰的であると評価し得るような事案に限って、限定的な処罰が認められてきたといえる。そして、こうした事案については、改正後の新規定においても、1項に包摂して処罰をすることが可能と思われる。具体的には、例えば、「経済的又は社会的関係上の地位に基づく影響力によって受ける不利益を憂慮させること」という原因行為（8号）により、「同意しない意思を形成〔……〕することが困難な状態にさせ」たと評価することが考えられる。本号は、必ずしも錯誤・欺罔を念頭に置いた規定ではないが、「不利益」を憂慮させることで意思形成過程を不当に支配している点に処罰根拠を見出している点で、ここで念頭に置いているような事例に適合するといえよう。それゆえ、改正後においても「同意騙取型」につき重大な処罰の間隙は生じないものと思われる。審議会における、改正に向けた

59　拙稿「判批」季刊刑事弁護107号（2021年）157頁。なお、樋口亮介「性犯罪における暴行脅迫・心神喪失・抗拒不能要件と同意（その3）」法学セミナー797号（2021年）114頁以下は、「優越的地位による服従心の利用」が性犯罪処罰を基礎づける視点になりうるとしつつ、会社に所属予定といった事情のない本件について、服従心の利用との評価が及ぶかは微妙であると評する。

議論の過程で示された「検討のためのたたき台」では、「偽計・欺罔による誤信」を原因事由に加える案が示されていたところであるが、その場合、「不利益」の告知かどうかを問わず、同意騙取型が無限定に処罰範囲に取り込まれてしまう危険があったことを考えると、これを独立の原因事由としなかったことにも、一定の合理性があると評価できよう。

第6節　心理的な強制

　心理的な強制により、他者に同意が強いられたと評価できる場合にも、性的同意の有効性が否定され、性犯罪としての当罰性を認めることができる。なお、「物理的強制」の場合、例えば、嫌がる本人の身体を拘束して性的行為を強制する場合や、本人の隙をついて突発的に性的行為を行う場合には、有効性評価以前に、性的行為への同意が不存在であり、ここでいう心理的強制とは区別される。

　改正前は、心理的な強制のケースについても、強制性交等罪が成立するためには、行為者が「暴行・脅迫」を手段として用いたことが必要であり、この暴行・脅迫は、相手方の反抗を著しく困難にする程度のものが要求されていた（最判昭和24年5月10日刑集3巻6号711頁）。しかし、こうした限定が、一定の強度の暴行・脅迫を定型的に要求するものであるとすれば明らかに不当である。心理過程に対する、他者による不当な影響力の行使は、行為者と被害者の関係性[60]、被害者の属性、行為当時の周囲の状況などの個別具体的な事情のもとで、典型的な「暴行・脅迫」以外の様々な形式で生じうるのであり、こうした狭い限定では、性被害へと追い込まれた者の心理状況を完全に捉え損ねてしまう。もちろん、改正前の判例においても、上記の「抗拒を著しく困難ならしめる程度」の判断については、「相手方の年令、性別、素行、経歴等やそれがなされた時間、場所の四囲の環境その他具体的事情の如何と相伴つて、相手方の抗拒を不能にし又はこれを著しく困難ならしめるも

---

[60] 指導的立場にある者がその地位や被害者との関係性を利用して性的行為を行う事例の当罰性について検討を加えたものとして、木村光江「準強姦罪、準強制わいせつ罪——地位・関係性の利用」研修818号（2016年）3頁以下参照。

のであれば足りる」とされていたところである[61]。しかし、「暴行・脅迫」
要件は、上記のような限定的な意味であるとの誤解を与えかねない点で、文
言として適切さを欠いていたという面は否定できないように思われる。

　もっとも、規範的自律の観点からは、同意の自律性を阻害する心理的強制
についても限界づけが必要である。本書第1部第3章第3節でも述べたよう
に、心理的強制の不法の本質は、他者が法益主体の利益状況を人為的に支配
する点に求められ、その認定に際しては、法益主体の内心に圧迫が生じたこ
とそれ自体ではなく、それが他者による不当な方法により惹起されたかどう
かを重視すべきである。

　この点と関連して、ヘルンレは、当事者の状況を悪化させる「脅迫」と、
状況の改善に向けた「提案」を区別すべきであるとする[62]。例えば、定期試
験に再三欠席し、退学が目前に迫っている学生に対して、担当科目の教授
が、性的行為を条件に救済を申し出る行為は、状況の改善に向けた「提案」
である。もちろん、この場合にも、退学に対する恐れから、性的行為に応じ
ることへの「心理的圧迫」が生じている点は「脅迫」の場合と異ならない。
しかし、ここでは、同意者の内部に生じた心理的圧迫の程度のみに着目する
だけでは不十分であり、各人の答責領域を限界づける規範的評価が必要不可
欠である。この規範的評価においては、自身の生活状況を改善するために、
愛情の有無にかかわらず、性を利用するという選択も、積極的自由の一部を
構成しているということが出発点とされる[63]。したがって、困難な状況に立
たされた成人が、セックスを通じて状況を改善するというチャンスを掴んだ
場合、その者の決定は原則として有効である、とされる[64]。

　このような結論に対しては、少なからぬ異論も想定される。退学が目前に
迫っている学生にとって、教授による救済の申し出を断る選択肢は現実には

61　最判昭和33年6月6日集刑126号171頁。なお、判例において、「『相手方の反抗を著しく困難
　にする程度』は、『相手方の意思に反してわいせつ行為・姦淫を行うに必要な程度』の意として
　用いられ、その観点から、総合判断が展開されてきた」と分析するものとして、曲田統「強制
　わいせつ罪・強姦罪における暴行脅迫について」『川端博先生古稀記念論文集［下巻］』（成文
　堂、2014年）50頁以下。
62　Hörnle, a.a.O.（Anm. 12），S. 883.
63　Hörnle, a.a.O.（Anm. 12），S. 884.
64　Hörnle, a.a.O.（Anm. 12），S. 884.

136　第 2 部　各論的検討

考えられないのであり、そのような学生の切実な状況を利用して、自身の性的願望を叶えようとする行為は、性犯罪として当罰的と考えるべきではないか、との疑問もありえよう[65]。少なくとも、この教授が、自身の性的欲望を優先して成績評価の公正さを害するような、およそ教育者の風上にも置けない人物であり、社会的に制裁されるべきであることは論を俟たない。

　しかし、このことと、「強制」の不法は区別して考える必要がある。上記の事例で、学生は定期試験を再三欠席したことで、すでに退学するしか選択肢がない状況にある。このような状況において、性的行為に応じるという条件付きながら救済を申し出ることは、学生に新たな選択肢を付け加えるものであり、その自由は侵害されるどころか、むしろ「拡張」しているのである。そのまま申し出を断り退学するか、性的行為に応じて退学を免れるかは、まさに本人の「自由」である。ここで、提示されたオプションが魅力的であり、そちらを選ばざるを得ないこと自体は、強制の不法を根拠づけない[66]。こうした「提案」を刑法が広く禁圧すれば、提案を行う行為者側の自由だけではなく、窮状においてその提案を受け入れ、自身の状況を改善しようとする相手側の自由も制約されることになろう[67]。もちろん、「セックス」を取引の道具とすることに対しては、眉をひそめる者が少なくないであろうが、そうした取引を社会的に禁圧するかどうかは、「性的自己決定」という個人法益の保護の問題とは、分けて考えるべきである。このように考えれば、ヘルンレの主張は決して突拍子もないものではなく、理論的に一貫している。

　この点、今回の改正により、同意しない意思を形成・表明・全う困難な状

65　森川恭剛「性犯罪における強制と不同意」刑法雑誌55巻 2 号（2016年）306頁は、「人の弱みにつけ込んで性行為の選択肢をオファーするのは、自発的な同意を得ることにならないので性暴力だろう」と指摘する。

66　これに対して、江口聡「『ノーはノー』から『イエスがイエス』へ：なぜ性的同意の哲学的分析が必要か」京都女子大学現代社会研究19号（2016年）82頁は「あまりに魅力的な〔……〕提案は、一方の選択肢を増やしているというよりは、むしろ『強制』であると見なさざるをえない場合があるかもしれない」とする。

67　なお、「被害者の側に取引の意思がある場合には、その反抗は抑圧されていないと解すべきであろう」とするのは、町野朔「被害者の承諾」西原春夫ほか編『判例刑法研究第 2 巻』（有斐閣、1981年）204頁。

態の具体的な原因事由として、「経済的又は社会的関係上の地位に基づく影響力によって受ける不利益を憂慮させること又はそれを憂慮していること」（8号）が規定されたことが注目される。ここでいう「不利益」を、現状からの悪化という意味で捉えれば、上記の事例では、退学せざるを得ない状況からの救済という、現状からの改善、すなわち、「利益」の提供が問題になっているとして、これに該当しないとの結論が得られる[68]。

　これに対して、「利益を得られないこと」もまた本人にとっては「不利益」であるという「裏返し」を認めてしまうと[69]、性的行為と引き換えに利益をオファーする事例の多くが、本罪に取り込まれてしまうことになろう。しかし、そのような取引を行うことも市民の積極的自由を構成するという出発点に立つ以上、このようなテクニカルな解釈を認めてよいかは、慎重に検討する必要がある。

第7節　おわりに

　以上のように、性的同意の分析においても、本書の提示する規範的自律の枠組みは有効である。性犯罪においても、他の犯罪類型と同様に、理想的な自己決定の実現の保障は刑法の課題とすべきでない。性刑法の任務は、望まない性的関係に巻き込まれないという意味での防御権の保護に求められるべきである。したがって、性的同意が欠落する場合には、消極的自由保護の観点から、徹底した刑法的介入が目指されるべきであるが、性的同意が「存在」する場合には、それが本人の価値体系と合致しないことのみを理由に、軽々とその有効性を否定して、刑法の介入を認めるべきではない。

　もちろん、理想的な性的関係がどのようなものかをめぐる社会的な討議は

68　なお、樋口亮介「不同意性交等・わいせつ罪」法律時報95巻11号（2023年）75頁以下は、本来、被害者が甘受すべき不利益は本号の「不利益」に該当しないとしつつも、利益誘導に基づく心理的圧迫の度合い等によっては、8号に「類する」行為又は事由として捕捉するという解釈の方向性を示唆する。

69　例えば、法制審議会刑事法（性犯罪関係）部会第12回会議19頁〔吉田雅之発言〕は、「利益を提供することを示しているということは、裏返せば、応じないと不利益が及ぶかもしれないということにもなり得」るとする。

今後も続くであろうし、続けられるべきであろう。しかし、国家が特定の性的関係を理想的であると決定し、そこから外れる性的関係を刑法で排除しようとすれば、市民の積極的自由の実現をかえって阻害してしまうことに警戒しておく必要がある。刑法の任務は、理想の実現ではなく、市民が各々の理想を目指して自律的に活動するための、最低限の条件を整備することに尽きるのである。

第4章

いわゆる仮定的同意について

第1節　問題の所在

　本章では、仮定的同意（hypothetische Einwilligung）を素材として、刑法における患者の自律性の保護のあり方について検討を加える。「仮定的同意」とは、手術等の治療行為に際して、医師が適切な説明をせずに患者の同意を得たが、仮に適切な説明をしていたとしても同様の同意が得られていたであろうという場合に、医師の説明義務違反に関する法的責任を否定することを内容とする法理である。これは、もともと、ドイツの民事医療訴訟において、説明義務違反を理由とする医師の賠償責任を制限するために用いられるようになった法理であり、ドイツ民法630h条2項2文は、説明義務の要件が満たされない場合に、「診療を実施した者は、患者が規定通りの説明があっても医師の措置に同意したであろうことを主張することができる」として、この法理を明文で規定している[1]。

　他方で、この法理を刑法にまで持ち込んで、医師の刑事責任を制限してよいかどうかをめぐっては、ドイツにおいて「論争の嵐（Meinungssturm）」[2]が巻き起こった。民法と同様に、医師の責任を制限すべきであるとする主張がある一方で、そのような制限により、説明を受けて同意するという患者の自己決定の権利が蔑ろにされてしまうことへの警戒から、強烈な批判が行われたのである。議論の根底には、刑法における患者の自己決定権の保護の意義と限界をめぐる対立が存在しており、ドイツにおける議論の状況を整理して

1　春日偉知郎「医師責任訴訟における法律上の推定規定の意義」栂善夫・遠藤賢治先生古稀祝賀『民事手続における法と実践』（成文堂、2014年）402頁以下を参照。

2　Brigitte Tag, Richterliche Rechtsfortbildung im Allgemeinen Teil am Beispiel der hypothetischen Einwilligung, ZStW 127 (2015), S. 523.

140　第2部　各論的検討

おくことは、今後この問題を我が国で議論していく上でも、有益であると考えられる。そこで、以下では、ドイツにおける議論状況を紐解き、「仮定的同意」という法理を刑法に持ち込むことにどのような問題があるかを明らかにした上で、この問題が、本書の理論枠組みからどのように解決されるのかを示す。

第2節　仮定的同意をめぐる議論状況

第1款　仮定的同意とは何か

　まず、「仮定的同意」という概念とは何か、その輪郭を明らかにしておきたい。まず、仮定的同意は、実際には適切な説明をせずに同意を得たが、「仮に適切に説明がなされていたとしても」有効に得られていたであろう同意を指す概念である。この点で、実際に適切な説明を行い、そのような説明に基づき得られる有効な同意（現実的同意）とは明らかに異なる概念である。

　また、仮定的同意は、「推定的同意（mutmaßliche Einwilligung）」とも異なる概念である。現実的同意がないという点で状況は共通であるが、推定的同意による違法阻却が認められるためには、同意を得ようにも得られないという「補充性（Subsidiarität）」が要求される。例えば、患者の生命を救うためには緊急に手術が必要であるが、事故により意識不明であるため、患者の意思を確認できないというように、現実の同意の入手が不可能または困難という状況のもとで、初めて推定的同意を持ち出すことが許される[3]。

　これに対して、仮定的同意は、このような「補充性」を前提としない概念である。むしろ、仮定的同意が典型的に持ち出されるのは、適切な説明が可能であったのに、それを怠ったという場合である。そのような場合に、「適切な説明があったとしても」同意が得られていたであろうという仮定的な考慮を理由にして医師の責任の免除を可能とする点に、推定的同意とは異なる独自の意義がある[4]。しかし、ここで問題となるのが、「現実的同意」によっ

3　Statt vieler, Claus Roxin, Strafrecht AT Bd. 1, 4. Aufl., 2006, § 18 Rn. 10 ff.

4　佐藤陽子「被害者の承諾」伊東研祐＝松宮孝明編『リーディングス刑法』（法律文化社、2015年）242頁。したがって、推定的同意に補充性を要求しない場合には（例えば、町野朔『患者の

ても「推定的同意」によっても認められないような、医師の可罰性の限定
が、理論上いかに根拠づけられるかである。

第2款　仮定的同意の理論的根拠
1　違法性阻却事由

ドイツの判例は、仮定的同意を「現実的同意」とも「推定的同意」とも異
なる独自の違法性阻却事由として承認している[5]。その萌芽はすでに、1990
年代の連邦通常裁判所の判例に現れていたが、仮定的同意が独自の違法性阻
却事由であることが明確に示されたのは、椎間板事件（Bandscheibenfall）[6]に
おいてである。

本件では、まず、上級医（Oberarzt）による椎間板ヘルニアの摘出手術に
おいて、本来摘出する必要があった部位とは異なる、誤った部位の椎間板を
摘出するという医療ミスが生じた（第1手術）。上級医が、大学病院の神経外
科の医長（Chefarzt）に助言を求めたところ、医長は、第1手術のミスを隠し
て、患者に対しては「ヘルニアが再発した」との虚偽の説明をすることで、
再度の手術の同意を得て、本来摘出すべきであった椎間板ヘルニアを摘出す
るように助言したため、上級医はこれに従い、第2手術を行った。その際
に、上級医は、残存していたヘルニアの摘出だけではなく、第5腰椎の右側
の椎弓部の摘出も行ったが、患者は右側の椎弓部の摘出が予定されていたこ
とを認識していなかった。この第2手術はそれ自体、医学的適応性・医術的
正当性を充足するものであった。

　自己決定権と法』（東京大学出版会、1986年）199頁以下）、仮定的同意は推定的同意の一場面に
　すぎないことになる。
5　仮定的同意に関するドイツ刑事判例については、杉本一敏「仮定的同意論の『論理構造』に
　対する批判的覚書」愛知学院大学宗教法制研究所紀要49号（2009年）98頁以下、武藤眞朗「医
　師の説明義務と患者の承諾──『仮定的承諾』序説──」東洋法学49巻2号（2006年）7頁以
　下、塩谷毅「被害者の仮定的同意について」立命館法学327＝328号（2009年）382頁以下、山中
　敬一「医師の説明義務と患者のいわゆる仮定的同意について」『神山敏雄先生古稀祝賀論文集
　第1巻』（成文堂、2006年）255頁以下、古川伸彦「医的侵襲行為の正当化と『仮定的同意』論」
　『山口厚先生献呈論文集』（成文堂、2014年）42頁以下、佐藤陽子「仮定的同意に関する序論的
　考察」『川端博先生古稀記念論文集［上巻］』（成文堂、2014年）219頁以下、富山侑美「イン
　フォームド・コンセントにおける仮定的同意（1）」北大法学論集68巻1号（2017年）79頁以下
　等を参照。
6　BGH JZ 2004, 800.

142　第2部　各論的検討

　この事案で、地方裁判所は、第2手術に対する患者の同意が無効であると
して、第2手術を指示した医長に故意傷害罪の教唆犯を認めたのに対して、
連邦通常裁判所は、地裁による有罪判決を破棄した。連邦通常裁判所は、地
裁と同様に、第2手術に対する患者の同意は、手術が必要となった原因（第
1手術のミス）についての欺罔により騙取されたものであり無効であると
する。しかし、「違法性は、その患者が規則に適合した説明を受けたなら
ば、実際に行われた手術に同意したであろう場合に欠落する」。すなわち、
「傷害罪の可罰性が認められ、それに従属する教唆の可罰性が肯定されるの
は、適切に説明していれば同意がされないままであったであろう場合に限ら
れる」。そして、「この事情は、医師に対して〔検察官により〕証明されなけれ
ばならない。もし疑いが残るなら、利益原則（in dubio pro reo）によって医師
の有利に、すなわち、規則に適合した説明がなされた場合であっても同意は
なされていたであろうことを前提としなければならない」。

　ただし、連邦通常裁判所は、仮定的同意の認定に際して、「その都度の患
者の具体的な決断結果」がどうなっていたであろうか、という点を考慮する
必要があるとする。したがって、患者がどのみち手術を受けざるを得なかっ
たことや、理性的な患者なら手術に同意したであろうという理由だけで、仮
定的同意を認めることはできない。第2手術が結果的に、患者の利益を増進
したという認定だけでは、仮定的同意を認めるのに不十分である。以上の点
を指摘して、連邦通常裁判所は、仮定的同意の存否を判断するために必要な
審理を尽くさせるべく、事件を差し戻す旨を判示している。

　この椎間板事件に引き続き、連邦通常裁判所は、ドリル事件（2004年）[7]、
脂肪吸引事件（2007年）[8]、ターボ禁断療法事件（2007年）[9]において、仮定的同
意による違法性阻却がありうることを認めている。さらに、肝細胞移植事件
（2013年）[10]では、「実験的な治療法（Neulandmethode）」による手術が問題とな
る事例にも、仮定的同意論の適用が可能であることが示されている。

　7　BGH JR 2004, 469.
　8　BGH NStZ-RR 2007, 340. 本判決の評釈として、鈴木彰雄「ドイツ刑事判例研究（10）」名城
ロースクール・レビュー8号（2008年）171頁以下。
　9　BGH NStZ 2008, 150.
　10　BGH NJW 2013, 1688.

2　正当化事由に関する帰属

　以上のように、ドイツの判例が、仮定的同意を独立の「違法性阻却事由」と位置付けるのに対して、仮定的同意は、違法性段階において、違法結果の帰属を阻却する事由であるとしたのが、クーレンの見解である[11]。

　クーレンによれば、構成要件段階だけではなく、違法性の段階でも、結果の客観的帰属の可否が審査されなければならない。すなわち、事後的に（ex post）見て、発生した結果が正当化の瑕疵（Rechtfertigungsmängel）に客観的に帰属できなければ、既遂犯としての客観的不法を認めることは許されない[12]。したがって、医師が適切な説明を怠る事例でも、「もし適切な説明がされていても同意がなされていたであろう」という場合、すなわち、仮定的同意が認められる場合には、どのみち同じ結果が生じていたといえるため、発生した結果を、正当化の瑕疵（説明義務違反）に帰属することができず、既遂犯としての不法を実現したとは評価できないとする[13]。

　この見解によれば、仮定的同意を「違法性阻却事由」に位置付ける判例とは異なり、仮定的同意が認められる場合でも、説明義務違反という行為の違法性そのものが否定されるわけではない。むしろ、正当化の瑕疵が認められ、行為の違法性が認められることが、その正当化の瑕疵と結果との間の帰属連関を問うための前提である[14]。したがって、仮定的同意による帰属の阻却が認められても、説明義務違反を犯した医師は不可罰となるわけではなく、行為不法を理由として、傷害未遂罪（ドイツ刑法223条2項）[15]で処罰することが可能であるとされる[16]。

11　Lothar Kuhlen, Objektive Zurechnung bei Rechtfertigungsgründen, in: Festschrift für Claus Roxin zum 70. Geburtstag am 15. Mai 2001, 2001, S. 331 ff. クーレンの見解については、鈴木彰雄「傷害罪における被害者の仮定的同意——クーレンの所説について——」名城ロースクール・レビュー3号（2006年）4頁以下も参照。

12　Kuhlen, a.a.O.（Anm. 11）, S. 338 f.

13　Kuhlen, a.a.O.（Anm. 11）, S. 340.

14　Kuhlen, a.a.O.（Anm. 11）, S. 338 f.

15　ドイツでは、1998年の第6次刑法改正で傷害罪に未遂犯の処罰規定（ドイツ刑法223条2項）が創設されている。なお、ドイツと異なり「傷害未遂罪」の類型が存在しない日本においては、仮定的同意の理論を採用することが極めて困難であると指摘するものとして、塩谷・前掲注（5）408頁。

16　Kuhlen, a.a.O.（Anm. 11）, S. 340.

144　第2部　各論的検討

第3款　仮定的同意に対する批判

1　訴訟上の懸念

以上のように、ドイツでは、仮定的同意が民法の規定に取り入れられているだけでなく、刑事判例においても定着しつつあるといえるが、学説上は、この法理を刑法に持ち込むことに対する強い批判が巻き起こっている[17]。

まず、仮定的同意に対しては、訴訟上の懸念として、患者の証言が医師により「買収」される可能性が懸念されている。椎間板事件で連邦通常裁判所が指摘しているように、仮定的同意の認定に際しては、患者本人の具体的な価値観が考慮されるため、患者の証言が極めて重要な意義をもつ。そのため、医師が処罰されるかどうかは、患者の証言次第になってしまうというのである[18]。

もっとも、患者の供述の「買収」がありうることは、被害者が証人となる大部分の場合に妥当する[19]ことであり、それは裁判所による適切な事実認定を通じて解決すべき問題であろう。連邦通常裁判所も、「仮定的同意に関する被害者尋問の際、その陳述と理由づけについて適切に評価しなければならない」と指摘し、その陳述と理由づけは、「真実の事情を知らされた場合に、当人の視点に立って、そのときの時点における当該患者の当該決断が、追体験しうる、また起こりうる推論であることを認めさせるものでなければならない」としている。患者の供述は、手術後の事情（特に、手術の結果）に影響される可能性があるため、それを「鵜呑み」にして、仮定的同意を認定することのないよう注意深く審理すべきことが、ここでは強調されているのである[20]。

2　自己決定の保護の切り下げ

むしろ、より本質的に問題となるのは、仮定的同意を刑法に持ち込むこと

17　仮定的同意論に向けられた各種の批判については、杉本・前掲注（5）131頁以下も参照。

18　Walter Gropp, Hypothetische Einwilligung im Strafrecht?, in: Festschrift für Friedrich-Christian Schroeder zum 70. Geburtstag, 2006, S. 200.

19　Henning Rosenau, Die hypothetische Einwilligung im Strafrecht, in: Festschrift für Manfred Maiwald zum 75. Geburtstag, 2010, S. 692. ヘニング・ローゼナウ（島田美小妃訳）「仮定的承諾——新しい法形象！」比較法雑誌43巻3号（2009年）161頁以下も参照。

20　古川・前掲注（5）65頁参照。

で、患者の自律ないし自己決定の保護が不当に切り下げられてしまうおそれがあるという点である。前述したように、仮定的同意の独自性は、推定的同意とは異なり「補充性」が要求されない点にあるが、この特徴ゆえに、仮定的同意は、推定的同意のハードルをかいくぐって、説明義務違反を犯した医師を広く免責してしまう。その結果として、患者の自己決定の刑法的保護が疎かにされてしまわないかが、問われなければならないのである[21]。

この点について、仮定的同意論を擁護する立場からは、次のような反論が加えられている。まず、民法で仮定的同意による免責が承認されている以上、刑法でもこれを認めるべきであるとされる。民法上の責任が否定される場合にまで、患者の自己決定の保護を理由に刑法上の処罰を認めることは、「法秩序の統一性」や「刑法の謙抑性」に反するものであり許されない[22]。また、仮定的同意の認定に際しては、椎間板事件で確認されているように、平均的・理性的な患者ではなく、その都度の患者自身の具体的な価値観が考慮されるため、患者の自己決定が完全に無視されることにはならない、とされる[23]。

しかし、法秩序の統一性の点については、民事訴訟と刑事訴訟との間の証明ルールの違いを考慮に入れる必要がある。すなわち、民法上の仮定的同意の主張・立証責任は医師側に課されており、その厳格な証明が医師に要求されるのに対して[24]、刑法上の仮定的同意は、利益原則に基づき、それが存在しないことの証明責任が検察官側に課されるのである。したがって、仮定的同意の存否が証明できなかった場合、民事訴訟では医師の賠償責任が肯定されるのに対して、刑事訴訟では、医師の可罰性が制限されてしまうという違

---

21 Frank Saliger, Alternativen zur hypothetischen Einwilligung im Strafrecht, in: Festschrift für Werner Beulke zum 70. Geburtstag, 2015, S. 264 ff. 本論文の紹介として、拙稿「フランク・ザリガー『刑法における仮定的同意の代案』」早稲田法学91巻4号（2016年）197頁以下。

22 Henning Rosenau, in: Sarzger/Schluckebier/Werner Strafgesetzbuch Kommentar, 4. Aufl., 2019, Vor §§ 32 ff. Rn. 53; Philipp Böcker, Die „hypothetische Einwilligung" im Zivil- und Strafrecht, JZ 2005, S. 928 f.

23 Rosenau, a.a.O.（Anm. 19), S. 697.

24 BT-Drucks. 17/10488, S. 29. 民法上の仮定的同意については、河原格『医師の説明と患者の同意』（成文堂、1998年）208頁以下、山中敬一『医事刑法概論Ⅰ』（成文堂、2014年）349頁以下、春日・前掲注（1）424頁以下も参照。

いがある[25]。この点は、患者の自己決定の保護との関係でも、無視できない違いであろう[26]。

　また、刑事訴訟における、仮定的同意が認められないことの合理的な疑いを超える証明は、極めて困難なものである。その都度の患者自身の具体的な価値観を考慮するとはいえ、「もし適切な説明がされていたら」という架空の状況を前提とした問いへの回答は、当の患者自身もそのような状況を経験したことがない以上、常に推測によらざるを得ない[27]。また、患者がすでに死亡しており、その個人的な価値観に関する具体的な手がかりを得られない場合には、合理的な、すなわち、自身の健康状態の改善を望む患者を目安に、仮定的な意思を認定せざるを得ない。そうすると、実際に行われた治療行為が、医学的適応性・医術的正当性を備えている場合は、ほとんど常に、仮定的同意が認定されてしまうことになり、その結果、医療的合理性を前に、患者の自己決定権の保護は切り捨てられることになる[28]。

　また、仮定的同意を帰属阻却事由と位置付ける見解からは、未遂犯としての処罰が残るため、医師が適切な説明を行い、患者の有効な同意を得ようとする動機付けが失われることにはならず、患者の自己決定権の保護が切り下げられることはない、との応答がされているが[29]、この見解でも、医師が仮

25　Christian Jäger, Die hypothetische Einwilligung – ein Fall der rückwirkenden juristischen Heilung in der Medizin, in: Festschrift für Heike Jung zum 65. Geburtstag am 23. April 2007, 2007, S. 353 f.〔本論文の翻訳として、クリスチャン・イェーガー（野澤充訳）「仮定的同意——医学における遡及的な法的治癒の事例」法政研究82巻1号（2015年）51頁以下〕; Saliger, a.a.O. (Anm. 21), S. 263; Detlev Sternberg-Lieben, Strafrechtliche Behandlung ärztlicher Aufklärungsfehler: Reduktion der Aufklärungslast anstelle hypothetischer Einwilligung, in: Festschrift für Werner Beulke zum 70. Geburtstag, 2015, S. 300.

26　これに対して、ロクシンは、危険増加論の考え方を転用し、帰属を阻却するためには「適切な説明がなされていたとしても同意していたであろう」ということが確実性をもっていえなければならず、疑わしい場合には、仮定的同意論を援用できないと説明している（Roxin, a.a.O. (Anm. 3), § 13 Rn. 123 ff.）。しかし、この見解によると、検察官の立証の程度が緩和されることになり、刑事裁判における利益原則に違反するとの批判を免れないであろう（塩谷・前掲注（5）401頁）。

27　プッペは、人間の決断の仕方に一般的な法則が存在しない以上、このような架空の問いを設定すること自体がナンセンスであるとする（Ingeborg Puppe, Die strafrechtliche Verantwortlichkeit des Arztes bei mangelnder Aufklärung über eine Behandlungsalternative – Zugleich Besprechung von BGH, Urteil vom 3. März 1994 und 29. Juni 1995, GA 2003, S. 769）。

28　Saliger, a.a.O. (Anm. 21), S. 265; Sternberg-Lieben, a.a.O. (Anm. 25), S. 303.

定的同意の存在を確信している場合には、故意の存在が否定され、未遂犯としての処罰も否定されてしまう、との問題が指摘されている[30]。

3 理論的な問題

さらに、仮定的同意論に対しては、そもそも理論的な根拠づけを欠いているとの批判も加えられる。まず、判例のように、仮定的同意を「違法性阻却事由」として捉えることに対しては、次のような批判がある。そもそも違法性阻却の原理は、法益衝突状況における「優越的な利益の維持」という思考を基礎とするが、仮定的同意が認められる場合に、より高位の利益が維持されているとはいえない。なぜなら、患者は、治療行為の時点において、自己の法益の保護を有効に放棄していないのであり、もしかしたら存在していたかもしれない仮定的同意を重視することは、患者の現実的な意思を尊重することと比べて、より高位の利益とはいえないからである[31]。

また、仮定的同意を「帰属阻却事由」として位置づける見解も、理論的に不適切であるとの批判が加えられる。そもそも、この見解は、「仮に行為者が注意義務を尽くしていても、結局は同じ結果に至っていたであろう」という場合に、当該結果の注意義務違反行為への帰属を否定する「合義務的態度の代置」の論法を、正当化事由である同意にも類推しようとするものであるが、この類推の正当性に疑問がある[32]。なぜなら、説明義務に違反して行われた侵襲により生じるのは、患者の自己決定権の侵害という違法な結果であるのに対して、「もし適切な説明をしていたら」生じていたであろう結果は、患者の有効な同意に基づく適法な結果であり[33]、いずれにせよ「同じ結

---

29 Lothar Kuhlen, Ausschluss der objektiven Erfolgszurechnung bei hypothetischer Einwilligung des Betroffenen, JR 2004, S. 229 f.

30 Christian Jäger, Zurechnung und Rechtfertigung als Kategorialprinzipen im Strafrecht, 2006, S. 26; Puppe, a.a.O.（Anm. 27）, S. 770; dies, Die hypothetische Einwilligung und das Selbstbestimmungsrecht des Patienten, ZIS 2016, S. 369.

31 ハロー・オットー（甲斐克則＝福山好典訳）「医的侵襲にとっての仮定的承諾の意義」比較法学44巻2号（2010年）120頁。さらに、Saliger, a.a.O.（Anm. 21）, S. 266; Sternberg-Lieben, a.a.O.（Anm. 25）, S. 302.

32 この問題を検討した我が国の文献として、杉本・前掲注（5）論文が挙げられる。なお、杉本は、「仮定的同意論」も「合法的行為の代置論」もともに客観的結果帰属論の下位類型として理論的に包摂されうると結論付けている（同144頁以下参照）。

33 Jens Andreas Sikor, Logische Unstimmigkeiten in der hochstrichterlichen Prüfungsformel zur hypothetische Einwilligung, JR 2008, S. 180; Scarlet Jansen, Die hypothetische Einwilli-

果」に至っていたであろうとは評価できないからである[34]。ここで現実に生じた、患者の自己決定権の侵害という結果は、まさに、その原因である説明義務違反に帰属される。自己決定権の侵害も、傷害罪の不法内容に取り込む限りは、同様の侵襲の発生が想定されることだけを根拠に、義務違反連関の欠落を認めることはできないのである。

第4款　適用範囲の広がり

もともと、仮定的同意は、医師が適切な説明をせずに患者の同意を得たという事例を念頭においた法理であったが、近時では、仮定的同意の適用範囲が、こうした事例を超えてさらに広がらないか、という点にも関心が集まっている。

1　同意不存在事例への適用

第一に、仮定的同意論が、医師が説明を怠って同意を得たという事例にとどまらず、同意の取得そのものが怠られた事例にも適用されるかが問題となる。椎間板事件では、上級医の欺罔により無効とされるものの、侵襲に対する同意自体は存在していたと見る余地がある[35]。これに対して、例えば、熟睡している患者に対して、医師が熟睡中に独断で手術を行う事例のように、患者の同意が存在すらしない場合にも、仮定的同意の法理の射程は及ぶのだろうか。

素直に考えれば、この事例でも、「仮に患者を目覚めさせて適切な説明をしていれば同意が得られていたであろう」といえる限り、仮定的同意が認められてしまいそうである[36]。しかし、この点に関して、クーレンは次のよう

---

gung im Strafrecht, ZJS 2011, S. 488; Martin Böse, Unrechtsausschluss durch hypothetische Dispotionen über das geschützte Rechtsgut?, ZIS 2016, S. 497.

34　同様に、山中・前掲注（5）279頁も、「手術」自体は同じく行われていたとしても、無効な同意を前提とするか、有効な同意を前提とするかに大きな違いがあり、同じ結果が発生したとはいえないとする。

35　武藤・前掲注（5）17頁も、椎間板事件が「形式的には患者による現実的承諾が存在する」事例であることを指摘している。

36　なお、小林憲太郎「被害者の同意」判例時報2296号（2016年）7頁は、患者が手術を激しく拒否したものの、医師がこれを強行したが、もし十分に情報が与えられていたであろう場合には、むしろ手術を要請していたであろうという「同意不存在型」の場合についても、被害者の潜在的な価値観との合致を理由とする不法阻却を認める余地があるとする。

な注目すべき主張を展開して、仮定的同意論の射程を限定している。クーレン曰く、正当化の瑕疵の中には、正当化事情が全く存在しないような、「正当化の重大な欠陥（tiefgreifende Rechtfertigungsdefizite）」と、それには至らない「正当化の単なる瑕疵（bloße Rechtfertigungsmängel）」があり、結果との間の客観的帰属連関に関する問いを立てることができるのは、後者の瑕疵の場合に限られるとする[37]。したがって、仮定的同意を引き合いに出せるのは、あくまでも、「正当化の単なる瑕疵」が認められる場合、すなわち、同意そのものは存在するが、欺罔や強制により当該同意が無効となる場合に限られる、というのである[38]。

　この説明によれば、上記の同意不存在の事例では、患者の同意が欠如しているため、「正当化の重大な欠陥」があり、仮定的同意を問題とすることができないことになる。仮定的同意がもつ自己決定の保護へのマイナスの影響に鑑みれば、その射程を限定しようという意図は理解できる。実際に、民法における仮定的同意においても、このような限定が一部の学説において主張されている[39]。

　もっとも、このように射程を限定する理論的な根拠は明らかではない。クーレンの見解を前提とするのであれば、同意不存在事例でも、「仮に患者を目覚めさせて適切な説明をしていれば同意が得られていたであろう」という場合、結局は同じ結果が生じていたといえるため、既遂不法を、正当化の瑕疵に帰属できないように思われる。また、理論的な根拠が不明であることに起因するのだろうが、「正当化の重大な欠陥」と「正当化の単なる瑕疵」の区別の基準も必ずしも明らかではないように思われる[40]。例えば、同意者

37　Lothar Kuhlen, Ausschluss der objektiven Zurechnung bei Mängeln der wirklichen und der mutmaßlichen Einwilligung, in: Festschrift für Müller-Dietz zum 70. Geburtstag, 2001, S. 434. さらに、Thomas Rönnau, Anm. zu BGH, Beschluss vom 15. 10. 2003, JZ 2004, S. 803も参照。

38　Kuhlen, a.a.O.（Anm. 37）, S. 440.

39　例えば、Hans-Joachim Mertens, in: Soergel Kommentar zum Bürgerlichen Gesetzbuch, 12. Aufl., 1990, Vor § 249 Rn. 166は、患者の同意が全く欠如している場合には仮定的同意の抗弁が認められないとする。また、ライヒ裁判所も、民法上の仮定的同意について同様の制限を設けていた（RGZ 163, 129）。もっとも、その後の判例においては、医師が説明を完全に懈怠した場合と、不十分な説明との場合とが区別されていないとの指摘もある（河原・前掲注（24）212頁）。

40　杉本・前掲注（5）119頁注27参照。

150 第2部 各論的検討

に判断能力が欠如する場合について、クーレンは「正当化の重大な欠陥」に分類するが[41]、欺罔や強制が「正当化の単なる瑕疵」とされるのと何が違うのかについて、明瞭な説明はない。

2 医事刑法を超えた適用

第二に、仮定的同意が医事刑法を超えて適用可能か否かという点も問題となる。例えば、XはYの財物を窃取したが、もしその前にYにお願いをしていれば、YはXにその財物を贈与していたであろうという場合に、仮定的同意の論理を窃盗罪に適用して、（少なくとも既遂の）可罰性を否定することが許されるだろうか[42]。仮定的同意が、違法性阻却や客観的帰属という総論的な原理に関わる以上は、その適用範囲を医事刑法に限定する理由は存在しないであろう[43]。

実際に、近年のドイツでは、背任罪（ドイツ刑法266条1項）にも、仮定的同意が適用されうることを示した裁判例も登場している。ハム上級裁判所は、市営の住宅・都市建設有限会社（stadteigene Wohn- und Stadtbau-GmbH）の経営者である被告人が、会社の金を使って監査役会メンバーの観光旅行を計画して実行した行為について、当該旅行に観光的要素はあるものの、それに優越する、情報入手や研修といった有益な目的に寄与することが認められることから、背任を基礎付ける重大な義務違反性が認められないとした上で、さらに、仮に義務違反が認められるとしても、利益原則に従う限り、少なくとも「仮定的合意」が存在する可能性を排除することができないため、いずれにせよ被告人に背任罪は成立しないとした。というのも、もし被告人が、市に旅行を申請していたとすれば、当該許可が降りていたであろうと考えられるからである[44]。

本件では、仮定的同意の論理が、医事刑法の枠外の、しかも同意の取得そ

---

41 Kuhlen, a.a.O. (Anm. 37), S. 440 f.

42 Vgl. Gunnar Duttge, Die „hypothetische Einwilligung" als Strafausschlußgrund: wegweisende Innovation oder Irrweg?, in: Festschrift für Friedrich-Christian Schroeder, 2006, S. 188; Harro Otto, Einwilligung, mutmaßliche, gemutmaßte und hypothetische Einwilligung, Jura 2004, S. 683.

43 Böse, a.a.O. (Anm. 33), S. 499 ff. は、さらに、仮定的同意の法理が、令状取得に対する裁判官の許可といった国家機関の決定に対しても適用されうることを指摘する。

44 OLG Hamm wistra 2012, 447.

のものが怠られたケース（同意不存在型）にまで拡張されている。しかし、ここまで無限定な適用を認めることによって生じる、刑法全体の自己決定の保護への不利な影響は無視できないであろう[45]。実際には許可の申請さえしていないのに、申請していれば得られていたかもしれない架空の許可に着目して、行為を正当化するのは、同意の「捏造」というべきである。このような論理を広く認めていけば、刑法における現実的な同意の取得の重要性は、全く軽視されてしまうことになりかねない。

第3節　仮定的同意の代案

　前節で論じたように、仮定的同意を刑法に持ち込むことには、自己決定の保護という観点から、看過し難い問題がある。しかし、そもそも仮定的同意の背景には、インフォームド・コンセントを重視する社会的風潮のもと、どこまでも拡大をし続ける説明義務に違反しただけの医師の法的責任を適切に限定すべき、という正当な要請があることは無視できない。仮定的同意論に反対するグロップも、「『仮定的同意』の背景には、患者に対して十分に説明することを意識的に懈怠した『だけ』の医師を、故意の身体傷害（既遂）罪による処罰から免れさせるという、全く正当な要請がある」[46]ことを率直に認めている。そこで、仮定的同意による解決が支持できないとすれば、医師の責任を合理的に制限するために、これに代わる代案を提示する必要がある[47]。

　そのような代案として、まず考えられるのは、医学的適応性・医術的正当性を備えた治療のための侵襲はそもそも「傷害」に当たらないとする見解（治療行為非傷害説）を採用することである。ドイツでは、治療行為にも傷害

45　ザリガーは、この事案では、すでに背任を基礎づける重大な義務違反が欠けており、委託者の黙示的な合意を認定することも可能であったのだから、仮定的合意を考慮することは完全に無用であったとする（Saliger, a.a.O.（Anm. 21）, S. 268.）。

46　Gropp, a.a.O.（Anm. 18）, S. 207.

47　仮定的同意の法理を用いずに、医師の刑事責任を合理的に限定するための「代案」を模索する方向を示すものとして、武藤眞朗「いわゆる仮定的承諾について——医師の説明義務と患者の承諾」刑法雑誌47巻3号（2008年）324頁以下、塩谷・前掲注（5）408頁以下等。

の構成要件該当性を認め、患者の有効な同意が認められない限り違法性が阻却されないという原則が判例上確立しているため[48]、このような代案は現実的ではないであろう。これに対して、我が国においては、専断的治療行為が傷害罪として立件されていないのが現状であり、実務が治療行為非傷害説を前提にしていると説明することも不可能ではないと思われる[49]。しかし、この代案を正面から採用する場合、患者の健康の増進という医療的合理性を前に、患者の自己決定の刑法的保護を断念することを意味する。

　別の代案として、推定的同意で要求される「補充性」の要件を緩和することで、推定的同意による正当化の範囲を拡張するという解決が示されている。例えば、武藤眞朗は、十分な説明をして同意が得られる可能性がある場合でも、「十分な説明」をすることが患者本人に悪影響を及ぼす危険がある場合には、説明に基づく同意を得るのが困難な場合であるとして、推定的同意の法理を適用する余地がある、とする[50]。患者の現実の（説明に基づく）同意がない場合でも、推定的同意の法理を広く活用することで、医師を過剰な説明義務から解放しようとするアプローチといえ、注目に値する。もっとも、「補充性」をどこまで緩和することが許されるかは、慎重な検討を要する。補充性を骨抜きにしてしまえば、結局は、仮定的同意を広く認めて、現実的同意を軽視するのと、変わらないことになってしまうであろう。

　さらに、ドイツでは、医師の責任が軽微な事件について、ドイツ刑事訴訟法における手続き打切り（Einstellungsvorschriften）の仕組みを活用すべきという案も示されている[51]。我が国であれば、検察官の訴追裁量を活かして、医師を不起訴にするという解決が考えられよう。しかし、この代案だけでは、逮捕（立件）による医師の評判への不利な影響を解消できない[52]。医師の説明義務違反が、いかなる場合に可罰性に結びつくかという問題は、実体法理

48　RGSt 25, 375; BGHSt 11, 111.
49　井田良「医療とインフォームド・コンセントの法理」五十嵐敬子編『医をめぐる自己決定』（イウス出版、2007年）132頁。岡上雅美「治療行為と患者の承諾について、再論」『曽根威彦先生・田口守一先生古稀祝賀論文集 上巻』（成文堂、2014年）325頁も参照。
50　武藤・前掲注（47）326頁。
51　Puppe, a.a.O.（Anm. 27）, S. 776.
52　Sternberg-Lieben, a.a.O.（Anm. 25）, S. 306.

論により解明されなければならない[53]。

そこで、刑法独自の基準により、医師の説明義務の範囲を限定するという代案が注目される[54]。そもそも、問題の出発点が、著しく拡大を続ける説明義務の違反による、医師の責任を限定すべきという点にあることからすれば、このような方向性のアプローチが基本的に妥当であろう。

説明義務を限定する具体的な基準としては、法益関係的錯誤説の立場から、傷害罪においては身体法益の保護が問題となるため、患者の身体に関係する錯誤のみが重要であり、同意を無効とする説明義務違反も、その範囲に限定されるという主張が有力になされている[55]。これによれば、例えば、治療侵襲の具体的内容や、安全性・成功率、副作用等の付随リスクなどの錯誤は患者の同意を無効とするのに対して[56]、これとは無関係な事情についての説明義務違反は、傷害罪の成立を基礎づけない。したがって、椎間板事件で問題となったような、過去の失敗の意図的隠匿は、それが施術主体の技量や手術の成功率に影響するものでない限り、患者の身体利益と関係するとはいえないため、患者の同意は無効とならない、と説明されることになる。

しかし、何が「身体（的利益）に関係する事項」に含まれるかについては、同説の論者の間でも見解の相違がある。治療侵襲の具体的内容がこれに含まれることには争いがないが、例えば、後遺症や副作用等の付随リスクについては、治療侵襲そのものの内容と直接結びつくものではないとして、ここでいう「身体（的利益）に関係する事項」ではない、とする見解もある[57]。

53　Saliger, a.a.O.（Anm. 21）, S. 269.

54　医師の説明義務を限定するアプローチを採用するのは、Benedikt Edlbauer, Die hypothetische Einwilligung als arztstrafrechtliches Haftungskorrektiv, 2009, S. 472 ff.; Andreas Albrecht, Die „hypothetische Einwilligung" im Strafrecht, 2010, S. 545 ff.; Sabine Swoboda, Die hypothetische Einwilligung – Prototyp einer neuen Zurechnungslehre im Bereich der Rechtfertigung?, ZIS 2013, S. 31 f.; Saliger, a.a.O.（Anm. 21）, S. 268 ff.; Sternberg-Lieben, a.a.O.（Anm. 25）, S. 306ff.; Tag, a.a.O.（Anm. 2）, S. 543 ff. さらに、オットー（甲斐＝福山訳）・前掲注（31）123頁以下も参照。

55　例えば、武藤・前掲注（47）325頁、塩谷・前掲注（5）409頁等。

56　甲斐克則「医療行為と『被害者』の承諾」現代刑事法6巻3号（2004年）29頁以下参照。

57　Sternberg-Lieben, a.a.O.（Anm. 25）, S. 309 f. シュテルンベルクリーベンは、「侵襲と直接結びつけられるリスク（die mit dem Eingriff direkt verbundenen Risiken）」として、例えば、施術中に近くの血管を損傷してしまう可能性などが想定されるとし、それ以外の付随リスクに関する説明義務違反に関しては、損害賠償法による解決に委ねるべきであるとする。

154　第2部　各論的検討

　また、そもそも、傷害罪における同意を無効とする錯誤を、本人の身体的
利益に関係する事項に限定することに必然性があるかについても、疑問が
ある。第1部で挙げた角膜事例では、子供の視力の維持に必要かどうかが偽
られており、母親本人の身体的利益に関係する事項が偽られてはいないが、
このような事項についての正しい情報に基づく意思決定の自由も、傷害罪の
保護範囲に含まれていると評価できる。また、前の手術に失敗した医師にこ
れ以上執刀してほしくないという患者の意思は、それが仮に次の手術の成功
率には影響しない場合、刑法的な要保護性を認める余地が常にないと言い切
れるのかも、疑問がありうるだろう。

　このような混乱が生じる原因は、第1部で論じたように、法益関係的錯誤
説が同意の「存在」と「有効性」を混同するという誤謬を犯した点に求めら
れる。同意が存在するためには、傷害結果の発生に対する認識（・認容）が
必要であり、その認識内容が、「（本人の）身体関係的」であるのは当然で
ある。これに対して、同意の存在を前提として、その意思形成プロセスにお
いてアクセスが保障される情報が、「（本人の）身体関係的」なものに限られ
る必然性はないのである。もちろん、治療行為の文脈において、刑法的に要
保護性が認められる情報の典型が、安全性・成功率、副作用等の付随リスク
であることは正しいが、それ以外の情報でも、本人が主観的に重視してお
り、なおかつ、当該情報に基づく意思形成が規範の保護目的に含まれると評
価される限りで、傷害罪の成立を基礎付ける説明義務の内容に取り込むべき
であろう。そこで、次節では、同意の存在と有効性を区別する本書の理論枠
組みから、患者の自律性の条件を分析的に示した上で、椎間板事件がどのよ
うに解決されるかを明らかにしたい。

第4節　患者の自律性の条件

第1款　同意の存在

　治療侵襲に対する同意の「存在」を認めるためには、患者が当該侵襲の具
体的内容（身体のどこに何をされるか）[58]を認識・認容している必要がある。医
師がその説明を怠り、患者が侵襲の具体的内容を認識していない場合には、

同意の有効性を検討する以前に、その存在を認めることができない。この場合に、当該侵襲を患者の同意に基づき正当化する余地はおよそ認められない。

このような同意不存在の事例において、「もし尋ねていれば同意していたであろう」という仮定的な考慮を理由として、行為者の可罰性を制限することは妥当でない。現実に生じているのは、患者の同意に基づかない違法な侵襲であり、医師は現実の同意を取得することにより、この違法な結果の発生を回避すべきである。現実の同意が存在しない以上、患者の自律性が実現したと評価する余地はなく、これをもしかしたら得られていたかもしれない「架空の同意」で埋め合わせることはできない[59]。

現実の同意が認められない場合にも、推定的同意による正当化の道は残されるが、その場合は、患者が事故で意識不明であるなど、現実の同意を得ることができないという「補充性」が必要である。もちろん、この「補充性」の要求を一定程度緩和できないか、という点は議論の余地があるが、この要件が形骸化されると、患者の現実の同意の取得が軽視されてしまうことには注意が必要である。

なお、以上のことは、治療行為の場面だけではなく、他の個人的法益に対する罪における同意にも妥当する。例えば、ＸはＹの財物を窃取したが、もし事前にＹにお願いをしていれば、ＹはＸにその財物を贈与していたであろうという場合でも、財物の占有移転に対するＹの現実の同意が「不存在」である以上、実際には存在しない「架空の同意」を理由に、窃盗罪の成立を否定することはできない[60]。あるいは、レイプ犯人が、もし被害者に正

58　なお、町野・前掲注（4）250頁以下は、手術の危険の説明も「対象の説明」に属するとし、患者の同意が存在するための要件と位置づけているが、同意（認容）の対象はあくまでも治療侵襲それ自体（一次的侵害）であり、手術により生じるかもしれない悪化の結果（二次的侵害）にまでは及んでいないと思われる。二次的侵害に関する情報へのアクセスは、同意の有効性との関係で意味を持つと考えるべきであろう。

59　Saliger, a.a.O.（Anm. 21），S. 265も、高度に人格的な決断としての患者の自律は事後的に回復することができないとし、現実の同意と仮定的な同意が質的に（qualitativ）区別されることを強調している。

60　Ｙが売店の売り子であり、ＸはＹが不在のため代金を置いて商品を持ち去ったという場合には、窃盗罪の成立を否定する余地があるが、それは、Ｙによる事前の包括的同意の存在が認め得るからであり（小林憲太郎『刑法的帰責』（弘文堂、2007年）251頁以下）、実際に存在しない

156 第2部 各論的検討

面からアプローチしていれば、その後交際に発展し、性交の同意に至っていたことの合理的な疑いが残るなどという抗弁を持ち出すのは、全くナンセンスである。現実には同意の取得が怠られている以上、もしかしたら得られていたかもしれない同意を持ち出すのは、同意の「捏造」にほかならない。

第2款　同意の有効性

　同意の有効性を認めるためには、同意が存在することを前提として、これが自律的に形成されたと評価できなければならない。治療行為の場面では、医師と患者との間に情報の非対称性があることから、患者は医師から判断に必要な十分な「情報」を与えられた上で、意思形成を行う必要がある。もっとも、第1部で明らかにしたように、刑法によりアクセスが保障される「情報」というためには、当該情報に、本人が関心を有しているという意味での「主観的重要性」と、それが規範的に要保護性を備えているという意味での「客観的重要性」が必要である。

　まず、患者本人にとって重要性をもたない情報は、それが他の一般的な患者にとって重要なものであるとしても、刑法的に保障する必要はない。その情報を与えられていても、具体的な意思形成の結果に影響を及ぼさない以上、その情報の欠如が、本人の意思形成の自律性を阻害するとは評価できないからである。

　この点で、いわゆる「仮定的同意」が認められてきた場合というのは、問題となる説明事項が、まさに患者本人にとっての「主観的重要性」を欠く場合であったと理解することができる。なぜなら、「適切な説明をしていたとしても同意したであろう」場合には、その説明が結局のところ、患者本人の最終的な決断にとって、あってもなくても影響のないものであったといえるからである[61]。この意味での主観的重要性を欠く情報は、医師の職業規範の問題としてはともかく、刑法上の説明義務の対象とはいえない[62]。

「仮定的」同意が考慮されるからではない。

61　武藤・前掲注（5）34頁、同・前掲注（47）325頁、松原芳博『刑法総論〔第3版〕』（日本評論社、2022年）146頁、山中・前掲注（24）370頁以下参照。

62　佐藤・前掲注（5）239頁は、説明義務が具体的な被害者の意思により左右されるのは不自然であると指摘するが、刑法が評価規範としての側面を有する以上、事後的に見て被害者の意思

さらに、以上のように理解すると、患者が一応の関心を有していた情報についての説明が怠られた事例でも、その情報が、患者の具体的な決断に違いをもたらさない合理的な疑いが残る場合には、利益原則により医師に有利な認定が行われる結果、決断結果に対する影響が否定され、同意が有効と評価されることになる。この結論に対しては、患者が一応関心を有している以上は、具体的な決断結果への影響が証明できない場合でも、そのような情報に基づく意思決定の機会そのものを刑法上も保障すべきではないか、との異論があり得るだろう[63]。しかし、このような具体的な決断の結果に影響をもたない、単なる「判断の機会」という意味での抽象的な権利の保護は、損害賠償法など他の手段に委ねることで十分であるように思われる[64]。患者の権利を保護するための手段は、刑事制裁に尽きるわけではなく、民事的な救済との組み合わせにより、全体として適正な権利保護が実現されることが目指されるべきであろう[65]。

以上のような「主観的重要性」に加えて、さらにその情報に基づく意思形成が刑法（傷害罪）の保護範囲に含まれるかというかという規範的な観点から、「客観的重要性」が認められる必要がある。

治療行為の場面では、通常、手術の安全性・成功率や、侵襲に伴うリスクといった情報が、患者の意思形成に際して重要な情報であると、評価するこ

に影響しない説明を、説明義務の対象から除くことは理論的に可能であると思われる。

63　山口厚「客観的帰属と違法性阻却」『立石二六先生古稀祝賀論文集』（成文堂、2010年）88頁〔山口厚『犯罪論の基底と展開』（成文堂、2023年）19頁以下所収〕は、「説明してもしなくても、いずれにしても同意したであろうとして、当該事項の説明を不要とするのは、あまりにも、患者・法益主体の利益、その自己決定権をないがしろにするものといわざるを得ない」としたうえで、「事後的に見ればいずれにしても同意を与えていたであろうといいうるにせよ、一定の事項についての説明を受けた上で同意を与える機会を確保されていることが、患者の自己決定権の保護、法益主体の利益の確保という観点からは重要である」と指摘する。

64　実際に我が国の民事訴訟実務において、説明義務違反と損害の間の因果関係が否定される場合にも、「十分な情報を提供されないままに治療行為の諾否を決めざるを得なかった」という点に関して慰謝料の請求を認める運用がなされている（西野喜一「医師の説明義務とその内容」法政理論34巻3号（2002年）20頁、手嶋豊「医療と説明義務」判タ1178号（2005年）189頁参照）。

65　米村滋人「再論・『患者の自己決定権と法』」町野朔古稀記念『刑事法・医事法の新たな展開下巻』（信山社、2014年）107頁以下は、賠償請求を広く認める運用と、効果の強い刑事制裁の厳格な適用との組み合わせにより、全体として適正な権利保護を行う「自己決定権保護の多段階化」について論じている。

とができるだろう。このような情報に基づく意思形成の権利は、傷害罪の規定を通じて保護を図ることが合理的であるといえる。もっとも、前述したように、「客観的重要性」の認められる情報の範囲を、本人の身体的利益に直結する情報に限る必要性はないであろう。例えば、自分に対する前の手術に失敗したかどうかという医師の属性に関する情報は、それが仮に今回の手術の成功率に影響しないとしても、客観的な要保護性を認める余地がある。高度に私的な領域である身体の保護を目的とする傷害罪において、どのような者に自身の身体への介入を許すかを決定する権利も、保護範囲に含まれると解することは、理論的にも十分に根拠づけが可能であるように思われる。

確かに、傷害罪の保護法益に自己決定権が含まれるとしても、それは身体的利益から遊離した抽象的・包括的な自己決定権ではなく、身体という実体利益と関係づけられた自己決定権として理解されなければならない[66]。しかし、偽られた情報そのものが、本人の身体利益と直接関係しなくても、その情報を偽られて、身体処分の意思形成が不当に歪められたと評価できる場合には、まさに身体と関係づけられた自己決定権が侵害されたといえるのであり、身体と全く無関係の抽象的な自己決定権を保護していることにはならないと考えられる。

なお、「情報の不足」が本人の決定の自律性を阻害するのは、第1部で述べたように、原則として、それが他者による欺罔に由来する場合に限られるが、医師のような保障人的地位にある者との関係では、重要な情報の不告知が、本人に保障された情報状態からの格下げを意味するため、自律性を阻害したと評価できる。もっとも、医師が積極的に欺罔を用いた場合には、情報収集への阻害の程度はさらに強いと評価でき、より同意を無効と評価しやすくなる、という意味はあろう[67]。

66　町野・前掲注（4）131頁以下。同様の指摘を行うものとして、甲斐・前掲注（56）27頁、武藤眞朗「治療行為の違法性と正当化――患者の承諾の意義――」早稲田大学大学院法研論集59号（1991年）207頁、天田悠『治療行為と刑法』（成文堂、2018年）377頁以下等。

67　クーレンの帰属論的構成は、このような錯誤の原因の違いといった事情が完全に無視されてしまう点にも問題があろう。なお、杉本・前掲注（5）128頁も、医師が積極的な欺罔手段を用いているという事情は、「医師の態度の悪質性を示すものではあるが、この事情の存在ゆえに結果帰属が認められ易くなる、といった論理が帰属論の発想から内発的に出て来るわけではない」と指摘する。

第3款　椎間板事件の解決

以上のような本書の枠組みを、椎間板事件に当てはめると次のような解決になる。まず、第2手術に対して、患者の同意が「存在」していたかが問われなければならない。この点、実際に行われた第2手術では、残存していた重度のヘルニアの摘出だけではなく、第5腰椎の右側の椎弓部の摘出も行われており、患者はこの右側の椎弓部の摘出が予定されていたことを認識していなかった。そのため、患者が治療侵襲の具体的内容を認識できておらず、同意の存在が否定されないかが問題となる。

もっとも、治療行為の場面において、患者が手術の具体的内容を細部にわたって詳細かつ正確に認識することを常に要求するのは困難である。そこで、同意の対象となる事実を、一定程度抽象化して把握することも許されると思われる[68]。本件でも、椎弓部の摘出も含めた、ヘルニアの手術全体に対して、患者の包括的な同意が存在していたと評価する余地があろう。

第2手術に対する同意の存在が認められる場合、次にその有効性を検討しなければならない。本件では、第2手術が必要となった原因、すなわち、第1手術が失敗したという事実について、医師による積極的な欺罔が行われており、このような欺罔が同意の有効性に影響を与えないかが問題となる。

すでに述べたように、このような過去の手術の失敗という経緯は、それが今回の手術の成功率に直結する場合はもちろん、仮にこれと結びつかないとしても、どのような医師に自己の身体への再度の介入を許すかに関わる情報であり、そのような情報に基づく意思決定が傷害罪の保護範囲に含まれるという意味で、客観的な重要性は肯定する余地がある。

しかし、本件で、仮にこの情報が正しく与えられていたとしても、患者の同意が得られていたであろう、という合理的な疑いが残る場合には、情報の「主観的重要性」を肯定することができない。したがって、この事実についての医師の欺罔は、患者の意思形成の自律性を阻害したといえず、患者の同意は有効と評価されることになる。この意味で、連邦通常裁判所が、仮定的

68　大杉一之「治療行為における患者の同意の意義」法学新報123巻9＝10号（2017年）618頁も、患者は医師が提示した治療行為を受容するか否かという受動的な選択をしているのであり、治療行為の正当化のためには当該治療行為に対する包括的、概括的な同意で足りるとする。

160　第 2 部　各論的検討

同意が認められる場合には、違法性が阻却されるとしているのは、結論的に正当であると評価できる[69]。

第 5 節　おわりに

　以上のように、「仮定的同意」というテーマで扱われる事例群は、現実的同意の存在と有効性の問題に還元される。すなわち、患者の自律性が実現したといえる条件の分析的な検討を通じて、適切な解決を図ることが可能である。それゆえ、「仮定的同意」という法理を刑法に持ち込む必要はない。

　医師が適切な説明をせずに、患者から同意を得た事例で、「適切な説明をしていたとしても同意したであろう」という場合には、当該説明事項が、患者本人にとっての「主観的重要性」を欠くため、その情報の不足が、同意の有効性に対して影響を及ぼさない。これに対して、同意が存在しない事例で、事前に尋ねていれば得られていたであろう「架空の同意」を根拠に行為の可罰性を否定することは許されない。法益主体の自己決定を根拠として、発生した結果を正当化するためには、その結果が、現実に存在する、本人の有効な同意に基づかなければならないのである。

　69　古川・前掲注（ 5 ）88頁は、ドイツの刑事判例における仮定的同意の問題は「存在しない同意を仮定的に認める」というものではなく、存在する同意が実際の侵襲を包摂しているか否かという「潜在的同意」の問題であると分析している。また、富山侑美「インフォームド・コンセントにおける仮定的同意（ 2・完）」北大法学論集68巻 2 号（2017年）69頁以下も、「仮定的同意」が認められる場合には、医的侵襲行為が「患者の意思に反している」とはいえず、違法性が阻却されるとする。

第5章

「強制」概念と規範的自律

第1節　問題の所在

　本章で検討の対象とするのは、可罰的な強要の限界づけについてである。そもそも、強要は「それ自体、日常的な事柄である」[1]ともいえる。我々は私生活の中で、他人が、自身の望む行動をするように仕向けることを試みている。例えば、夫に対して、ダイエットをしなければ今後は口を利かないと「脅す」ことや、子供に対して、部屋の片づけをしなければ小遣いを渡さないと「脅す」ことなどは、日常生活におけるありふれたワンシーンであろう。このように、一方の願望が他方の自由を犠牲にして実現される状況において、いかなる場合に、願望を押し通すことが社会的に相当な範囲を逸脱し、可罰的な強要に到達するのかを明らかにすることが刑法の課題である。

　この点を検討する上で、格好の素材となるのが、ドイツにおいて盛んに議論されている「合法的な不作為を告知する脅迫（Drohung mit einem recht-mäßigen Unterlassen）」を通じた強要罪（ドイツ刑法240条1項[2]）の可罰性の問題である。ここでは、「合法的な不作為」の告知、すなわち、相手に対して援助を行う義務のない者が、自身の要求に応じなければ、この援助を行わないと告知して、その要求に応じさせる場合に、強要罪の成立を認めてよいかどうかが争われている。例えば、山小屋の主人が、赤の他人であり、自身が救助義務を負わない遭難者に対して、「3回まわってワン」と鳴かなければ、山小屋には泊めないと告げたため、遭難者がやむを得ずこの要求に応じたと

　1　Elisa Hoven, Nötigung durch Bestechlichkeit? – Ein Beitrag zum Verständnis der Nötigung durch Drohung mit einem rechtmäßigen Unterlassen, ZStW 128 (2016), S. 173.

　2　ドイツ刑法240条1項：暴行を用い、又は、重大な害悪を伴う脅迫により、人に行動、受忍又は不作為を違法に強要した者は、3年以下の自由刑又は罰金に処する。

162 　第2部　各論的検討

いう事例（以下、「山小屋事例」とする）が考えられる（なお、冒頭で挙げた事例
も、ダイエットをしない夫と口を利かないことや、部屋の片付けをしない子供に小遣いを
与えないという不作為は合法的になしうると考えれば、同じく「合法的な不作為の告知」
を通じて一定の行動を行うよう仕向けている事例といえよう）。

　我が国の通説によれば、告知された害悪の内容が適法な場合も、本人に対
して心理的圧迫を生じさせる以上、強要の手段たる「脅迫」に当たりう
る[3]。したがって、この事例で、告知された不作為（＝遭難者を山小屋に泊めな
いこと）が、適法になしうるものであることは、強要罪の成立を否定する理
由にはならないだろう。

　他方で、学説上は、脅迫罪の成立について、告知される害悪が「犯罪を構
成するもの」[4]あるいは「違法なもの」[5]である必要があるとする有力説も主張
される。しかし、このような見解においても、適法な事実の告知が、それと
「無関係な要求と結びつけられた」場合には、強要罪などの別罪を構成しう
るとするのが一般的である[6]。したがって、これらの見解による場合も、遭
難者の救助を「３回まわってワン」と鳴くという無関係な要求と結びつけた
山小屋の主人には強要罪の成立を認めうることになろう。

　しかし、このような結論の妥当性には疑問を挟む余地がある。というの
も、山小屋事例では、主人が義務のない援助を申し出ることで、ただ遭難し
続けるしかなかった登山者に、ワンと鳴けば命が助かるという新たな可能性

3　林幹人『刑法各論〔第2版〕』（東京大学出版会、2007年）79頁、佐久間修『刑法各論〔第2
　版〕』（成文堂、2012年）87頁、斎藤信治『刑法各論〔第4版〕』（有斐閣、2014年）60頁、大谷
　實『刑法講義各論〔新版第5版〕』（成文堂、2019年）94頁以下、前田雅英『刑法各論講義〔第
　7版〕』（東京大学出版会、2020年）79頁注2、井田良『講義刑法学・各論〔第3版〕』（有斐
　閣、2023年）155頁、松原芳博『刑法各論〔第3版〕』（日本評論社、2024年）88頁、橋本正博
　『刑法各論』（新世社、2017年）92頁、西田典之（橋爪隆補訂）『刑法各論〔第7版〕』（弘文堂、
　2018年）77頁。
4　平野龍一「刑法各論の諸問題」法学セミナー201号（1972年）65頁、山口厚『刑法各論〔第3
　版〕』（有斐閣、2024年）75頁。
5　曽根威彦『刑法各論〔第5版〕』（弘文堂、2012年）54頁、高橋則夫『刑法各論〔第4版〕』
　（成文堂、2022年）96頁、中森喜彦『刑法各論〔第4版〕』（有斐閣、2015年）49頁、山中敬一
　『刑法各論〔第3版〕』（成文堂、2015年）137頁、松宮孝明『刑法各論講義〔第6版〕』（成文
　堂、2024年）98頁。
6　山口・前掲注（4）75頁、高橋・前掲注（5）96頁、中森・前掲注（5）49頁注8。これに
　対して、松原・前掲注（3）88頁は、「同一の章に規定され、ほぼ同じ文言が用いられている脅
　迫罪と強要罪とで脅迫概念を別異に解することには疑問がある」とする。

を提供している。その意味では、文字通り「命の恩人」である山小屋の主人のオファーを、「強要」という犯罪に該当するものとして、処罰すべきなのだろうか。このようなオファーが刑法で禁止されれば、この事例の遭難者は野垂れ死ぬしかなくなってしまう（主人が無条件で遭難者を助けるのが最も理想的だが、主人にそのような法的義務はない）。また、「無関係な要求」に結びつけることに、強要としての処罰価値を見出そうとする有力説についても、それ自体適法な行為の告知を、無関係な要求と結びつけることが、なぜいけないのかは不明である[7]。このような議論は、従来の我が国でほとんど行われてこなかったように思われる。

　そこで、以下では、このテーマをめぐるドイツの判例と学説の議論状況を紹介し、分析を加えることで、可罰的な強要を限界づけるための基本的な視座の獲得を試みる。なお、本章ではさしあたり、強要罪の成否が問題となる場面を主として念頭に置きながら議論を進めるが、これと同様の問題関心は、強要罪と特別関係にある他の犯罪類型でも生じる[8]。例えば、上述の山小屋事例で、山小屋の主人が金銭の支払いを要求したという場合には、恐喝罪（刑法249条）の成否が問題となるし、性的な行為を要求したという場合であれば、不同意わいせつ罪（176条）や不同意性交等罪（177条）の成否[9]が問題となろう。その意味で、本章で獲得が期待される視座は広い射程を持ちうる。

第2節　ドイツの判例

第1款　旧判例の立場

　ドイツの過去の判例は、「合法的な不作為」の告知が問題となる事例につ

7　林・前掲注（3）は、「適法なことは黙ってやるべきである」とするが、それは一体なぜなのか、というのがここでの問いである。

8　杉本一敏「『帰属を阻害する犯罪』の体系と解釈（1）」愛知学院大学論叢法学研究48巻1号（2007年）23頁注19は、「『被害者の同意』という法制度を介すると、『個人的法益に対する罪』の殆どが『同意のない侵害を強いられた』という意味で『強要罪』と特別関係になる」と指摘する。

9　性犯罪における強制の限界づけについては、本書第2部第3章第6節も参照。

164　第2部　各論的検討

き、強要罪の成立が否定されるとしていた。まず、強要罪の成否の判断においては、告知の内容が作為の場合と不作為の場合とが区別される。このうち、「作為」を告知する脅迫の場合、それが名宛人の意思決定に対して効果的に影響を与える手段と評価できる限り、当該作為が適法であっても強要罪が成立しうる[10]。これに対して、「不作為」を告知する脅迫を通じた強要の成立が認められるのは、その行為を行うことについて行為者が法的に義務を負っている場合に限られる。したがって、行為者がそのような義務を負っておらず、告知内容である不作為が「合法的な不作為」といえる場合、強要罪が成立する余地はない。

　例えば、ハンブルク上級地方裁判所は、検察側に従事していた被告人が、商店で万引きをした16歳の少女に対し、少女が自分を商店側の弁護士であると誤解していることを利用して、性的な行為に応じれば窃盗の告訴を取り下げると持ちかけ、これに応じさせたという事案において、強要罪[11]の成立を否定する判断を示している[12]。ここでは、（要求に応じなければ）告訴を取り下げないという「合法的な不作為」を告知する脅迫が問題となっている。ハンブルク上級地方裁判所は、本件で強要罪の成立が否定される根拠を次のように説明をしている。すなわち、「伝統的な判例によれば、ある行為（ここでは「告訴の取り下げ」による援助）を行わないことの告知が、ドイツ刑法240条、253条〔引用者注—恐喝罪〕にいう重大な害悪を告知する脅迫といえるのは、この行為を行う法的義務（Rechtspflicht）が存在する場合だけである」。この要件が存在する場合にのみ、不作為の告知を作為の告知と同視することができる。他方で、「法的に義務付けられていない援助の申し出を通じて、他人

10　例えば、OLG Hamm NJW 1957, 1081は、真実に合致した新聞報道という適法な行為も、強要罪にいう「重大な害悪」に当たりうるとする。

11　なお、性犯罪の成否が問題とされていないのは、当時のドイツの性犯罪規定が、脅迫を手段とした性的強要を「生命や身体に対する現在の危険を及ぼす旨」の告知が認められる場合に限定していた（旧177条1項2号）ためであると考えられる。これに対して、2016年改正後の現在では、「行為者が、重大な害悪を伴う脅迫によって、その者に性的行為の遂行又は甘受を強いた場合」を処罰する規定（177条2項5号）等の適用が問題となりうる。

12　OLG Hamburg NJW 1980, 2592. なお、被告人には侮辱罪（ドイツ刑法185条）の限度で有罪の判断が維持されている。ドイツにおいて侮辱罪が性犯罪の受け皿構成要件として機能していた点につき、佐藤陽子「ドイツにおける性犯罪規定」刑事法ジャーナル45号（2015年）81頁以下を参照。

第5章 「強制」概念と規範的自律 165

に影響を与えようと試みる者は、すでに存在する苦境について指摘し、考えられる打開策を示している」にすぎないとされる。

第2款 判例の転換

これに対して、ドイツ連邦通常裁判所は1983年に、これと類似の事案において、過去の判例の理解を克服する判断を示した[13]。事案は次のようなものである。万引き監視員（Ladendetektiv）であるＰは、40ドイツマルクの肩掛けを万引きした16歳の少女を捕らえ、窃盗の告訴の準備を進めていた。少女は、万引きの事実が発覚することで、両親が自分を「死ぬほど引っ叩く」であろうことや、見習いとしての勤め口（Lehrstelle）を失うことを恐れ、チーフとして現れた別の万引き監視員である被告人とＰに対して、見逃してくれないかと懇願した。だが、被告人とＰは、例外を認めると自分たちの立場も危うくなるとして、告訴を果たさなければならないと説明した。

しかし、Ｐがオフィスを退出した後で被告人は、少女を自宅に連れて行き、彼女に対して、被告人と性的な関係を持てば、告訴状を「なかったことにしてやる（unter den Tisch fallen）」と告げた。少女は、被告人の言うことを信じて、後日実行することを約束した。もっとも、そうこうしている内に、少女は信頼のできる人物にこのことを相談し、その人物が警察に事態を打ち明けたため、性的な行為が行われるには至らなかった。

以上の事案で、連邦通常裁判所は、同僚による告訴を阻止しないという「合法的な不作為」を告知して性的な行為を要求した被告人の行為について、強要未遂罪（ドイツ刑法240条3項）の可罰性を認める判断を示した。連邦通常裁判所は、合法的な不作為の告知を「重大な害悪を伴う脅迫」から一般に除外する理由は存在しないと説明する。合法的な不作為の告知をドイツ刑法240条、253条の構成要件から一般的に除外することは、この告知と得ようとされた目的との間の結合（Koppelung）が非難に値すると思われる事例において、作為を告知する脅迫と同じくらい効果的に被害者に影響を与えることができる行為者に特権を認める帰結に至ってしまう[14]。「脅迫から生じる動

13　BGHSt 31, 195.

166　第2部　各論的検討

機づけの圧力（Motivationsdruck）にとっては、告知の内容が作為か不作為か
という点や、合法的か違法であるかという点は決定的といえない」。重要な
のは、むしろ、「行為者の態度の帰結として、いかなる害悪が発生するか」
という点である[15]。

　以上のように、連邦通常裁判所は、「合法的な不作為を告知する脅迫」を
通じた強要の可罰性が否定されないことを明らかにしたうえで、強要罪の処
罰範囲の限定は、個々の構成要件の解釈と、強要の違法性を認めるために、
暴行や脅迫に「非難すべき性質（Verwerflichkeit）」を要求する非難性条項（ド
イツ刑法240条2項[16]）により果たされるべきであるとする[17]。具体的には、ま
ず、①脅迫の内容は、「重大な害悪（empfindliches Übel）」、すなわち、その害
悪の告知が、被脅迫者を行為者の願望へと動機づけるのに適しているといえ
る程に著しい不利益でなければならない。この要件は、「被脅迫者が、その
人自身の特定の状況において脅迫に耐えることが期待できる場合」には欠落
する。そして、②行為者は「出来事の支配者（Herr des Geschehens）」でなけ
ればならず、告知された不利益の発生が（実際に、あるいは外観上）行為者の支
配下に置かれている必要がある。さらに、非難性条項の存在から、③手段と
目的を結び付けることが非難に値するものでなければならない。この規範的
なテストを通じて、「ただ被脅迫者の行動の可能性が拡大され、彼の決定の
自律性が当罰的な形で侵害されていない」と評価される事例は、本罪の処罰
範囲から取り除かれる。

　連邦通常裁判所は、以上のように強要罪の成立範囲を適切に限界づける必
要があるとしつつも、本件では、これらいずれの観点からも被告人に強要
（未遂）罪の成立を否定する理由は認められないとした。

14　BGHSt 31, 195 [201].

15　BGHSt 31, 195 [202].

16　ドイツ刑法240条2項は、「追求する目的のため、暴行を用い、又は害悪による脅迫に非難す
　　べき性質があると認められるときは、行為は違法となる」と規定している。非難性条項につい
　　ては、金澤真理「ドイツ強要罪における非難性条項（Verwerflichkeitsklausel）について」『浅
　　田和茂先生古稀祝賀論文集［上巻］』（成文堂、2016年）729頁以下を参照。

17　BGHSt 31, 195 [201 f.].

第5章 「強制」概念と規範的自律 167

第3款 その後の判例

　もっとも、連邦通常裁判所は、その後、東西ドイツ時代の特殊なケースにおいてではあるが、このような判例の立場に修正が必要なことを示唆した[18]。事案は次のようなものである。

　当時の東ドイツ（DDR）では、市民に出国の権利は認められておらず、出国許可を得るためには、その所有する土地を、東ドイツ国家保安省（MfS）が優遇する人物や機関に対して、廉価で売却する必要があった。弁護士である被告人は、東ドイツ国家保安省が優遇する人物の一員であった。被告人は、出国を希望する夫婦から、出国許可申請の仲介の依頼を受けたため、彼らに対して、その所有する土地を、被告人やそのフィアンセに廉価で売却するよう要求した。これに応じて、夫婦は、土地の一部を被告人に廉価で売却し、他の部分を被告人のフィアンセに贈与した。その結果、約1年後に、夫婦は東ドイツから出国をすることができた[19]。

　本件につき、ベルリン地方裁判所が被告人に恐喝罪の成立を認めたが[20]、これに対して、連邦通常裁判所は、被告人に強要罪や恐喝罪の成立を認めることはできないとして、無罪を言い渡すべきであると結論付けた[21]。

　まず、連邦通常裁判所は、依頼者に出国の権利が認められていなかったことを前提に、被告人が出国許可のための援助を行わないことが「合法的な不作為」であることを確認する。そのうえで、「合法的な不作為」の告知にも一般に強要罪や恐喝罪の構成要件該当性を認める判例の立場には、その適用範囲を過剰に拡張してしまうという問題があることを指摘する。そして、連邦通常裁判所は、当時の学説（Gerhard Herdegen, in: LK, 11. Aufl., 1994, § 253 Rn.

18　BGHSt 44, 68.
19　なお、本件は、ホーネッカー体制の下で東ドイツ政府の全権特使を務めた弁護士であるフォーゲル（Wolfgang Vogel）が共犯者として起訴されていたことから、「フォーゲル事件（Fall Vogel）」と名付けられている。後述するように、連邦通常裁判所が被告人に無罪判決を下したことで、フォーゲル自身も後に無罪判決を言い渡されている（BGH, Beschl. v. 05. 08. 1998-5 StR 503/96）。
20　LG Berlin, Urt. v. 14. 04. 1997, (511) 21 Js 12194 KLs (5/96).
21　なお、連邦通常裁判所は、本件では東ドイツ刑法（StGB-DDR）における強要罪（127条）や恐喝罪（129条）の規定の適用が問題になるとしつつ、これらの規定の解釈に際しては、ドイツ刑法における強要罪（240条）、恐喝罪（253条）の解釈を参照することが可能であるとする（BGHSt 44, 68 [74]）。

168　第2部　各論的検討

4) で示されていた次のような限定解釈に好意的な評価を示している。これによれば、法的に要求されない行為を行わないことの告知が、本罪にいう「重大な害悪を伴う脅迫」に当たるのは、「その行為が実行されることで、名宛人の目前に迫っている害悪（bevorstehendes Übel）が回避されるであろう」という場合だけである。反対に、（まさに本件がそうであるように）名宛人が単に「状況や生活の望ましい変更を手に入れるか、現状のままでいるか」の選択に立たされるにすぎない場合には、本罪の成立が否定される。この場合には、「ただ被脅迫者の行動の可能性が拡大されており、彼の決定の自律性が当罰的な方法で侵害されているわけではない」からである。

　もっとも、連邦通常裁判所は、このような構成要件段階での限定解釈を採るかどうかにかかわらず、本件における被告人の行為は、いずれにせよ「非難に値する」ものではないため、その違法性が否定されるという。なぜなら、被告人は単なる「仲介」的な役割を果たしていたにすぎないからである[22]。すなわち、被告人自身は、出国を許可するかどうかを決定する能力を有していたわけではなく、ただ東ドイツ政府が要求する出国のための条件（土地の売却）を、依頼者に伝えていただけだというのである[23]。

　さらに、この評価は、仲介者である被告人自身が、土地の買い手となり利益を得ていたという事実によっても妨げられないとされる。というのも、強要や恐喝の違法性の判断にとり重要なのは被害者の視点であり、この視点からすれば、誰が利益を得るかは無関係だからである。確かに、被告人が私腹を肥やそうとしていたという事実は、彼の行為の道徳的評価には影響を与えるが、このような道徳的評価によって、非難性の判断が左右されてはならないとされる[24]。

　以上のように、本件では最終的に非難性条項により解決が図られたため、限定解釈の採否についての決着は見送られている。とはいえ、連邦通常裁判

22　こうした関与の間接性を根拠に、被告人の正犯性を否定することも考えられるが（Vgl. Otto Lagodny/Dörthe Hesse, Anm. zu BGH, Beschl. v. 13. 07. 2011, JZ 1999, S. 315）、連邦通常裁判所は、非難性条項を通じた解決を図ることで、正犯者としての可罰性だけでなく、（東ドイツ政府執行部を正犯とする）強要の幇助犯の成立も否定しようとしたものと解される。

23　BGHSt 44, 68 [76 ff.].

24　BGHSt 44, 68 [81].

所自身が、「合法的な不作為」の告知のケースに広く強要罪や恐喝罪の構成要件該当性を認める判例の立場に対して、「被脅迫者の行動の可能性の拡大」という観点から、修正の可能性があることを示した点は重要であろう。

このような状況の中、最近になって、「合法的な不作為」の告知による強要の可罰性の限界が再び争われたのが「医長事件（Chefarztfall）」と呼ばれるケースである[25]。

本件の被告人は、エッセン大学病院で総合医療・移植医療を専門とする医長であり、また、ノルトライン゠ヴェストファーレン州の公務員であった。被告人は、その専門分野の中で高い評判を得ており、彼の医術は世界中の患者や若手の医師の注目を集めていた。他方、患者Ｖは、がんの肝転移（Lebermetastasen）に苦しめられており、緊急に手術をしなければ生存の可能性が著しく低下してしまう状況にあった。被告人の評判を聞いたＶが、被告人に相談したところ、被告人はＶに対して、研究等のための「寄付金（Spende）」を支払ってくれれば、順番を飛ばして「飛び入りで（außer der Reihe）」Ｖの手術を引き受けると告げた。生存の可能性が高まることを期待したＶは、要求された金額である3,500ユーロを支払うことを約束し、後日、被告人による手術が無事に行われ、寄付金が大学病院の口座宛てに送金された。

以上の事案で、エッセン地方裁判所は、次のように判示して、被告人が、Ｖに寄付金の支払に応じさせた行為に強要罪の成立を認めている[26]。

まず、患者Ｖは、被告人やエッセン大学病院に対して、すぐに病院に収容してもらい被告人による手術を受けるという直接の権利を有していないため、被告人は、法的に義務のない行為を行わないことを告知して脅迫しているが、本罪にいう「脅迫が、法的に要求されない行為の不作為の告知の場合にも認められうることは、判例において原則的に承認されている（BGHSt 31, 195参照）」。

25　MedR 2012, 188. 医長事件については、拙稿「合法的な不作為の告知による強要をめぐる近時のドイツ判例の動向」早稲田法学94巻2号（2019）25頁以下も参照。

26　LG Essen 21. Große Strafkammer, Urt. v. 12. 03. 2010, 56 KLs 20-08（MedR 2012, 188に抜粋が登載されている）。

他方で、これに対しては、「次のような限定が設けられる。すなわち、法的に要求されない行為を行わないことの告知が、重大な害悪を伴う脅迫に当たるのは、その行為が実行されることで、名宛人の目前に迫っている害悪が回避されるであろうという場合だけである（BGHSt 44, 68参照）」。「それ以外の場合には、自律性原理（Autonomieprinzip）と矛盾対立するような脅迫」の存在を認めることができない。なぜなら、「行為者は当罰的でない方法により、被脅迫者に対して、新たな行動の展望（neue Handlungsperspektive）を開いている」だけだからである。

もっとも、本件では「この限定的な要件も充たされている。というのも、すぐに手術をすることで、患者Vの目前に迫っている害悪、すなわち、病気による死が回避されるであろうといえるからである」。この点で、東ドイツ出国事件とは状況を異にしている。すなわち、東ドイツ出国事件では、被告人である弁護士が「出国希望者に現状の不変更（今後も東ドイツで生活を続けること）を告知しているのに対して、本件の被告人は、『寄付金』を支払わない場合に、患者の状況が著しく悪化することを告知している」のである。

さらに、被告人による強要の手段は「非難に値する」ものである。なぜなら、「被告人が、強要の手段として時間的要素（Zeitmoment）を持ち込んだ」からである。「被告人は、延命可能性が迅速な手術の実施に懸かっている重篤な患者に対して、病床と余っている手術のキャパシティ（freie Operationskapazität）を売りつけた」。これは、「絶対に看過できず、高度に反社会的（absolut unerträglich und gesteigert sozialwidrig）」な行為と評価されなければならない。

以上のように判示して、エッセン地方裁判所は、被告人に強要罪が成立すると結論づけている。なお、患者Vは、寄付金を支払う代わりに、国際的に知られた専門医である被告人の手術を受けられており、財産的な損害が生じていないため、恐喝罪は成立しないものとされている。

これに対して、被告人側は上告したが、連邦通常裁判所はこれを「明らかに理由がない（offensichtlich unbegründet）」（ドイツ刑事訴訟法349条2項）として退けたため、被告人の有罪が確定した。

しかし、本判決に対しては種々の疑問が生じる。エッセン地方裁判所は、

第5章 「強制」概念と規範的自律　　171

東ドイツ出国事件で、連邦通常裁判所が示唆した限定解釈に依拠しながら
も、本件では当罰的な自律性の侵害が認められるという。しかし、そのまま
死を待つほかなかった患者Ｖに対して、飛び入りで手術を提案した被告人
は、Ｖにとりまさに「命の恩人」であり、そのオファーは、Ｖの現状を改
善するための、新たな行動の展望を開いたと、何故いえないのだろうか。確
かに、病気による死という重大な害悪を目前にしたＶにとって、被告人の
オファーは断る余地のない魅力的なものだったかもしれないが、そのような
心理的な圧迫の大きさのみを理由に、被告人の行為を「強要」と評価してよ
いのだろうか[27]。

　また、エッセン地方裁判所は、被告人が「時間的要素」を持ち込んだこと
に着目して、被告人の行為を「高度に反社会的」と非難するが、意思決定に
時間的な制約があること自体は世の常である。患者の意思形成に必要な時間
を不当に奪ったというのであれば話は別であろうが、本件にそのような事情
はない。意思決定のための「タイムリミット」は、患者自身が背負わざるを
得ない宿命ではないだろうか。もちろん、公務員である被告人が、優先的に
治療を行う見返りに「寄付金」を要求したことは、公務に対する公衆の信頼
を害する点で問題がないわけではない。しかし、この不正さの評価は、汚職
の罪の中で行われるべきであるし、現に、本件で被告人には、収賄罪（ドイ
ツ刑法332条１項）の成立が認められているのである。

　以上のように、近時のドイツの判例は、合法的な不作為を告知する強要に
ついて一定の限定解釈の方向性を示しているものの、その限界の内実は不明
である。また、構成要件該当性を認めたうえでの、非難性条項による調整も
図られているが、この調整が上手く機能しているかも疑わしい。東ドイツ出
国事件では、強要の違法性と道徳的評価の峻別という視点が強調されており
注目されるが、このような視点は、医長事件では全く放棄されてしまってい
るようにも思われる。

27　Thomas Grosse-Wilde, Anm. zu BGH, Beschl. v. 13. 07. 2011, MedR 2012, S. 190は、本判例の
　　評釈において、「心理学に純化した（rein psychologisierend）強要理論」の行き詰まりが示され
　　ていると評価している。

172　第 2 部　各論的検討

第 3 節　学説状況

　以上のように、合法的な作為だけでなく、合法的な不作為を告知する強要
にも原則として可罰性を肯定する判例に対して、ドイツ学説は、①判例の立
場に真っ向から反対し、告知内容が作為であるか不作為であるかを問わず、
それが合法的になしうるものである場合には、およそ強要罪の構成要件該当
性を否定する見解（ラディカルな法的義務論）、②告知内容が合法的なもので
も、それを無関係な要求に結びつける場合には広く強要罪の成立を肯定して
よいとして、判例に理解を示す見解（関係性の欠如理論）、③合法的な不作為
を告知する強要には、可罰的なケースとそうでないケースのいずれも含まれ
ることを前提に、その区別基準を模索する見解（区別理論）の 3 つのグルー
プに大別される状況にある[28]。以下では、それぞれの見解について詳しく見
ていくことにする。

第 1 款　ラディカルな法的義務論

　告知内容が作為である場合と不作為である場合のいずれについても、その
告知内容が適法である場合には、強要罪の構成要件該当性が否定されるとす
るのが、「ラディカルな法的義務論」と呼ばれる立場である[29]。告知内容が
適法な場合に、強要罪の成立を否定する点で、判例とは真っ向から反する立
場であり、適法な「作為」による害悪を告知する場合も処罰範囲から除外す
る点で、ドイツ旧判例とも異なる立場といえる。

　まず、「合法的な不作為を告知する脅迫」は、ここで「被害者」とされる
名宛人に対して、ただピンチから脱出するためのチャンスを与えるものに過
ぎないとされる。主張者であるホルンによれば、「窮地にいる被害者を見殺
しにする場合、その不幸な被害者は全く絶望的なままである」。しかし、誰

28　この学説分類は、Claus Roxin, Kann die Drohung mit einem rechtmäßigen Unterlassen eine
　strafbare Nötigung sein?, ZStW 129 (2017), S. 277 ff. の整理に依拠した。
29　Eckhard Horn, Die Drohung mit einem erlaubten Übel: Nötigung?, NStZ 1983, S. 498 f.; Ger-
　hard Timpe, Die Nötigung, 1989, S. 149 ff.; Heiko Lesch, Die Nötigung als Delikt gegen die
　Freiheit, 2004, S. 487 ff.; Hoven, a.a.O. (Anm. 1), S. 191 ff.

かが「その者に近寄り、（たとえ非常に好ましくない条件付きだとしても）援助を約束する場合、被害者はチャンスを手にする」[30]。

　近時、ラディカルな法的義務論の支持を表明したホーフェンも、強要罪の保護法益にアクセントを置き、「強要の禁止により保護されるのが、被害者の意思形成及び意思活動の自由であることからすれば、被害者の選択肢を拡張することが刑法240条〔強要罪〕の保護法益を侵害するとはいえない」[31]とする。そして、このような理解を前提とすれば、万引き監視員の事案でも、被告人は「ただ追加的な行動選択の可能性を提供したにすぎない」[32]ため、不可罰とすべきとされる。すなわち、この事案で少女は、この要求を拒絶して、刑事手続を受忍することもできるし、他方で、被告人による要求を受け入れて、刑事告訴を免れることもできる（＝新しいオプション）ため、その自由はむしろ拡張しており、強要罪の法益侵害性を認めることはできない、とされるのである。

　さらに、ラディカルな法的義務論からは、適法な「作為」を告知する場合も、当該作為を「されないこと」について名宛人が法的な権利を有していない以上、同様に強要罪の成立範囲から除かれる。というのも、名宛人が、当該作為を「されないこと」について法的な権利を有していない以上、名宛人の選択の自由を拡張している点は、当該行為が作為の場合も不作為の場合も異ならないためである。これを、ホルンは、「やっていいことは、言ってもいいはずである（Was ich dem anderen zufügen darf, muss ich ihm auch sagen dürfen.）」[33]という表現を用いて説明している。

　また、このことは、強要の可罰性を偶然の事情により左右すべきではないという実践的な考慮によっても裏付けられる。例えば、万引き監視員が、「性的な行為に応じなければ告訴状を書く」と作為を告げた場合と、すでに告訴状を書いた後に、「性的な行為に応じなければ告訴状を破棄しない」と不作為を告げた場合とで、強要の可罰性に違いを設けるべきではなく、後者

30　Horn, a.a.O.（Anm. 29）, S. 499.
31　Hoven, a.a.O.（Anm. 1）, S. 192.
32　Hoven, a.a.O.（Anm. 1）, S. 182.
33　Horn, a.a.O.（Anm. 29）, S. 498.

174　第2部　各論的検討

の可罰性を否定すべきであると考える以上は、前者の場合も同様に考えるべきだとされる[34]。

　このような解釈に対しては、ドイツ刑法240条は、ただ「重大な害悪」という文言だけを規定しており、告知内容の違法性を要求していないため、文言上の根拠を欠くという批判もあるが[35]、この点について、ラディカルな法的義務論は、ここでいう害悪の「重大性（Empfindlichkeit）」の要件を規範的に捉えて、違法に加えられる害悪のみが「重大」であり、反対に、「他人により加えられる、法的な根拠に基づき従わなければならない害悪は、刑法240条1項の意味で重大であるとはいえない」[36]と解釈することが可能である、と反論している。

　もっとも、このラディカルな法的義務論の立場からは、一般的には当罰的であると考えられている事例の多くが強要罪や恐喝罪の適用範囲から除かれることになることに注意が必要である。そして、その中には、いわゆる「ゆすり（Chantage）」の事例が含まれる。例えば、不倫をした男性に対して、「金銭を支払わなければ、あなたの妻に不倫の事実を暴露する」とゆすする場合に、夫に妻への暴露を止める権利がない（反対に、行為者側に妻への暴露をやめる法的義務がない）以上、このゆすり行為は、「金銭を支払えば暴露をしないでもらえる」という新しい選択の自由を付加していることになり、本説からは、強制の不法が認められないことになるのである。

　このような著しい処罰の限定に対して、厳しい批判を向けているのがロクシンである[37]。ロクシンは、刑事政策的な観点から、たとえ許された行為を告知する場合でも、脅迫者はしばしば、被害者の生活を深刻に脅かすような圧力手段（Druckmittel）を掌握しているのであり、これに対して刑法は何らかの規制を行う必要がある、とする。例えば、警察への通報は職場の喪失や

34　Hoven, a.a.O.（Anm. 1）, S. 182 f.
35　現に、1851年に成立したプロイセン刑法212条や、これを承継した1871年のドイツ帝国刑法典240条は、告知内容が「重罪または軽罪にあたる行為」であることを強要罪の成立要件として規定していた。なお、ドイツにおける強要罪規定の歴史的展開については、花井哲也「西ドイツ刑法における強要罪の考察」比較法政（近畿大学）9号（1976年）100頁以下を参照。
36　Horn, a.a.O.（Anm. 29）, S. 499.
37　Roxin, a.a.O.（Anm. 28）, S. 281 ff.

社会的孤立をもたらしうるものであるし[38]、不倫の暴露は平穏な夫婦生活の破壊をもたらすものである[39]。また、許された行為の告知は、名宛人のチャンスを増加させるものであるにすぎないという説明も、社会的現実に合致したものでない。なぜなら、その者の生活を深刻に脅かすような損害の回避が問題となる場合、実際には選択の余地がないからである。

これに対して、ラディカルな法的義務論の支持者は、そのような事例で問題となっているのは「強要」ではなく、むしろ「暴利」のカテゴリーであり、暴利罪（ドイツ刑法291条1項[40]）の範囲で対応すべきであると応答する。例えば、ホーフェンも、「個人の脆弱な状況を利用してなされる不均衡な要求の不法は、ドイツ刑法典において、強要の構成要件ではなく、暴利の構成要件により捕捉される」[41]としている。

しかし、ロクシンによれば、こうした考えも説得的ではない。なぜなら、暴利罪の規定は、行為者が金銭的な要求をした場合にのみ適用ができるにすぎないからである。この点につき、ホルンは、ドイツ刑法の暴利罪が「財産のみを保護していることは恐らく抜け穴であるが、それでも強要による処罰でこれを埋め合わせることは許されない」[42]と指摘するのに対して、ロクシンは、なぜそれが許されないのかが不明であると批判し、「不当な干渉から

38　なお、ドイツ刑事訴訟法154c条は、こうしたゆすりの「被害者」を保護するために、犯罪行為を暴露する旨の脅迫を手段として強要または恐喝が行われた場合、検察官はその犯罪行為を訴追しないことができると規定している。この規定の存在自体も、ラディカルな法的義務論に反対する論拠の一つとなりうるとされる（Vgl., Urs Kindhäuser, Strafrecht BT 1, 7. Aufl., 2015, § 13 Rn. 20; Friedrich Toepel, in: Nomos Kommentar Strafgesetzbuch, 6. Aufl., 2023, § 240 Rn. 115）。

39　Roxin, a.a.O. (Anm. 28), S. 281.

40　ドイツ刑法291条1項は、「居住場所の賃貸又はそれに結びつく付随給付について（1号）」、「信用貸しの供与について（2号）」、「その他の給付について（3号）」、又は「以上の給付の斡旋について（4号）」、給付又はその斡旋と著しく均衡を失する財産上の利益を、自己又は第三者に対して約束又は供与させることにより、他者の強制状態、経験の未熟さ、判断力の不足又は著しい意思の弱さにつけこんだ者は、3年以下の自由刑又は罰金に処すると規定している。ドイツの暴利罪規定については、京藤哲久「暴利罪について」吉川経夫先生古稀祝賀『刑事法学の歴史と課題』（法律文化社、1994年）243頁以下、渡辺靖明「ドイツ刑法の暴利罪（Wucher）について」長井長信先生古稀記念『消費社会のこれからと法』（信山社、2024年）413頁以下参照。

41　Hoven, a.a.O. (Anm. 1), S. 182.

42　Horn, a.a.O. (Anm. 29), S. 499.

176 第2部 各論的検討

財産を守ることが、性的な自己決定や個人の生活を守ることよりも大事であるなどということを認めるのは困難である」[43]との疑問を提示している。

第2款 関係性の欠如理論

他方で、ドイツの通説は、可罰的な強要の基準を、給付と反対給付との間の「関係性の欠如」に求めることで、上記の連邦通常裁判所の立場を支持する[44]。これによれば、行為者が加害の告知を「無関係な要求」と結びつけたか否かが決定的であり、告知された行為が合法的であるか否かは重要でない。万引き監視員の事案では、被告人が「告訴の阻止」という給付を、これと無関係な「性的な行為」という反対給付に結び付けていることが、強要の可罰性を認める根拠となる。

例えば、フォルクは、「特定の行為を義務付けられていない者は、他人を放っておいてもいいし、近づいてオファーを出してもいい。また、自分のパフォーマンスを条件に結びつけることも自由である。ただし、接触することを決めた場合には、その行為と対価との間に関連性（Konnexität）があることを確認しなければならない」として、強要罪の可罰性にとり決定的なのは「行為の告知と被害者に要求された行動との間の『関連性の欠如（mangelnde Zusammenhang)』である」とする[45]。

また、シュトファースも、ラディカルな法的義務論の立場に対して、「1個よりも2個の害悪から選択できることの方がより大きな自由であると評価することは、あまりにも空論である」[46]とした上で、貸金業者が、困窮している女性に対して、性交に応じるか裸の写真を撮らせてくれれば、融資を認めると知らせた場合や、司法修習生が、法律知識に乏しい女子学生に対して、彼の性的な願望に応じれば試験の課題論文を代わりに作成すると申し出

---

43 Roxin, a.a.O.（Anm. 28), S. 282.

44 Klaus Volk, Nötigung durch Drohung mit Unterlassen, JR 1981, S. 274 ff.; Kristian F. Stoffers, Drohung mit dem Unterlassen einer rechtlich nicht gebotenen Handlung, JR 1988, S. 492 ff.; Gerhard Altvater, in: Strafgesetzbuch, Leipziger Kommentar, 12. Aufl., 2010, § 240 Rn. 85; Jörg Eisele, in: Schönke/Schröder Strafgesetzbuch Kommentar, 30. Aufl., 2019, § 240 Rn. 20 f.; Thomas Fischer, Strafgesetzbuch, 69. Aufl., 2022, § 240 Rn. 34 f.

45 Volk, a.a.O.（Anm. 44), S. 277.

46 Stoffers, a.a.O.（Anm. 44), S. 497.

第 5 章 「強制」概念と規範的自律　　177

た場合にも、給付を無関係な要求に結びつけている以上、強要罪の可罰性を
肯定すべきであるとする[47]。

　もっとも、この見解に対しては、ラディカルな法的義務論とは反対に、処
罰範囲が広がりすぎてしまうことが問題視されている。すなわち、本説によ
れば、給付と要求が無関係な事例について、広く強要罪の成立が肯定されて
しまうが、その中には、取引の自由の範囲内と評価可能な、不可罰とすべき
事例まで含まれてしまうのではないか、という懸念が生じるのである。

　このような懸念に対して、本説の支持者からは、連邦通常裁判所と同様
に、被害者の「自己答責性」の観点から、例外的に処罰を否定することが可
能であると応じる[48]。例えば、シュトファースは、ある企業が取引関係の中
断の可能性を示して、取引相手に自社の要求に応じさせるといった事例を引
き合いに出して、「経済社会においては、そのようなプレッシャーに耐え抜
くことが取引相手にも期待されうることから、すでに『重大な害悪』が欠如
する」[49]として、強要罪の成立が否定されることを説明している。また、別
の論者は、映画監督が女優に対して、性的な行為に応じなければ配役を与え
ないと告知する場合も、それに応じるかどうかは女優の自己責任の範囲内で
あるとして、強要罪の成立を否定すべきであるとしている[50]。

　しかし、この「自己答責性」の適用の基準、すなわち、いかなる場合に被
告知者側がプレッシャーに耐え抜くことが期待されるかの基準は、必ずしも
明らかではない。例えば、シュトファースが強要罪の成立を肯定する融資の
事例について、なぜ同様に、「経済社会においては、最初に相談した貸金業
者が過酷な条件を突き付けてきた場合に、他の貸金業者を探すことが期待さ
れる」[51]と評価してはならないのかは不明である。同様に、司法修習生のオ
ファーに対して、女子学生が課題論文を自分の力でやり遂げると突っぱねる

47　Stoffers, a.a.O. (Anm. 44), S. 495.
48　Volk, a.a.O. (Anm. 44), S. 277; Stoffers, a.a.O. (Anm. 44), S. 494 f. 被害者の自己答責性により
　　強要の可罰性を制限する発想をいち早く明らかにしたものとして、Gunther Arzt, Zum Zweck
　　und Mittel der Nötigung, Festschrift für Hans Welzel, 1974, S. 236 f.
49　Stoffers, a.a.O. (Anm. 44), S. 495.
50　Altvater, a.a.O. (Anm. 44), Rn. 88.
51　Roxin, a.a.O. (Anm. 28), S. 285.

178　第2部　各論的検討

ことは、より一層期待できそうである。他方、配役を熱望する女優が、映画
監督のオファーを断ることは、期待できない、という見方もありそうで
ある。結局、ここでいう「期待」が要求される基準を明らかにしない限り、
この原則を通じた可罰性の限定が十分に機能するかどうかは疑わしいといえ
よう[52]。

第3款　区別理論

　そこで、合法的な不作為を告知する強要には、可罰的なケースとそうでな
いケースのいずれも含まれることを認めた上で、その区別（Differenzierung）
の基準を模索しようとするのが、ここでいう「区別理論」である。区別の基
準をめぐり、ドイツでは種々の学説が主張されているが、以下では代表的な
見解をとり上げる。

1　害悪を「設定する力」の有無

　可罰的な強要の基準を、行為者が告知された害悪を「設定する力
（Setzungsmacht）」を有しているかどうかに求めるのが、ツオップスの見解で
ある。ツオップスによれば、強要の不法は、行為者が出来事の支配者とし
て、害悪を「設定する力」を行使する点に求められる。それゆえ、積極的な
作為を告知する脅迫の事例では、「害悪は、行為者により告知された行為な
しには生じえない」ものであり、「行為者は、被害者を脅かす不利益を発信
する創始者（Urheber）としての役割を演じている」[53]ことから、強要の可罰
性を肯定することができる。

　これに対して、不作為を告知する事例では、原則として、行為者に害悪を
「設定する力」を認めることができない。なぜなら、ここで行為者は「害悪
を設定しているのではなく、すでに設定された（将来の）害悪を彼の目的の
ために利用している」[54]にすぎないからである。たとえこの場合に、積極的
な作為を告知する脅迫と同じ程度に効果的に、その名宛人を動機づけること
が可能であるとしても、ここでは行為の「脅迫的な性格（Drohungs-

52　Vgl., Claus Roxin, Anm. zu BGH, Urteil vom 13. 1. 1983, JR 1983, S. 334 f.

53　Jan Zopfs, Drohen mit einem Unterlassen?, JA 1998, S. 817.

54　Zopfs, a.a.O.（Anm. 53）, S. 818.

charakter）」が欠けることから、強要罪の成立は肯定できない。

　以上のように、ツオップスは、告知内容が作為か不作為かという違いから出発し、告知内容が不作為の場合には、原則として強要の成立を否定する理解を示すが、例外的に、不作為の告知の場合でも、強要の可罰性を肯定できる場合があるとする。具体的には、①行為者に害悪を「設定する力」が、事実上肯定できる場合（事実上の設定力）と、②規範的な理由からこれを肯定できる場合（規範的な設定力）である。

　まず、「事実上の設定力」は、「害悪の惹起が、行為者により告知された不作為なしでは実現不可能である」[55]といえる場合に認められる。例えば、万引き監視員事例の場合、同僚であるＰによる告訴状の提出が、被告人が反対しない場合のみ可能であったとすれば、害悪の惹起は、告訴状を揉み消さないという被告人の不作為なしでは実現不可能といえるため、被告人に「事実上の設定力」を認め、強要罪の成立を認めることが可能とされる[56]。これに対して、仮に、Ｐが、被告人の意向と無関係に告訴をできる地位にあった場合には、この意味での害悪の設定力が被告人に認められないことから、強要罪の成立が否定される、ということになる。

　他方で、「規範的な設定力」は、行為者が害悪の回避を法的に義務づけられている場合のほか、行為者が害悪の存在を偽った場合にも認められるとされる。例えば、万引き監視員事例では、実際には告訴に向けた手続きが全く開始していないのに、これが開始されていると偽った上で、性的行為に応じなければ、これを阻止しないと告知するような場合が考えられるが、ツオップスの見解によれば、この場合に、規範的な理由に基づき行為者に設定力が認められ、強要の可罰性が肯定されることになろう。

　以上のような、ツオップスの見解に対しては、まず、「事実上の設定力」という例外基準の曖昧さを指摘することができる。ツオップスは、例えば、企業主が女性の雇用を不当な条件（性的な行為）に係らしめる場合には、仕事がなく生活が深刻化するかもしれないという事態を企業主はただ「共同惹起

55　Zopfs, a.a.O.（Anm. 53），S. 818.

56　Zopfs, a.a.O.（Anm. 53），S. 819.

する（mitherbeifuhren）」にすぎないとして、強要の可罰性を否定している[57]。しかし、この事例でも、企業主が雇用していれば、生活の深刻化は生じ得ないという意味での条件関係は存在するように思われ、なぜ「事実上の設定力」を肯定できないのかは、必ずしも明らかではない。その一方で、ツオップスは、新聞社に対して、「これ以上、政治的に不利な意見を表明するのであれば、今後はもう広告を委託しない」と告知し、不利な意見の表明をやめさせる行為については強要の可罰性を肯定している。しかし、この事例についても、行為者は、新聞社の経済的な不利益をせいぜい「共同惹起しうる」にすぎないと評価することが可能であるようにも思われ[58]、事案の解決に一貫性があるか疑わしい。ここでツオップスは、「事実上の設定力」を判断基準としながら、何らかの（言語化されていない）規範的な視点から、恣意的に事例の結論を操作してしまっている疑いがあるように思われる。

　他方で、ツオップスが「規範的な設定力」が認められる事例として、行為者に作為を行う法的義務がある場合に、強要罪の成立を肯定している点は正当と思われるが、こうした事例は、ラディカルな法的義務論からも、被害者側の自由を侵害する強要として不法を肯定できるものであり、あえて規範的視点から害悪を設定する力が認められるかどうかを問うのは、迂遠な説明であるように感じられる。害悪の存在を偽る場合についても、偽られた害悪の発生についての被害者の錯誤を解消する法的義務が行為者側に認められると考えれば、法的義務が肯定される場合の下位事例として包摂が可能であろう。

　したがって、本説については、「規範的な設定力」に関する限り、ラディカルな法的義務論に帰一するものであり、「事実上の設定力」については、発想の背後にある実質的な考慮が言語化されておらず、それゆえに限界づけも不明確なものになっている点で、不完全な見解であると思われる。

2　「提案（約束）」と「脅迫」の区別

　不作為を告知して一定の要求を行うことが「提案（約束）」に当たるか、

57　Zopfs, a.a.O. (Anm. 53), S. 818.

58　Roxin, a.a.O. (Anm. 28), S. 291.

「脅迫」に当たるかという視点から、強要の可罰性を判断しようとする見解も有力である。すなわち、不作為の告知が、一定の要求に応じることを交換条件として、行為者が給付をオファーする「提案（約束）」といえる場合には、本罪の手段である「脅迫」といえないことから、強要罪の成立が否定されると考えるのである。

　例えば、フリードリッヒ＝クリスチャン・シュレーダーは、自身に義務のない援助を行うことについて反対給付を要求する者は、その名宛人に対して、援助を「提案」しているだけであり、「脅迫」をしているわけではないことから、強要の可罰性が原則として否定されなければならない、とする。これに対して、合法的な不作為の告知の事例に強要を肯定する見解は、法律家的なテクニカルな解釈を通じて、「要求に応じれば援助をする」という「提案」を、「要求に応じなければ援助をしない」という「脅迫」へと変換してしまっているが、そのような「裏返しのテクニック（Umkehrtechnik）」は、「社会生活の出来事に関する自然な観察」に反するものであり基本的に許されない[59]。

　もっとも、シュレーダーは、合法的な不作為の告知をすべて「提案」として不可罰とするわけではなく、例外的に、日常生活の自然な理解によっても、これが「脅迫」となる場合がありうることを指摘している。そのような場合として、シュレーダーは、予期できない「追加的な給付（Zusatzleistung）の要求」がなされる事例を挙げている。例えば、貧しい女性に、一度は働き口を与えておきながら、その後に突如として、後の仕事の割当てを追加的な給付（例えば性的な行為）に係らしめたという場合には、強要の可罰性が認められるというのである[60]。

　しかし、このような場合になぜ「裏返し」が許されるのかは全く不明である[61]。雇入れの段階で、仕事の割当てを性的な要求に係らしめる場合には、援助の「提案」として不可罰となるのに対して、この性的な願望が、雇入れ

59　Friedrich-Christian Schroeder, Nötigung und Erpressung druch Forderung von Gegenleis-
　　tungen?, JZ 1983, S. 286.
60　Schroeder, a.a.O.（Anm. 59）, S. 287.
61　Roxin, a.a.O.（Anm. 28）, S. 287.

182　第2部　各論的検討

後に伝えられた場合には「脅迫」として可罰的となることの根拠は何ら明らかにされていない。

　また、そもそも、「日常生活の自然な理解」という基準はかなり漠然としており、この基準だけで可罰的な強要の限界を示すことは困難であろう。「一世紀にわたり争われてきた問題を、自然的な観察方法を引き合いに出すことで解決しようというのは、見込みのないことである」[62]と言わざるを得ない。

　他方で、「提案（約束）」と「脅迫」の区別を理論的により緻密に示しているのが、クーレンの見解である[63]。クーレンによれば、「約束（Versprechung）」と「脅迫」にはそれぞれ「強い」ものと「弱い」ものがある。すなわち、相手が協力に応じない場合に「不利益を与える」というのが「強い」脅迫であり、「利益を与えない」というのが「弱い」脅迫である。これに対して、相手が協力に応じる場合に「利益を与える」というのが「強い」約束であり、「不利益を与えない」というのが、「弱い」提案である。このうち、「協力に応じなければ不利益を与える」という「強い脅迫」と、「協力に応じれば不利益を与えない」という「弱い約束」は裏返しが可能な関係にある。同様に、「協力に応じれば利益を与える」という「強い約束」と、「協力に応じなければ利益を与えない」という「弱い脅迫」も裏返し可能である。その意味で、「約束」と「脅迫」の裏返しを、自然な観察に反した法律家的なテクニックにすぎないとするシュレーダーの主張は必ずしも正しくない[64]。

　もっとも、クーレンによれば、強要構成要件に該当するのは「強い脅迫」（＝「弱い約束」）のみであり、「強い約束」（＝「弱い脅迫」）では足りない。その根拠は、刑法が暴利罪や賄賂罪を別途規定していることから生じる体系的解釈に求められている[65]。すなわち、ドイツ刑法は、「強い脅迫」を強要の

62　Gunther Arzt, Zwischen Nötigung und Wucher, in: Festschrift für Karl Lackner, 1987, S. 662.

63　Lothar Kuhlen, Drohungen und Versprechungen, in: Festschrift für Bernd Schünemann, 2014, S. 617 f.

64　Kuhlen, a.a.O.（Anm. 63）, S. 610.

65　Kuhlen, a.a.O.（Anm. 63）, S. 622 ff. なお、強要罪と賄賂犯罪の関係性をめぐるクーレンの見

カテゴリーに位置付けつつ、「強い約束」については、例外的な要件が充足される場合に限り、暴利や賄賂のカテゴリーに位置付けているというのである。それにもかかわらず、あらゆる「脅迫」と「約束」との間の裏返しを認めてしまうと、刑法典が前提とする両者の体系的区別が無視され、構成要件を限定するための手掛かりが失われてしまう。また、それにより、憲法上の要請である法律原則（ドイツ基本法103条2項）との整合性にも疑いが生じてしまう[66]とされる。

　こうした理解を前提に、クーレンは、万引き監視員の事案における被告人の行為は、少女が性的行為に応じない場合に、「すでに開始された告訴手続きを維持することの告知、すなわち強い脅迫として」解釈できると説明し[67]、強要罪の成立を認めた連邦通常裁判所の結論に賛同している。

　クーレンが精緻な概念分析を通じて、強要構成要件を限界づけている点は正当であると思われるが、問題は、「強い脅迫」と「強い約束（提案）」をどのような基準で区別するかである。この点について、クーレンは、相手が協力に応じない場合に、相手を「より悪い状態に置く」（„Ich werde Dich schlechter stellen"）と告知するのが「強い脅迫」であり、相手を「より良い状態に置かない」（„Ich werde Dich nicht besser stellen"）と告知するのが「強い約束」であると説明している[68]。しかし、「より良い状態」か「より悪い状態」かを判断するためには、ベースラインをどこに設定するかが重要である。

　このベースラインの設定の仕方については、相手にとって事実上「期待できること」という基準と、規範的な観点から「期待してよいこと」とする基準の2通りが考えられるが[69]、強要の可罰性を判断する基準として、前者を採用することは明らかに不合理である[70]。例えば、誰かに確実に殴られるこ

　解については、ロタール・クーレン（上野純也訳）「いわゆる腐敗強要について」法律論叢96巻1号（2023年）261頁以下も参照。
66　Kuhlen, a.a.O.（Anm. 63）, S. 625.
67　Kuhlen, a.a.O.（Anm. 63）, S. 629 Fn. 108.
68　Kuhlen, a.a.O.（Anm. 63）, S. 617.
69　強制と提案を区別するためのベースラインの設定の仕方については、三浦基生『法と強制』（勁草書房、2024年）15頁以下も参照。
70　José Milton Peralta, Chantage als Ausbeutung – Über das Unrecht der bedingten Androhung erlaubter Taten, ZStW 124（2012）, S. 885 f.

とが予想されるような治安の悪い荒れ果てた地域で、「殴られたくなければ金を出せ」と脅すような場合、前者の基準によると、事実上この地域で他人から殴られないことは期待できないため、「殴られる」ことがベースラインとなり、この行為者の告知は、「殴られない」というより良い状態に置く「提案」として理解されてしまうことになる。しかし、このような解決では、被告知者にそもそも殴られない正当な権利があることが無視されており、ナンセンスと言わざるを得ないであろう。

そこで、こうした奇妙な解決を回避するためには、規範的なベースライン論に依拠するほかない。すなわち、被告知者が法的に期待できる状態をベースラインとして、それより事態が良くなる場合が「提案」であり、悪くなる場合が不正な「脅迫」と解される。もっとも、このように理解するならば、本説は、ラディカルな法的義務論と一致することになる。というのも、適法な行為が告知される限り、その相手方はこれを法的に受忍しなければならないため、行為者側の要求は常にベースラインからの改善に向けた「提案」と解釈されるからである。したがって、万引き監視員の事例でも、少女が窃盗を犯しており、通報を受忍すべき地位にいる限り、通報されないことを「期待してよい」立場にあるとはいえないため、被告人によるオファーは少女を「より良い状態に置く」ことを内容とする「提案」であると評価されなければならないはずである[71]。

3 「自律性」の侵害

ロクシンは、強要行為の違法性の判断基準を「自律性原理」に求めた上で、その修正を通じて、例外的に不作為を告知する脅迫にも可罰性が肯定される余地を見出そうとする。

まず、ここでいう「自律性原理」とは、強要行為の違法性の判断基準を、それが被害者の自律性を侵害するものとして法秩序の観点から評価できるか否かという点に求める考え方を指す。この「自律性原理」によれば、他人に

---

71 Tatjana Hörnle, Sexuelle Selbstbestimmung: Bedeutung, Voraussetzungen und kriminalpolitische Forderungen, ZStW 127 (2016), S. 883も同様の指摘をして、万引き監視員事例について可罰性を否定すべきであったとする。ヘルンレの見解については、本書第2部第3章第6節も参照。

義務のない給付が拒絶されたとしても、「被脅迫者」の自由領域が影響を受けることはないため、その自律性が法的に重要な形で侵害されたと評価することはできない。そのような給付の（条件付きの）申し出を断ったとしても、もともと申し出を受けなかった場合より状況が悪化するということはないのである。それゆえ、「合法的な不作為を告知する脅迫」の可罰性は原則として否定される[72]。

　こうした発想自体は「ラディカルな法的義務論」と共通するものであると評価できる。もっとも、すでに見たように、ロクシンは、「ラディカルな法的義務論」による可罰性の著しい限定には反対しており、この「自律性原理」には一定の修正が必要であるとする。これによれば、「基準となるのは、被害者が要求を拒絶した場合に、何か悪いことが起こると脅されているのか、何も起こらないと脅されているかである。前者の場合には強要であり、後者の場合は強要とならない」[73]。

　この観点からは、積極的な作為を告知する脅迫を通じた強要は、当該作為が適法な場合でも原則として可罰的となる。というのも、ここで行為者は、彼の要求が拒絶された場合に関して、彼自身により引き起こされる「損害（Schädigung）」を新たに設定しており、これにより、被害者の意思決定の自由を強く侵害しているからである。これに対して、「合法的な不作為」を伴う脅迫を行う者は、通常、新たに損害を設定しているのではなく、ただすでに存在する害悪を取り除かないことを告知しているにすぎない。この場合、ただ脅迫者に屈服するほかない積極的な損害の告知の場合とは異なり、援助を拒絶された者は、自分を助けてくれる他の人間を探すことができる。こうして、ロクシンは、告知の内容が作為の場合と不作為の場合とを区別する過去の判例が「かなり正しい核心を突いていた」との評価を下している[74]。

　もっとも、合法的な不作為を告知する脅迫も、積極的な作為を告知する脅迫と同価値性が認められる場合には、例外的に可罰的な強要となる。そのような場合として、ロクシンは、「脅迫者が、事前の態度（Vorverhalten）を通

72　Roxin, a.a.O.（Anm. 52）, S. 334.

73　Roxin, a.a.O.（Anm. 52）, S. 336.

74　Roxin, a.a.O.（Anm. 28）, S. 298.

186   第2部   各論的検討

じて、危険を創出ないし共同創出した場合」[75]を挙げている。例えば、ある者が、自ら新聞社に暴露記事を投書しておきながら、暴露対象者に「1万ユーロを払えば、記事を取り下げてやる」と告知する場合などがこれに当たる。ここでの「動機づけの圧力」は、すでに損害の発生に向けた事象経過が進行している分だけ、積極的な作為を告知する脅迫よりもむしろ強いものであるとされる。さらに、万引き監視員の事案についても、被告人は、事前に同僚であるPと共同して危険を創出しており、積極的な作為を告知する脅迫に匹敵するような「動機づけの圧力」を被害者に生じさせていることから、可罰的な強要が認められる[76]。

　以上のように、ロクシンの見解は、行為者自身による「損害」の新たな設定という観点から、原則として合法的な不作為を告知する強要の可罰性を否定しつつ、この不作為を作為と同視できる場合、具体的には、行為者に事前の危険（共同）創出が認められる場合に、例外的に可罰性を認める考え方であると整理できる。

　この見解に対しては、まず、「自律性原理」を修正する根拠が明らかではないとの批判を向けることができる。ロクシンは、適法な作為を告知する強制について、要求が拒絶された場合に、行為者自身により引き起こされる「損害」が新たに設定されていることから、強要の可罰性が認められるとする。しかし、その「損害」が適法なものであり、被告知者が法的に受忍すべきものなのであれば、ラディカルな法的義務論が指摘するように、その法的な自由領域が侵害されているとは評価できないはずである。ロクシンは、作為による損害の告知の場合、被告知者は脅迫者に「屈服せざるを得ない」ことを重視するが、それが被告知者の内心に生じる動機づけの圧力の強さのみに着目するものであるとすれば、前提である「自律性原理」を全く無意味なものにしてしまうであろう。

　また、ロクシンは、合法的な不作為を告知する強制に関して、作為との同

75　Roxin, a.a.O.（Anm. 28), S. 299.

76　なお、Martin Schubarth, Anm. zu BGH, Urteil vom 13. 1. 1983, NStZ 1983, S. 313も、本件の評釈で、「一見すると単なる不作為が問題となる事例でも、脅迫者があらかじめ積極的な作為を通じて、持続的な作用（Dauerwirkung）を伴う脅迫的状況を作出しているような場合」には、むしろ「作為を告知する脅迫」としてその可罰性が原則的に肯定されると指摘している。

価値性を問題にし、「事前の危険（共同）創出」が認められる場合には、強要の可罰性を例外的に肯定しうるとする。もちろん、事前の危険創出があることにより、行為者に、当該危険を除去する作為義務が生じるのであれば、その後の不作為の告知は、「違法な」不作為の告知となるため、ラディカルな法的義務論からも当然に可罰性が認められるであろう。これに対して、作為義務に結びつかないような事前の態度に、いかなる規範的意義が認められるのかは、不明である。ここでも、事前に危険を創出した行為者との関係では、作為の告知の場合と同程度に、動機づけの圧力が生じるという心理的な観点だけが重視されているのだとすれば、やはり「自律性原理」との整合性に疑いが生じよう。

結局、ロクシンの見解は、ラディカルな法的義務論による処罰範囲の著しい限定に反対であるという「結論ありき」の修正を施しているのみで、そのような修正を正当化する規範的視点を示せてはいないように思われる。

第4節　若干の検討

第1款　日独の規定の違い

以上のドイツの議論状況は、我が国における強要罪を初めとする「強制」型の犯罪の解釈にとっても大いに示唆を含むものであるが、ドイツの議論を参照する際には、予め日独の規定の違いに注意を払う必要がある。

第一に、強要罪の規定の文言の相違である。日独いずれの規定も、少なくとも文言上、害悪の内容を違法なものに限定していない点は共通している。他方で、我が国の規定は、脅迫の対象となる利益を限定しているものの、ドイツにおけるような、「程度の重大性（Empfindlichkeit）」は要求されていない。したがって、もし我が国で告知の内容を違法なものに限定するとすれば、その解釈は、「害（を加える）」、あるいは、「脅迫」という文言に読み込むほかないであろう。

また、我が国の規定が、脅迫の内容として害を「加える」旨の告知を要求している点にも注意が必要である。この「加える」という文言が、何らかの作為的な影響力の行使のみに限定する趣旨であるとすれば、そもそも「不作

為を告知する脅迫」は（作為義務の有無を問わず）強要の成立範囲から除外されることになる。従来の議論では、少なくとも、害を「加える」といえるためには、「自分が直接または間接に害を加えること」が必要であると一般に解されてきたが[77]、第三者の行為や自然から生じる害を単に阻止しないことが、「間接に害を加えること」に含まれるのかどうかは、十分に議論されていない。

第二に、我が国ではドイツと異なり、「非難性条項」（ドイツ刑法240条2項）という調整弁が存在しないため、構成要件段階で処罰範囲を適切に限定する必要性はより大きいということが指摘できる[78]。

第三に、我が国には一般的不救助罪（ドイツ刑法323c条[79]）が存在しないため、ドイツと比較して、「合法的な不作為」とされる範囲がより広がる可能性がある。その結果、我が国で法的義務論を採用する場合には、ドイツ以上に「ラディカルな」帰結に至ることが考えられるであろう。例えば、冒頭の山小屋事例につき、ドイツでは、山小屋の主人に、ドイツ刑法323c条における救助義務を肯定することで、「違法な不作為を告知する脅迫」の事例と構成することも場合によっては可能である[80]。これに対して、我が国では、そのような構成を採ることができないため、他人の緊急状況に乗じて不当な要求を行う行為がかなり広く不可罰となるという懸念が生じる。もちろん、法的義務論の前提が正しいとすれば、それは我が国の刑法が、一般的な不救

---

77 山口・前掲注（4）74頁、高橋・前掲注（5）94頁、大谷・前掲注（3）94頁、松原・前掲注（3）87頁、松宮・前掲注（5）97頁等。広島高松江支判昭和25年7月3日高刑集3巻2号247頁も、「脅迫たるには単に害悪がその発生すべきことを通告せられるだけでは足らずその発生が行為者自身において又は行為者の左右し得る他人を通じて即ち直接又は間接に行為者によって可能ならしめられるものとして通告せられるを要する」とする。

78 もっとも、「非難性条項」が存在するドイツであっても、構成要件段階での限定を一切放棄して、限界づけが困難な「非難すべき性質」という基準に解決を委ねることは許されないであろう（Vgl., Schroeder, a.a.O.（Anm. 59）, S. 286 f.; Johannes Wessels/Michael Hettinger, Strafrecht BT 1, 40. Aufl., 2016, Rn. 414）。

79 ドイツ刑法323c条：事故又は公共の危険若しくは緊急の際に、救助が必要であり、当該状況によれば行為者に救助を期待することができ、特に自身への著しい危険も他の重要な業務に違反することもなく救助が可能であったにもかかわらず、救助を行わなかった者は、1年以下の自由刑又は罰金に処する。

80 Vgl., Eckhard Horn/Gereon Wolters, in: Systematischer Kommentar zum Strafgesetzbuch, 9. Aufl., 2017, § 240 Rn. 16.

助に対して違法性を認めていないことから導かれる当然の帰結であり、仮に
このような懸念があるとすれば、この前提自体を（立法的に）修正すること
により解消すべきことになろう。

第四に、ドイツには暴利罪の規定が存在することに注意する必要がある。
したがって、ラディカルな法的義務論に立ち、いわば「搾取」的な要求を強
要罪の成立範囲から除外したとしても、少なくとも財産的な利益が問題とな
る限り、暴利罪の規定を「受け皿」として対処することが可能である。これ
に対して、我が国では、出資法5条[81]のような特別の規定を別として、暴利
行為を一般的に処罰する規定を用意していないため[82]、このような対処が困
難であることに留意しておく必要があろう。

第2款　素朴な心理主義の不当さ

ドイツの学説では、強要罪の成立範囲を限界づけるための種々の観点が提
示されているが、多くの見解に共通しているのは、少なくとも、被脅迫者の
内心に生じた「心理的な圧迫」の存在のみを根拠として、直ちに強要として
の処罰を認めるような、素朴な心理主義的アプローチからは距離を取ろうと
しているということである。

もちろん、被脅迫者の内心に動機づけの圧力が生じることが、「強制」と
いえるための必要条件であることには疑いがない。およそ本人に動機づけの
圧力を生じさせないような告知行為は、その意思形成に対して何ら影響を及
ぼし得ない以上、強制の不法を備えることは考えられない。この内心に生じ
る圧力の大きさにとっては、告知の内容が作為か不作為かという点や、合法
的か違法であるかという点は全く重要でないであろう[83]。合法的な不作為の

81　出資法5条は、金銭の貸付けを行う者が、年109.5パーセントを超える利率で金銭を貸し付け
　る行為（業者については、年20パーセントを超える利率で金銭を貸し付ける行為）を処罰して
　いる。本規定につき多角的な分析・検討を加えたものとして、真島信英「出資法5条における
　高金利の処罰」亜細亜法学51巻2号（2017年）231頁以下。

82　一応、我が国でも、物価統制令10条は、「何人と雖も暴利と為るべき価格等を得べき契約を為
　し又は暴利と為るべき価格等を受領することを得ず」として暴利行為を禁止し、その違反に
　は、同令34条で、10年以下の懲役又は500万円以下の罰金刑を設けているが、ほとんど死文化し
　ている。

83　Stoffers, a.a.O.（Anm. 44), S. 496.

190　第2部　各論的検討

告知であっても、まさに冒頭の山小屋事例のように、援助可能な者が行為者しか存在しない場合には、「作為を告知する脅迫」と同程度に、あるいは、すでに損害に向けた因果経過が進行しているため、それ以上に大きな心理的圧力が生じるのである。

　問題は、不法な「強制」を認めるために、このような内心における心理的圧迫が十分条件といえるかどうかである。この点、我が国の通説は、冒頭でも述べたように、適法な行為の告知も「脅迫」に当たりうることの根拠として、その場合でも、被告知者に生じる心理的な影響の程度は変わらないことを挙げており、内心における心理的圧迫を、十分条件として位置付けてきたように思われる。

　しかし、こうした考え方は明らかに不当な帰結に至るであろう。例えば、深刻な病気を治すために医師の手術に応じる場合、そこには同意に対する強い「動機づけの圧力」が内心において生じているといえるが、このことを理由に、患者の同意を無効と評価し、病院に来訪させる行為を強要罪に、身体にメスを入れる行為を傷害罪に、治療費を請求する行為を恐喝罪に問うのはナンセンスである。ここでは、心理的圧力の下に置かれながらも、深刻な病気を治療するために、手術に応じることを決意した患者の自己決定を尊重すべきであり、刑法がこれを軽々と「無効」と評価することは許されない。

　したがって、強制の不法を基礎づけるためには、「動機づけの圧力」だけでは不十分であり、規範的観点からの限定が不可欠である。そもそも、元来人の自由は常に何らかの制約に置かれているものであり、あらゆる心理的圧力からの自由を刑法により保障することはできない。刑法は「日常取引生活において無数に存在する自由制限行為の中で、特に異常な自由制限行為からのみその者の自由を保護」することが許されるのである[84]。その意味で、刑法の保障の対象となるのは、外部からの何の影響力も受けないような、全く負荷のない自由ではあり得ず、社会生活における種々の制約の中で、「残された自由」であるということをここでも確認すべきである。

84　神山欣治「同盟罷業と強要罪又は恐喝罪」木村博士還暦祝賀『刑事法学の基本問題（上）』（有斐閣、1958年）355頁。

第3款　規範的な限界づけの基準

　問題は、そのような規範的な限界づけをいかなる基準で図るかであるが、法的に「残された自由」が侵害（縮減）されているかどうかという視点から考える限り、理論的に一貫するのは「ラディカルな法的義務論」の立場である。告知内容が作為であろうが不作為であろうが、それを差し控えなければならない法的義務が行為者にない限り、条件付きの援助の申し出は、常に被告知者の選択肢を拡張するものといえる。

　これに対して、ドイツの学説では、ラディカルな法的義務論による処罰範囲の著しい限定を回避するために、種々の見解が展開されているが、いずれも説得的な視点を提示できているとは言い難いように思われる。

　ドイツの通説を初めとして、我が国でも一部の論者が挙げる「関係性の欠如」という視点は、それ自体、強要の可罰性を説明するものになっていない。給付と要求との間の関係性が欠如する場合に、なぜ強要の可罰性を肯定できるかがここでの「問い」であり、これに「関係性の欠如」と答えることは、まさに「問いに対して問いをもって答えている」のに等しいからである[85]。

　また、そもそも、「関係性の欠如」自体に着目して強要の可罰性を判断するとすれば、万引き監視員の事案における少女も、被告人による「取引」に応じた段階で、被告人に対して「同僚による告訴を阻止してくれなければ、性的な行為に応じない」という無関係な要求をしていることになり、強要罪が成立するという奇妙な結論に至りかねないであろう[86]。

　もしかすると、このような見解は、「関係性の欠如」というフレーズの中に、相手の弱みにつけ込むことで、自身の給付とは見合わないような「不当に高い利益」を獲得しようとする、行為の暴利性を読み込んでいるのかもしれない。

　実際に、関係性の欠如理論を支持しているフォルクも、傷害の被害者が犯人に対して、受けた損害に見合う金額である500ドイツマルクを支払わなけ

85　Peralta, a.a.O.（Anm. 70）, S. 886 ff.
86　Vgl., Schroeder, a.a.O.（Anm. 59）, S. 286; Timpe, a.a.O.（Anm. 29）, S. 156.

192　第 2 部　各論的検討

れば告訴をすると告知した場合について、強要罪（恐喝罪）の成立は否定さ
れるべきであるが、不当に高い金額である50,000ドイツマルクを支払わなけ
れば告訴をすると告知した場合には強要罪の成立が認められるべきである、
と説明していた[87]。ここでは、「関連性の欠如の原則（Prinzip des mangelnden
Zusammenhanges)」という名のもとで、相手の窮状につけこみ、不当に高額
の利益を得ようとする行為者の「暴利」ないし「搾取」性こそが強要の不法
内容に取り込まれていると考えることも可能であろう。

　確かに、こうした暴利ないし搾取行為は道徳的に不正であるばかりでな
く、場合によっては刑法的禁止の対象とされる。しかし、問題は、この不正
さが「強制」の不法を示すものと評価できるかである。強要の典型である、
違法な加害が告知される場合には、被害者の自由な選択の余地が狭められる
のに対して、適法な行為が告知される場合には、ラディカルな法的義務論が
指摘するように、被害者の選択肢はむしろ増加する。後者の場合に、行為者
が要求を不当に吊り上げ、被害者から「搾取」をしたとしても、ここで侵害
される利益の実体は、強要罪の保護法益と考えられてきた「意思決定（意思
活動）の自由」とは異質なものであるように思われる。

　また、そもそも、一定の選択を強いることを内容とする「強制」と、不当
に高い要求を行う「暴利」の視点が調和するかも疑わしい。少なくとも、強
制力という観点から見れば、要求される反対給付は、小さい方がよい。なぜ
なら、要求が「不当に高い」ものであるほど、それに応じる被害者のインセ
ンティブは減少してしまうからである。例えば、課題レポートの代行をして
もらう程度のことのためだけに、好きでもない相手の性的な願望に応じるこ
とを強く動機づけられるような者は稀であろう。

　もちろん、「強制」と「暴利」が異なる性格を有していることを前提とし
つつ、暴利行為を、一種の（広い意味での）強制に含まれると解して、強制を
禁止する構成要件で処罰するというのは、考えられなくもない。ヤコブス
も、自由に対する罪としての強要罪の解釈としては、ラディカルな法的義務
論の立場が正当であるとしつつ、これとは別に、社会の存立条件を脅かす

87　Volk, a.a.O. (Anm. 44), S. 276.

第5章 「強制」概念と規範的自律　　193

「暴利的（wucherisch）強要」のカテゴリーを承認すべきであるとし、これも
強要罪の処罰範囲に含めるべきであると主張していた[88]。強要罪とは別に、
暴利罪の構成要件を有するドイツで、このような解釈に説得力があるかはと
もかく、暴利罪の規定を持たない我が国では、「暴利」の不法を、「強制」型
の犯罪に読み込むという解釈も、理論的には成り立ちうる。

　しかし、「暴利」ないし「搾取」的な行為を一般に「強要」構成要件に取
り込むことは、強要罪の成立範囲の大幅な拡張をもたらし、許される取引行
為と可罰的な強要との境界を不明確にしてしまうであろう。出資法5条にお
ける高金利の貸付けの禁止のように、禁止される暴利行為の基準を、例えば
「利息何パーセント以上」というように立法で明確に線引きするならともか
く、これを強制の概念の内部に取り込んで、司法が判断してしまえば、裁判
所が、「価額統制機構（Preisüberwachungsbehörden）」[89]となりかねない。そも
そも、自由主義の原則からすれば、行為者による給付に対して、いかなる反
対給付が見合うかを決めるのは、取引の当事者である本人のはずである。要
求の不釣り合いを理由に、裁判所が当事者の納得している取引を広く「強
要」とレッテル貼りして禁止するならば、むしろ本人の取引の自由は蝕まれ
てしまうであろう。

　以上のように、少なくとも現時点で、「関係性の欠如」理論が、「ラディカ
ルな法的義務論」による可罰性の限定を克服するための説得的な視点の提示
に成功しているとは思われない。さらに、ドイツの学説では、適法な行為を
告知する強制について、処罰すべき場合とそうでない場合を区別する種々の
視点が示されているが、すでに前節で分析を加えたように、これらの見解は
いずれも、その基準の取り方次第で、素朴な心理主義的アプローチに回帰す
るか、あるいは、ラディカルな法的義務論に帰一するものであり、独自の規
範的観点の提示に成功しているとは言い難い。

88　Günther Jakobs, Nötigung, 2015, S. 24 ff.
89　Schroeder, a.a.O.（Anm. 59）, S. 286.

194 第2部 各論的検討

第4款 処罰範囲の著しい限定？

以上のことから、本書は、ラディカルな法的義務論による解決を基本的に支持するものである。もっとも、こうした理解によれば、ロクシンが指摘するように、適法な「作為」による害悪の告知の事例も含め、可罰的な強要から除外されることになり、処罰範囲が著しく限定されてしまうことが危惧されている。とりわけ、金銭を支払わなければ、妻に不倫を暴露すると告げるような、典型的な「ゆすり」行為さえも、不倫の事実を告げるという「適法な作為」の告知にすぎないとして、「強制」の不法を見出せない（恐喝罪の成立を否定する）とするのは、一般的な常識には反するであろう[90]。

しかし、この点については、上記のような「ゆすり」のケースを刑法上処罰しなければならないという「常識」の方を疑う余地がないか[91]、という問題提起をしておきたい。すでに確認したように、ゆすりのケースにおいて、不倫をした夫は、要求された金銭を支払うことにより、不倫の事実の暴露を回避できるという（本来法的には期待し得ない）新たな選択肢を獲得しているのである。この場合に、夫がゆすりに「屈して」要求された金額を支払ったとしても、それは、夫による自由な選択の結果であり、財産処分の「自由」は害されるどころか、まさにその「自由」が行使されたと見ることができる。とすれば、恐喝罪の成立が否定されるという結論は、理論的に不当なものではないと見る余地がある。この取引が実現することで侵害される権利があるとすれば、それは、不倫をするような夫だと知れば離婚を望むはずであった妻の「知る権利」であるが[92]、これは、「ゆすり」の道徳的な不正を示すも

90　ゆすり（Chantage）に対する正当防衛の成否を検討した論文として、友田博之「恐喝被害者による『反撃』と正当防衛の成否——いわゆる"Chantage"を中心として——」法学雑誌55巻1号（2008年）があるが、同論文でも、ゆすり行為が違法な「意思決定の自由」の侵害であることは自明の前提とされている。

91　現に、この問題は「ゆすりのパラドックス（the paradox of blackmail）」と呼ばれ、アメリカの法哲学の領域では、ゆすり行為の不正をいかに根拠づけるかについて膨大な議論の蓄積が存在するが、筆者の見る限り、その論証に完全に成功しているものは見受けられない。議論の詳細については、拙稿「ゆすり（blackmail）の当罰性——適法行為を告知内容とする強制をめぐって——」早稲田法学95巻4号（2020年）139頁以下。

92　このように、第三者の交渉材料に寄生する性格（parasitic nature）にゆすりの不正を見出そうとする見解として、James Lindgren, *Unraveling the Paradox of Blackmail*, in 84 Columbia Law Review 670, 1984, at 702.

のではあっても、夫を被害者とする恐喝罪の成立を認める根拠にはならないであろう。

　もちろん、ゆすりの事例の中には、一度きりの取引で完結することなく、同じ「ネタ」を使って何度もゆすりが繰り返される場合が少なくなく、そのようにゆすりの相手方を半永続的に「服従」させるようなケースは、当罰的と評価すべきであろう[93]。ただ、この場合は、一度の支払いで「沈黙」が購入できるという取引の前提条件が偽られているのであって、ゆすられた側の自由が実現されていない点に、不法を見出すことが可能である。具体的には、一度しか支払いを要求しないと偽った点を「欺罔」と捉えて、詐欺と評価することができるであろう。それゆえ、こうした「ゆすり」の典型的な特徴を引き合いに出したとしても、一回きりの（律儀な）ゆすり行為の不正を論証したことにはならない。

　また、当然のことではあるが、ゆすりに使われる情報の暴露行為自体に違法性が認められる場合には、ラディカルな法的義務論の前提からも、強制（恐喝）としての不法が肯定できる。例えば、金銭の支払いに応じなければ、風俗店で勤務していることを世間に公表すると脅すような場合には、そうした公表行為が名誉ないしプライバシー侵害という意味での違法な行為であると解することで、「違法」な害悪の告知と評価し、恐喝罪に包摂することには何ら問題はないのである。不倫をネタにする場合も、例えば、その事実を妻に告げるだけではなく、世間に公表すると脅すような場合には、同様の論理で、処罰を根拠づけることが可能であろう。

　以上のように考えると、ゆすりの処罰を認めなければならないという結論は、少なくとも我々が直観的に判断するほどには、自明のものではない[94]。恐らく、ゆすりを不正と考える直観の背後には、自分とは関係のない揉め事に関与し、相手の弱みにつけ込んで、応じざるを得ない取引を持ちかけ、不

93　こうした「支配と服従（dominance and subordination）」関係を創出する点にゆすりの不正を見出そうとする見解として、George P. Fletcher, *Blackmail: The Paradigmatic Crime*, in 141 University of Pennsylvania Law Review 1617, 1993, at 1626.

94　なお、近年刑法学の立場から、この問題について検討を加えたペラルタは、「後味の悪さ（bitterer Nachgeschmack）」は残るとしつつも、ゆすり行為に可罰性は認められないとの結論に到達している（Peralta, a.a.O.（Anm. 70）, S. 903）。

当に高い利益を得ようとすることは「ずるい」やり方であり、公正な社会の
あり方に反するという感覚があるのであろう。無論、筆者もこのような健全
な常識感覚にあえて反対するものではない。ただ、繰り返しになるが、この
ような「暴利（ないし搾取)」の不法は、「強制」のそれと性質の異なるもので
あり、区別しておかなければならない。自由の侵害を内容とする「強制」と
は異なり、そのような要素を含まない「暴利」を法的に規制することは、リ
ベラルな国家観を前提とする限り、一筋縄ではいかないことである[95]。被害
者が任意に支払いに応じているのに、それを「不当に高い」利益の搾取と国
家が評価して、そうした取引の自由を刑罰で禁圧してしまうことの問題性も
無視できない。それゆえ、少なくとも「暴利」行為は、「強制」概念の内部
に無自覚に含めて、一緒くたに罰してよいようなものではないのである。

第5節　おわりに

　強制の不法にとり「動機づけの圧力」は十分条件ではなく、規範的な観点
からの限定が必要不可欠である。ドイツでは、告知内容の違法性を要求する
「ラディカルな法的義務論」の立場に対抗して様々な理論が展開されている
が、本章の分析によれば、いずれも説得的な観点の提示に成功しているとは
言い難い。刑法の保護の対象が、社会生活における種々の制約から「残され
た自由」であることに鑑みれば、「ラディカルな法的義務論」の主張が支持
されるべきである。それゆえ、相手方に対して、適法な行為を告知して自己
の要求に応じさせる行為には、告知内容が不作為の場合だけでなく、作為の
場合も、「強制」としての不法を見出すことができない。こうした見解を一
貫させる場合、「強制」の可罰性が「常識」に反して著しく限定されること
になるが、そうした「常識」に対してさえも、まさにラディカルな疑問を向
ける余地がある。

95　ファインバーグは、ゆすりのパラドックスを解決する根拠を侵害原理に見出せない場合に
　　は、リベラリズムと矛盾するリーガル・モラリズムの一形態としての「搾取原理（exploitation
　　principle)」の有効性を承認するか、ゆすりは犯罪であるという想定を放棄するかのいずれかし
　　かないというジレンマがあるとする（Joel Feinberg, *The Paradox of Blackmail*, in 1 Ration
　　Juris 83, 1988, at 85)。

ただし、適法な行為を告知して行う一定の要求を、不当に高い利益の搾取という意味での「暴利」行為として、刑法上規制する余地がないかは、さらに考えなければならない問題である。特に、刑法典において暴利罪の一般的な処罰規定を持たない我が国では、いわば「暴利」的な搾取行為も、広義の「強制」の一種として、強要罪や恐喝罪に取り込んで解釈する余地がないとは言えない。筆者としては、自由侵害という要素を含む「強制」とこれを含まない「暴利」との間の重要な性格の違いから、これらを一緒くたに処罰してしまうことには無視することができない問題があると考えているが、以上のような解釈の可能性も含め、「暴利」行為を刑法上処罰の対象とすることの可能性と限界については、今後の課題とせざるを得ない。

198　第2部　各論的検討

第6章

「死ぬ権利」とパターナリズム

第1節　はじめに

　本書ではここまで、法益主体の有効な同意の存在が、刑罰権の介入の限界を画するという前提のもと、同意がいかなる場合に自律的で刑法上「有効」と評価されるかについて検討を加えてきた。これに対して、もう一つ残されている重要な問題領域がある。それは、法益主体が、自らの意思により法益を放棄しているにもかかわらず、なおも刑法が介入することが正当とされる余地があるかどうかである。この問題が先鋭化するのが、法益主体による「生命」処分に他人が関与する場合、すなわち、自殺関与・同意殺人のケースである。刑法202条は、自殺関与と同意殺人をいずれも処罰の対象としているが、生命放棄について本人の同意があるにもかかわらず、なぜこれらの行為が処罰されるのかは、刑法学における一つの難問として今日まで議論されてきた[1]。

　この点、学説上は、同条の処罰根拠として、本人の死によって損なわれる家族や周囲の人々の利益[2]や、「生命のタブー」の維持という社会的な利益の保護に着目する見解も一部で主張されている。しかし、このような理解は、まさしく本人以外の他者の利益のために、本人の自己決定権の実現を犠牲にすることを正面から認めてしまう点で、とりわけリベラルな国家観からは、疑念が向けられざるを得ない。そこで、学説上は、生命を放棄している本人の利益を、本人自身から保護する必要があるという「パターナリズム」の観

　1　刑法202条の処罰根拠をめぐる我が国の議論については、谷直之「自殺関与罪に関する一考察」同志社法学44巻6号（1993年）121頁以下、鈴木晃「自殺関与罪の処罰根拠」中京法学38巻3＝4号（2004年）463頁以下、佐藤陽子『被害者の承諾』（成文堂、2011年）81頁以下等を参照。

　2　林幹人「自殺関与罪」法学セミナー402号（1988年）108頁以下。

点から、同意殺人の処罰根拠を説明する見解も有力である[3]。もっとも、こうした見解に対しても、本人自身が生命法益を処分する決断をしているにもかかわらず、なぜ、そしていかなる限度で刑法上のパターナリスティックな介入が許されるかという問題は残される。また、パターナリズムに基づく介入を国家に認めることは、国家という機関に対して、個人に対する生殺与奪権を認めることになりかねず、個人主義を基調とする憲法秩序と矛盾する懸念があるとして、その妥当性に対して根本的な疑問も投げかけられている[4]。

　このように同意殺人の処罰根拠論については議論が膠着状態にある中で、近年ドイツではこの問題をめぐり重要な動きが見られる。すなわち、ドイツでは、伝統的に嘱託殺人（ドイツ刑法216条）のみを処罰対象とし、自殺関与の類型は不処罰とされていたところ、終末期の患者の自殺を支援する活動が社会問題化したこと等を背景に、2015年の法改正では、業としての自殺援助を処罰する規定（ドイツ刑法旧217条）が新設され[5]、しかしその後、2020年には、ドイツ連邦憲法裁判所がこれを違憲無効と判示したのである[6]。そこでは、ドイツ基本法が「死の自己決定権」を保障しているとの理解を前提に、国家が死の動機を客観的合理性の基準に基づき評価し、自殺の権利を制限することは、違憲であるというロジックが明確に打ち出されている[7]。このよ

3　我が国においていち早く、202条の処罰根拠をパターナリズムの観点から説明することを試みたものとして、澤登俊雄「犯罪・非行対策における強制の根拠とその限界」法政論集123号（1988年）29頁以下、福田雅章「刑事法における強制の根拠としてのパターナリズム」一橋論叢103巻1号（1990年）1頁以下。

4　甲斐克則『安楽死と刑法』（成文堂、2003年）31頁。

5　立法の経緯の詳細については、佐藤拓磨「ドイツにおける自殺関与の一部可罰化をめぐる議論の動向」慶應法学31号（2015年）347頁以下、山中敬一「ドイツにおける臨死介助と自殺関与罪の立法の経緯について」浅田和茂先生古稀祝賀論文集［上巻］』（成文堂、2016年）611頁以下等を参照。

6　BVerfG Urt. v. 26.02.2020 – 2 BvR 2347/15.

7　本判決の紹介・評釈として、神馬幸一「『業としての自殺援助罪（ドイツ刑法第217条）』の違憲性」判時2456号（2020年）140頁以下、福山好典「ドイツにおける刑法217条（業としての自殺促進罪）違憲判決」医事法研究3号（2021年）103頁以下、秋山紘範「業としての自殺援助禁止の違憲性」比較法雑誌54巻4号（2021年）249頁以下、玉蟲由貴「業務上の自殺援助の禁止と自己決定にもとづく死の権利」自治研究97巻7号（2021年）147頁以下、西元加那「生命及び自律性に関する憲法上の権利」現代社会研究（東洋大）19号（2022年）99頁以下、佐瀬恵子「ドイツ刑法217条の違憲判決における『生命の保護』と自殺関与の可罰性」創価ロージャーナル17号（2024年）27頁以下等。

うに「死ぬ権利」を肯定する考え方を前提とするならば、本人の同意がある
にもかかわらず、国家が後見的な観点から、何が本人の利益であるかを一方
的に決めつけ、死の意思決定を誤りであると評価することにより、その権利
の実現を広く制約することは、まさしく忌避すべき不当なパターナリズムと
いうことになろう。

　もっとも、パターナリズム論の当否を検討するに際しては、「強い」パ
ターナリズムと「弱い」パターナリズムを適切に区別しておく必要があ
る[8]。このうち、強いパターナリズムとは、本人の能力や意思に瑕疵がない
にもかかわらず、本人の利益の保護のためになされる後見的な干渉であり、
本人の意思の自由の尊重とは正面から衝突してしまうのに対して、弱いパ
ターナリズムは、本人の能力や意思に瑕疵があり、自律的な意思決定のため
の条件が揃っていない場合に、本人の自律性を補完するための介入を指すも
のであり、必ずしも、本人の自律を尊重することと矛盾しない、との見方が
ありうる。

　実際に、ドイツにおいては、この「弱い」パターナリズムを根拠として、
生命処分への刑法的介入を正当化しようとする見解が今日に至るまで有力に
主張されており、連邦憲法裁判所も、上記判決において、生命保護の見地か
ら安易な自殺を予防するという立法目的自体は、憲法上問題がないと論じて
いる[9]。しかし、他方で、そのような説明は単なる「見せかけ」のものに過
ぎず、実際には、本人の意思に反して、生命処分の自由が広く制約されてし
まうことを問題視し、自殺関与だけでなく、嘱託殺人の処罰の正当性にまで
疑問を投げかける徹底した見解[10]も主張されるに至っている。

　こうした議論は、刑罰権の介入を限界づける法益主体の自律的な自己決定
の限界を模索しようとする本書にとっても重要である。そこで、以下では、
ドイツにおいて、嘱託殺人罪の処罰根拠を、瑕疵ある意思決定からの本人の

　8　パターナリズムの分類について、竹中勲「憲法学とパターナリズム・自己加害阻止原理」佐
　　藤幸治還暦記念『現代立憲主義と司法権』（青林書院、1998年）184頁以下、中村直美『パター
　　ナリズムの研究』（成文堂、2007年）30頁以下、田中成明『現代法理学』（有斐閣、2011年）179
　　頁以下等。
　9　BVerfG, a.a.O.（Anm. 6），Rn. 227.
　10　Ruth Anthea Kienzerle, Paternalismus im Strafrecht der Sterbehilfe, 2021.

保護、すなわち「弱い」パターナリズムの観点から説明しようとする見解と、それに対してどのような批判が向けられているのかを明らかにした上で、そこから、我が国における刑法202条の解釈、さらには、臨死介助法制に関する将来の検討に与える示唆を得ることにしたい。

第2節　ドイツの議論

第1款　弱いパターナリズムとは何か

ドイツの議論について検討していく前提として、まず、ここでいう「弱い」パターナリズムの意義を明らかにしておきたい。すでに述べたように、弱いパターナリズムとは、本人の能力や意思に「瑕疵」が存在しており、それゆえ、自律的な意思決定と評価できないことを理由として、本人の自律性を補完するためになされる介入であると定義することができる。この弱いパターナリズムは、自律的に形成された本人の意思を原則として尊重し、自己処分権の限界づけに際しても、あくまで個人の自律の保障を目的とする点で、強いパターナリズムとは決定的に区別されるといえよう[11]。

この弱いパターナリズムの具体例として、しばしば引き合いに出されるのが、J・S・ミルが『自由論』で挙げている「橋の事例」である。ミルによれば、もし第三者が、倒壊しそうな橋を渡ろうとしている人を発見し、その者に危険を告げるだけの余裕がない場合には、その者に橋の危険性を知らせるために、その者をつかんで、橋を渡ることを妨害することも許される、とされる[12]。なぜなら、もしその者が、倒壊の危険があることを知らず、川に落ちることを欲していないのであれば、それを止めたところで、その者の自由を侵害したことにならないからである。

ここで注意を払う必要があるのは、弱いパターナリズムにより正当化できる介入は、本人の意思の実現を「遅らせること」のみだということである[13]。すなわち、橋の事例で許されるのは、橋を渡ろうとする者を一時的に

11　Bijan Fateh-Moghadam, Grenzen des weichen Paternalismus, in: Fateh-Moghadam u. a. (Hrsg.), Grenzen des Paternalismus, 2010, S. 27.

12　J・S・ミル（関口正司訳）『自由論』（岩波文庫、2020年）212頁以下。

202　第 2 部　各論的検討

引き留めることで、倒壊の危険性を警告することに尽きる。もし、そのような警告を受けてもなお、その者が真意から倒壊しそうな橋を渡ろうとするのであれば、それが、いかに客観的に不合理に思える行為であるとしても、意思決定を強制的に「変更」させることはできない。そのような介入は、本人の意思に反した「強い」パターナリズムであって、本人の自律の尊重と矛盾してしまうからである。

　このような「弱い」パターナリズムによる介入は、リベラルな立場からも許容可能であり、むしろ、判断能力のない幼児の保護のような場合を考えれば、不可避的あるいは望ましいとさえ考えられている。本人に自律的な意思決定のための条件が揃っていない場合に、その同意を制限し、行為者を処罰するというタイプの（間接的）パターナリズムは、有効な同意に基づかない他者加害の禁止（危害原理）と一致する。それゆえ、パターナリズムに懐疑的な論者からも、「弱い」パターナリズムは、実のところパターナリスティックな性質を有していない[14]、あるいは、真のパターナリズムではないという意味で、「不真正のパターナリズム（unechter Paternalismus）」[15]と表現されるのである。

　もっとも、「弱い」パターナリズムの議論には、次のような「盲点（Blinder Fleck)」の存在も指摘される[16]。すなわち、強いパターナリズムと弱いパターナリズムとは、本人の「自律」を尊重するかどうかという点で、一見すると明瞭に区別できるように思われるものの、この「自律」の意義や条件をいかに解するか次第で、その境界線は容易に揺れ動いてしまう。例えば、この「自律」について、現実の人間には到達できないような理想的なレベルを設定すれば、実際に行われる大半の意思決定を「自律」的でないと評価して、「弱い」パターナリズムの名の下で、広く介入することも許容されてし

13　Vgl., Hans Michael Heinig, Paternalismus im Sozialstaat, in: Michael Anderheiden u. a. (Hrsg.), Paternalismus und Recht, 2006, S. 166.

14　Tatjana Hörnle, Paternalismus in der Medizin, in: Andreas von Hirsch u. a. (Hrsg.), Paternalismus im Strafrecht 2010, S. 117.

15　Reinherd Merkel, Teilnahme am Suizid, in: Rainer Hegselmann/Reinhard Merkel (Hrsg.), Zur Debatte über Euthanasie, 1992, S. 82 f.

16　Fateh-Moghadam, a.a.O. (Anm. 11), S. 27 f.

まうのである。それゆえ、「自律」の理解の仕方次第では、「自律志向的であるかのような羊の皮を被った」[17]強いパターナリズムやリーガル・モラリズムを招きかねないとされ、「弱い」パターナリズムについても慎重な限界づけの必要性が指摘される。

第2款　病理的な精神状態

　本人による生命処分への刑法的介入の根拠を、その意思決定の瑕疵に求めようとする立場として、まず挙げられるのは、生命放棄の意思決定を行う者の「病理的な精神状態」に着目する見解である。

　例えば、我が国でも紹介されることの多いブリンゲヴァートは、ほとんどの自殺願望が「前自殺症候群（präsuizidales Syndrom）」と名付けられた精神的異常によるものである、という自殺研究の知見を前提として、他人への殺害の嘱託は常に病理的なものであるとし、その「自由答責性」一般を否定している[18]。ここではまさに、本人に自律的な意思決定のための条件が揃っていないことが根拠となり、本人の利益の保護を目的とした「弱い」パターナリズムが目指されているといえよう。

　もっとも、このような見解に対しては、自ら死の決断を行う者をおよそ「精神異常者」とみなして、その自己決定を広く制約してしまうことが、まさに不当なパターナリズムではないか、という批判が加えられる。自殺の決意に至る状況は多様なのであって、そうした多様性を無視して、欠陥のない自由な死の願望が存在しないと決めつけることは、本人の自己決定の尊重と相容れない。キエンツァーレは、「あらゆる疑問にもかかわらず、欠陥のない自由な死の願望が存在するというのは、揺るぎない事実である」[19]とした上で、あらゆる死の願望を病的なものと断定し、殺人の要求がおよそ本人の

17　Kienzerle, a.a.O.（Anm. 10), S. 38.
18　Peter Bringewat, Unbeachtlicher Selbsttötungswille und ernstliches Tötungsverlangen, in: Albin Eser（Hrsg.), Suizid und Euthanasie, 1976, S. 375. このことから、ブリンゲヴァートは、要求による殺人の処罰のみならず、自殺への関与行為の可罰性も根拠づけている（ders., Die Strafbarkeit der Beteiligung an fremder Selbsttötung als Grenzproblem der Strafrechtsdogmatik, ZStW 87（1975), S. 623 ff.）。
19　Kienzerle, a.a.O.（Anm. 10), S. 353 f.

204　第2部　各論的検討

真の意思と合致しないなどと言い立てることは、単なるそうした「主張（Behauptung）」に過ぎず、ここでいう「真の意思」というのも、国家により一方的に決めつけられた「正しい意思（richitiger Wille）」にほかならないことから、こうした見解は「弱い」パターナリズムの範囲を逸脱してしまっている、と批判する[20]。

　また、本人の病的な精神状態を、ドイツ刑法216条の嘱託殺人罪の処罰根拠として持ち出すことに対しては、同条の文言との整合性にも疑問が呈されている[21]。というのも、同条は、その構成要件において、被殺者による明示的かつ「真摯な（ernstlich）」、すなわち、自由な自己決定に基づく嘱託があることを要求しており、その存在を前提として、通常の殺人との関係で刑が軽くなるという効果を付与しているところ、もし被殺者が常に病的な精神状態にあり、自由な自己決定がおよそ不可能なのだとすれば、殺害の「真摯な」嘱託などおよそあり得ないことになってしまうからである。少なくとも立法者は、本条において、他人に殺害されることの「真摯な」嘱託があり得ること自体は前提としているのであり、上記のような議論は、そのような前提と完全に矛盾してしまう。

第3款　性急な決断からの保護

　そこで、あらゆる死の願望を精神異常によるとするのは極端であり、むしろそのような精神異常のない「普通の」成人であっても、性急な決断に基づき生命放棄をしてしまうことがありうることから、そのような性急な決断から本人を保護すること（Übereilungsschutz）に、刑法的介入の根拠を見出す見解が、ドイツでは有力に主張されている[22]。すなわち、本人がその時点で

20　なお、パターナリズム研究で著名なクライニッヒも、自殺への介入根拠を精神錯乱に求める見解を弱いパターナリズムに基づく議論と位置付けつつ、精神錯乱に関する理論的根拠は不確定かつ多様であり、たとえ自殺が精神錯乱の表明であるとしても、そのために自らの生命に対するコントロールを失うことはないとして、否定的な理解を示している（パターナリズム研究会「紹介　J・クライニッヒ著『パターナリズム』（1983年）（三）」國學院法学25巻3号（1988年）139頁）。

21　Kienzerle, a.a.O.（Anm. 10), S. 354.

22　Gunther Jakobs, Zum Unrecht der Selbsttötung und der Tötung auf Verlangen, in: Festschrift für Arthur Kaufmann, 1993, S. 467f.; Armin Engländer, Strafbarkeit der Suizidbeteili-

は、死を望んでいるとしても、それが十分に熟慮されたものとはいえない、一時的な願望に過ぎず、本人自身の長期的な選好（langfristige Präferenzen）に反する可能性があるため、そのような「真実の意思」とは異なる性急な意思決定から、その者の生命を保護する必要があるというのである。

　同様の観点から、ドイツ刑法216条の処罰根拠を瑕疵ある意思決定のリスクに求めるのがムルマンの見解である[23]。ムルマンは、「市民の自律に基づく自由秩序」を基本的な要請とするドイツ基本法のもとで、「強い」パターナリズムによる介入は、国家による特定の価値観の押し付けという傲慢であり許されず、「弱い」パターナリズムによる介入のみが許容されうるという立場を出発点としながらも、人間の意思決定には瑕疵が普遍的に存在しており、とりわけ他人への殺害の嘱託には、そのような「普遍的な瑕疵」が存在するリスクが認められることが、刑法216条の処罰根拠であるという注目すべき主張を展開している。ムルマンの主張には、弱いパターナリズムの限界を考察しようとする本書の関心にとっても無視できない重要性があると思われるため、以下でもう少し詳しく紹介しておきたい[24]。

　まず、ムルマンは、経験科学の研究が示すように、人間の意思決定は多くの外部的な要因に影響されるものであり、間違った決定が行われる可能性が遍在しているとしつつ、そのような意思決定の「普遍的な瑕疵」は原則として本人が自ら責任を負うべきであり、法の介入の根拠となるのは、意思決定の瑕疵が、他者の強制や欺罔により生じたという意味で「重大さ（Relevanz）」が認められる場合に限られるとする。もっとも、その例外となるのが、生命のような「価値の高い財への強烈かつ不可逆的な侵襲」が問題となる場合である。この場合には、自己答責性の原則に例外を認めるべきであり、表示に対する相手方の信頼よりも、「本当の」意思の実現に向けられた

---

gung, in: Festschrift für Bernd Schünemann, 2014, S. 583 ff.; Michael Kubiciel, Tötung auf Verlangen und assistierter Suizid als selbstbestimmtes Sterben, JZ 2009, S. 601 ff.

23　Uwe Murmann, Paternalismus und defizitäre Opferentscheidungen, in: Festschrift für Keiichi Yamanaka zum 70. Geburtstag, 2017, S. 289 ff.

24　より詳細に批判的な検討を加えたものとして、拙稿「同意殺人・同意傷害とパターナリズム」早稲田法学95巻1号（2019年）168頁以下を参照。拙稿の紹介として、飯島暢「菊地一樹『同意殺人・同意傷害とパターナリズム』（刑事法学の動き）」法律時報93巻2号（2021年）120頁以下。

206 第2部 各論的検討

被害者の利益の保護が優先されなければならない。それゆえ、「重大な瑕疵」
に満たないような、人間の意思決定に遍在的に付着するような「普遍的な瑕
疵」も、ここでは刑法的介入の根拠になりうる。

　もっとも、ある意思決定にそのような「普遍的な瑕疵」が認められるかどう
か、換言すれば、当人の「本当の」個人的な選好と合致しているかどうか
を判別することは、現実には困難である。そこで、ムルマンは、さらに、そ
のような「普遍的な瑕疵」が当該意思決定に付着しているかもしれないとい
う「リスク」が認められることを理由として、嘱託殺人の処罰を根拠づける
ことが許されるとし、その意味で、ドイツ刑法216条は、瑕疵ある意思決定
のリスクに対する抽象的危険犯とされる[25]。以上のように、ムルマンは、生
命処分への刑法的介入について、瑕疵の程度を、「普遍的」なもので足りる
とし、かつ、実際に瑕疵が存在する必要はなく、そのリスクが介入の根拠に
なるとしている点で、いわば二重の緩和を行なっていると評価できよう[26]。

　ムルマンは、以上の主張に基づき、さらにドイツ刑法216条の限定解釈の
可能性についても指摘している。すなわち、本条の処罰根拠は、瑕疵ある意
思決定のリスクに求められる以上、具体的状況のもとで、そのようなリスク
すら認め得ない場合には、嘱託殺人の可罰性が否定されるというのであ
る[27]。そのような場合の例として、ムルマンは具体的に、「トラック運転手
(Lkw-Fahrer)」の事例を挙げている。この事例は、交通事故に遭い、炎上す
る自分の車両に挟まれたトラック運転手が、確実に訪れるであろう焼死から
逃れるために、通行人に射殺を依頼するというケース[28]である。ムルマン

25　Murmann, a.a.O. (Anm. 23), S. 301. 同様に、刑法216条の処罰根拠を自己答責的でない自殺意
　思の抽象的危険に求めるものとして、Christian Tenthoff, Die Strafbarkeit der Tötung auf
　Verlangen im Lichite des Autonomieprinzip, 2008, S. 180; Michael Kubiciel, a.a.O. (Anm. 22), S.
　605 ff.; Anette Grünewald, Das vorsästzliche Tötungsdelikt, 2010, S. 299 ff.; Maria Rigopoulou,
　Grenzen des Paternalismus im Strafrecht, 2013, S. 294 ff.

26　なお、ムルマンによれば、ドイツ刑法228条で可罰的とされる同意傷害罪についても、瑕疵あ
　る意思決定の許されないリスクが「良俗違反性」を基礎づけるとして、同様の処罰根拠論で説
　明している (Murmann, a.a.O. (Anm. 23), S. 307 f.)。

27　同じく、性急な決断からの保護を重視するエングレンダーも、死の決意が熟慮されたもので
　ある場合には、216条の目的論的な限定解釈により可罰性を否定しうると主張している (Englän-
　der, a.a.O. (Anm. 22), S. 587.)。エングレンダーの見解については、山中敬一「ドイツにおける
　自殺関与罪をめぐる最近の議論にもとづくわが刑法202条の処罰根拠の再考」椎橋隆之先生古稀
　記念『新時代の刑事法学』(信山社、2016年) 101頁以下も参照。

は、この事例について、トラック運転手の意思決定が、説得的である（plausibel）と思えるだけの十分の理由が存在することから、瑕疵ある意思決定のリスクが存在する疑いを十分に払拭できるとして、嘱託殺人の処罰を正当化する根拠が失われるとしている[29]。

このようにムルマンの見解は、弱いパターナリズムを出発点としながら、生命法益の特殊性に着目し、その刑法的介入の許される範囲を拡張しつつ、他方で、そのような介入の根拠が失われる場合について、「限定解釈」を通じた可罰性の限定を図っており、示唆に富む見解と思われる。もっとも、こうした見解に対しても、いくつかの疑問が向けられうるであろう。

まず、生命法益について、本来であれば刑法的介入の根拠となし得ないような、人間の意思決定に遍在している「普遍的な瑕疵」までも処罰の根拠に取り込んでしまうことの正当性が問題となろう。ムルマンは、生命法益の「取り返しのつかなさ」を根拠として、自己答責性の原則に例外を認めようとするのであるが、取り返しのつかない重大な決断だからこそ、本人の答責性が強調されなければならない、という見方も同様に可能であり、少なくとも、依頼に応じた相手方に、刑罰に基づく責任の転嫁を認めることの十分な論証となっているかは疑問の余地がある。

さらに、この見解に対しても、ドイツ刑法216条の文言が嘱託の「真摯」性を要求していることとの整合性が問われなければならない。すなわち、ここでいう「真摯」という文言には、慎重に考え抜かれたという意味が含意されていると考えられるところ[30]、意思決定の性急さ（のリスク）とは両立しないようにも思われる。むしろ、本罪は、性急ではなく慎重に考え抜いて嘱託が行われた場合であっても、そのような嘱託に基づく殺人行為をなお一般的に禁止していると読むのが素直であろう。これに対して、ムルマンは、そもそも全く精神的な苦労のない死の要求など観念することができず、殺害の嘱

28　1991年にドイツで実際に発生した事件がモデルのようであり、Frankfruter Allgemeine Zeitung, 4. 9. 1991, S. 12にその報道がある。

29　Murmann, a.a.O.（Anm. 23）, S. 307.

30　ドイツの通説は、真摯な嘱託というために、一般的な同意論でいわれる有効な同意よりも高い水準が求められており、被殺者の「慎重な決意（überlegter Entschluss）」の存在が必要としている（Frank Saliger, in: NK, 6. Aufl., 2023, §216 Rn. 14）。

208　第2部　各論的検討

託が「真摯」であることと、その嘱託が本人の真の選好と一致しない可能性
は、なお両立しうると応答するが[31]、やや苦しい説明であることは否めない
ように思われる。

　また、そもそもの問題として、他人への殺害の嘱託には、原則として瑕疵
ある意思決定のリスクが含まれるという前提についても疑問が向けられ
よう。死にたいという願望は、ほとんどの場合、当人の「本当の」意思とは
異なる、誤ったものに違いないという想定をするのであれば、それは、国家
が特定の価値観を後見的に押し付ける強いパターナリズムとなんら変わらな
くなってしまう[32]。もっとも、この点について、ムルマンは、ドイツで原則
として不可罰とされてきた自殺関与との比較、とりわけ、克服すべき「心理
的障壁」の違いという観点から、他人による殺害の依頼に特有のリスクを根
拠づけている[33]。このように「心理的障壁」の違いに着目する見解は、ドイ
ツにおいて有力に支持されているため、次款で別途検討することにしたい。

第4款　心理的障壁の理論

　嘱託殺人の処罰根拠を、ドイツ刑法では原則として不可罰とされる自殺関
与との比較を通じて導こうとするのが、「心理的障壁（Hemmschwelle）」の理
論である[34]。すなわち、自殺関与では、最終的に手を下すのは自殺者自身で
あり、死への心理的障壁の乗り越えが認められるのに対して、嘱託殺人の場
合は、殺害の実行を他人に委ねており、その点に、自ら実行するほどには決
意が固まっていないことが示されているという。この見解によれば、「他人
への殺害の依頼」という事実こそが、本人が真意としては死を望んでいな
い、すなわち、瑕疵ある意思決定である（少なくともそのリスクがある）ことの
証拠であるということになる。

31　Murmann, a.a.O.（Anm. 23），S. 304.
32　Vgl., Kienzerle, a.a.O.（Anm. 10），S. 352.
33　Murmann, a.a.O.（Anm. 23），S. 305 f.
34　Claus Roxin, Die Abgrenzung von strafloser Suizidteilnahme, strafbarem Tötungsdelikt und
　　gerechtfertigter Euthanasie, in: 140 Jahre Goltdammer's Archiv für Strafrecht, 1993, S. 184;
　　Konstantinos Chatzikostas, Die Disponibilität des Rechtsgutes Leben in iherer Bedeutung für
　　die Problem von Suizid und Euthanasie, 2001, S. 265.

第6章 「死ぬ権利」とパターナリズム　209

　伝統的に、嘱託殺人を可罰的とする一方、自殺関与は（原則）不可罰としてきたドイツ刑法にとって、両者の違いをいかに説明するかは、各学説の生命線といえる。「心理的障壁」の理論は、両類型の違いを、本人の意思決定の瑕疵が存在することの蓋然性、すなわち、本人自身の決定から本人を保護すべき必要性の違いにより区別しようとするものであり、いずれの類型も同一の法定刑で処罰の対象とする我が国の202条の処罰根拠論としては参照困難であるとしても、ドイツにおいて一定の説得力が認められていることは、頷けるものである。

　もっとも、こうした理論的アプローチに対しても、いくつかの疑問が向けられている[35]。まず、この理論は、少なくとも自殺の実行が、身体の障害等を原因として物理的に困難な者には全く当てはまらない[36]。そのような者が、死の願望を実現するためには、最初から他人の手に委ねるほかないからである。また、そもそも、他者に依頼して殺してもらうことが、自殺より常に心理的なハードルが低いかのように想定することも誤っている。というのも、他人に殺害を依頼し、それに応じてもらうためには、自身の絶望的な状況とそれによる死の願望を他人へと打ち明け、なおかつ、実行を引き受けてもらうだけの納得や共感を得るといったハードルを乗り越える必要があるからである[37]。

　さらに、この理論に対しては、死の自己決定に、ただ死ぬかどうかだけではなく、「どのように」死ぬかの選択の自由も含まれることが見落とされている、との批判も加えられている[38]。自殺を自らの手で実行することに対して、例えばそれが怖いという理由で心理的に抵抗がある場合や、あるいは、長年連れ添ったパートナーのような、特定の誰かの手で最期を迎えることを本人が希望する場合に、他殺による死を選択することも、本人の自己決定に

35　心理的障壁の理論に対する包括的な批判として、Andreas von Hirsch/Ulfrid Neumann, Indirekter Paternalismus und § 216 StGB, in: Andreas von Hirsch u. a.（Hrsg.）, Paternalismus im Strafrecht, 2010, S. 80 ff.

36　Hirsch/Neumann, a.a.O.（Anm. 35）, S. 80 f.; Kienzerle, a.a.O.（Anm. 10）, S. 257.

37　Ulfrid Neumann, Der Tatbestand der Tötung auf Verlangen（§ 216 StGB）als paternalistische Strafbestimmung, in: Fateh-Moghadam u. a.（Hrsg.）, Grenzen des Paternalismus, 2010, S. 255.

38　Hirsch/Neumann, a.a.O.（Anm. 35）, S. 81; Kienzerle, a.a.O.（Anm. 10）, S. 358.

210 第2部 各論的検討

含まれる。それにもかかわらず、刑法が、死の願望を実現するための最終的な手段を、自殺に限定してしまうことは、一見すると、自律志向的な「弱い」パターナリズムでありながら、その実態は、自殺という特定の手段に対して生じる「心理的障壁」を本人にぶつけることで、死の選択を諦めさせようとする、本人の選択の「変更」へと向けた、「強い」パターナリズムではないか、という疑いが生じるのである。

第5款　周囲の圧力からの保護

　嘱託殺人の処罰根拠としては、これを処罰しない場合に生じるであろう、死の意思決定に向けられた周囲の圧力からの保護に着目した説明も見受けられる[39]。すなわち、もし嘱託殺人が非犯罪化されれば、とりわけ病気の高齢者に対して、周囲の家族等から、介護疲れや、医療費の負担の回避という経済的な動機から、生命放棄に向けた意思決定へのプレッシャーが生じ、そのような圧力に屈することで、その実際の意思に反して、殺害の嘱託が行われ、生命が損なわれる危険性があるというのである。

　こうした説明は、業としての自殺援助を処罰する規定が設けられた際にも、その立法理由として引き合いに出されていた。すなわち、上記のような危険性は、嘱託殺人の場合だけではなく、自殺幇助の場合にも生じうるものであり、業による自殺援助罪は、生命の終結に対する期待圧力（Erwartungsdruck）から生じる、生命処分の自律性に対する危険性を防止するための抽象的危険犯として、立法化が必要であるとの説明がなされていたのである[40]。ドイツ学説においては、本罪の創設に対して自己決定権を不当に広く制約する等の強い批判が加えられていたものの[41]、自殺者を周囲の圧力から保護するという立法の目的に対しては、肯定的な評価[42]も見られたところで

39　例えば、Josef Franz Lindner, Grundrechtsfragen aktiver Sterbehilfe, JZ 2006, S. 378.

40　BT-Drucks. 18/5373, S. 12.

41　ドイツ刑法217条の創設に批判的であった見解として、例えば、Gunner Duttuge, Strafrechtlich regulierter Sterben - Der Neue Straftatbestand einer geschäftsmäßigen Förderung der Selbsttötung, NJW 2016, S. 120 ff.〔本論文の翻訳として、グンナー・デュトゲ（只木誠監訳、神馬幸一訳）「刑法的に規制された死──業としての自殺援助という新しい刑法上の構成要件──」比較法雑誌50巻3号（2016年）209頁以下〕等を参照。

42　Michael Kubiciel, Zur Verfassungskonformität des § 217 StGB, ZIS 2016, S. 398.

あり、本罪を違憲無効とした連邦憲法裁判所も、やはりこうした目的自体は正当であることを確認している[43]。

　しかし、こうした根拠づけも、本人の自律を尊重するように見えて、やはり過剰なパターナリズムではないか、との批判が加えられている。というのも、意思決定に際して、「周囲のあらゆる圧力から（vor jeglichem Druck）個人を保護することは、刑法の任務とはいえない」[44]からである。刑法による介入を認めるためには、そのようなプレッシャーが、本人の自由な自己決定を不可能にするような、法的な「強制」の水準を上回る必要がある。その場合には、当然ながら、もはや「真摯」な嘱託があったはいえず、通常の殺人罪（ドイツ刑法211条以下）が成立するだけのことである。

　これに対して、周囲の家族等による、生命放棄の意思決定に向けた単なるプレッシャーは、法的な「強制」に必要な水準を上回るとは評価できない。その場合、周囲からの「圧力に自己答責的に対処することは、本人の課題である」[45]。このような場合にまで、「自律」が害されているとして介入を認めるのだとすれば、そこで想定されるのは、現実には誰にも到達することができないような「完璧主義的な自律概念（perfektionistischer Autonomiebegriff）」[46]にほかならないというのである。

第3節　日本法への示唆

第1款　刑法202条の解釈論への援用？

　以上のように、ドイツ学説においては、「弱い」パターナリズムの限度での本人保護のみが正当化されるという理解のもとで、嘱託殺人の処罰根拠を、被殺者の意思決定の瑕疵（の危険性）に見出そうとする見解が──それが果たして「弱い」パターナリズムの範疇に収まっているかという批判を浴びつつも──有力に展開されてきており、ドイツ刑法217条の立法目的自体

43　BVerfG, a.a.O.（Anm. 6), Rn. 229.
44　Kienzerle, a.a.O.（Anm. 10), S. 350.
45　Neumann, a.a.O.（Anm. 37), S. 259.
46　Kienzerle, a.a.O.（Anm. 10), S. 350.

212　第 2 部　各論的検討

は正当としつつ、これを死ぬ権利に対する過度な制約として違憲無効とした
連邦憲法裁判所の判断も、その延長線上に位置付けることが可能である。

　他方で、我が国では、パターナリズムを処罰根拠として引き合いに出す見
解も、その多くは、「強い」パターナリズムに依拠してきたといえる[47]。例
えば、松原芳博は、刑法202条について、「生命が自己決定の前提として自己
決定の利益よりも高次の価値を有することから、本人の意思に反してでもこ
れを保護しようとするものにほかならない」[48]とし、強い（＝意思否定型）パ
ターナリズムとしてその処罰が正当化されるとしている。

　これに対して、我が国でも、202条の処罰根拠を「弱い」パターナリズム
により根拠づける見解が全く主張されてこなかったわけではない。例えば、
澤登俊雄は、「自殺者が正常な判断力に基づいて自殺を決意したと言えるか
否かが、パターナリスティックな介入を正当化できるか否かの決め手にな
る」として、自殺を決意した者が仮に正常な判断力を保持していたとした
ら、そのような選択はしなかったであろうという判断のもとに、自殺関与罪
の処罰が正当化されると説いている[49]。また、秋葉悦子も、前節で紹介した
ブリンゲヴァートと同様、ほとんどの自殺が精神異常によって引き起こされ
ているという経験科学の知見に基づき、「わが国の202条は、最初から不自由
な自殺意思を前提としたものとして理解が可能である」と主張していた[50]。

　こうした説明は、従来の議論において、仮に生命放棄の意思決定に「瑕
疵」が認められるのであれば、その同意は「無効」となるため、199条の殺
人罪（場合によっては間接正犯）が成立するはずであり、202条の存在意義が説

47　例えば、若尾岳志「刑法上のパターナリスティックな介入とその限界」『曽根威彦先生・田口
　守一先生古稀祝賀論文集［上巻］』（成文堂、2014年）61頁、松原芳博『刑法総論〔第 3 版〕』
　（日本評論社、2022年）17頁以下等。
48　松原・前掲注（47）18頁。
49　澤登・前掲注（ 3 ）42頁以下。ただし、澤登自身は、被介入者の判断力が著しく劣るような
　場合も、被介入者の行為を一応「任意的」であると見て、当該行為への介入を「強い」パター
　ナリズムに位置付けている（同37頁）。
50　秋葉悦子「自殺関与罪に関する考察」上智法学論集32巻 2 = 3 号（1989年）188頁以下。もっ
　とも、論者はその後、202条の処罰はむしろ、「共同体の善」から生じる自己決定権の内在的限
　界によって根拠づけられるべきであるという立場に転じている（同「同意殺人──自己決定権
　の限界──」法学教室232号（2000年） 3 頁、「人格主義的視座への転換」刑法雑誌56巻 1 号
　（2017年）45頁参照）。

明できないという常套的な批判に晒されてきた。確かに、自身の生命を放棄する者は、常に同意能力のない精神異常者であるという前提をとるのであれば、この批判の言うことは尤もであろう。

　しかし、ドイツの見解で主張されているように、判断無能力や、欺罔や強制といった（同意を無効とするような）「重大な瑕疵」までは認められなくても、性急さや外部からの期待圧力といったような、いわば人間の意思決定に付き物といえる「普遍的な瑕疵」に着目をすれば、普通殺人罪とは区別された形で、同意殺人の処罰を「弱い」パターナリズムにより根拠づけることが、論理的には可能である。したがって、真の問題は、このような「普遍的な瑕疵」が、生命処分への「弱い」パターナリズムによる介入を認める根拠として正当なものであるかどうかという点に求められなければならない。

　とはいえ、このように問いを再構成したとしても、刑法202条の処罰根拠を「弱い」パターナリズムで説明することにはやはり問題があり、見込みの薄いアプローチと言わざるを得ないように思われる。

　まず、すでに前節でも言及したように、本来は同意を無効としないような「普遍的な瑕疵」を、「弱い」パターナリズムの根拠に組み込むこと自体の正当性に疑問があると言わざるを得ない。そのような「普遍的な瑕疵」すらも付着しない意思決定というのは、現実的には誰にも成し遂げられない理想的な意思決定であり、そのような理想を下回ることを根拠に後見的な介入を認めれば、それはおよそ無限定なものとなろう。もちろん、生命の特殊性に着目し例外的に介入のハードルを切り下げること自体は、あり得ない議論ではない。しかし、あらゆる意思決定に「瑕疵」を見出し、包括的な介入を行うことを「弱い」パターナリズムとして正当化するのであれば、「強い」パターナリズムとの境界は失われ、両者は完全に区別がつかなくなってしまう。生命法益の自己処分に対する介入を「強い」パターナリズムとして正当化する余地がないかは、さらに検討されるべきであるが、これを「弱い」パターナリズムへと鞍替えすることで、本来必要とされるべき論証の責任から逃れることは許されないであろう。

　さらに、ムルマンのように、普遍的な瑕疵の「リスク」で弱いパターナリズムを根拠づける場合には、問題が増幅される。確かに、このような見解

214　第2部　各論的検討

が、生命放棄の意思決定がおよそ不合理で誤ったものであると断定せずに、本人の真の選好に合致したものである可能性を認める点では、社会的な道徳観念に基づく不当な「擬制」から免れており、個人の自己決定の尊重に親和的であるという見方もできよう。しかし、この説明によると、具体的な事案で、実際には本人が真意から、何らの瑕疵もなく生命放棄の意思決定をしている場合であっても、それがもしかすると間違っている可能性があるという「リスク」を根拠に、そのような意思の実現の断念を本人に強いることになる[51]。ここでは、もしかすると真意に反して殺害されてしまうかもしれない「他者」の利益の保護を根拠に、本人の自己決定の実現が犠牲になることが正面から認められているのであり、自律志向的な「弱い」パターナリズムからは逸脱してしまうであろう。

　以上の原理的な問題に加え、我が国の場合、意思決定の瑕疵のリスクの根拠づけについても困難が伴う。すでに見たように、ドイツでは、原則として不可罰とされる自殺関与との違いに着目することで、殺害の嘱託には、心理的障壁を乗り越えていないという意味で、瑕疵ある意思決定の危険性を見出そうとするのであるが、我が国の場合、202条は、同意殺人だけではなく、自殺関与も等しく処罰の対象としているため、このようなロジックを使うことはできない。そこで、自殺関与のケースも含め、いかにして瑕疵ある意思決定のリスクを根拠づけるかが問われなければならないのである。

　この点、202条の処罰根拠を、不自由意思の実現の抽象的危険から自殺者を守るパターナリズムに求めて、その危険性を、「教唆・幇助・嘱託・承諾という形態での他人との接触のゆえに醸される自殺意思の不自由性」に見出そうとする見解[52]が注目される。これによれば、同意殺人だけではなく、自殺関与に際しても、自手実行へと至る過程で「他人に自殺を教唆されたり、

51　J・ファインバーグ（水野俊誠訳）「『死ぬ権利』への見込みの薄いアプローチ」嶋津格＝飯田亘之編集・監訳『倫理学と法学の架橋　ファインバーグ論文選』（東信堂、2018年）443頁以下は、誤って生かされる不利益より、誤って殺される不利益の方が大きいことを根拠にする安楽死への敵対者は、これらの不利益が通約不可能であるにもかかわらず、前者の悪を過小評価しているとする。

52　酒井安行「自殺関与罪と死の自己決定・パターナリズム」青山法学論集42巻4号（2001年）72頁以下。

あるいは幇助を受けて物理的、心理的に自殺を促進されたような場合は、完全に自由で真意に基づかない自殺意思が形成、促進される危険をはらむことは否定できない」とされる[53]。

　しかし、このような説明が、本人が自らの一存で生命放棄意思を形成し、行為者にはただ物理的な関与のみを求めるというケースに当てはまるかという疑問があることに加え、そもそも、他者の関与を、専ら本人の自律性を損なう方向で理解し、瑕疵ある意思決定のリスクを基礎付ける要素と位置付けることに疑問がある。人が社会的関係の中で生きている以上、様々な人の影響を受けて意思を形成し、かつ、様々な人から援助を受けながら自己の意思を実現していくのは通常のことである。それゆえ、「他者から影響を受けること自体は何ら問題を含むものではない」[54]はずである。

　もちろん、こうした解釈論的な努力を行う論者が、瑕疵ある意思決定の危険性すらない場合について、刑法202条の可罰性を否定する限定解釈の可能性[55]を示そうとしている点は、傾聴に値するものである[56]。「弱い」パターナリズムにより処罰根拠を説明することの実践的な意義は、まさに、本人の自律の観点から全く問題がないケースについては、行為者を処罰から解放することに求められよう。

　しかし、こうした限定解釈も、少なくとも現在の202条のもとでは見込みの薄いアプローチと言わざるを得ない。というのも、条文上、瑕疵ある意思決定の危険性がどのような場合に除去されるかについての手がかりが全くない中で、個別のケースで、その判断を明確な形で行うことは困難と言わざるを得ないからである。とりわけ、ここでいう意思決定の「瑕疵」に、強制や

53　浅田和茂「刑法における生命の保護と自己決定」松本博之＝西谷敏編『現代社会と自己決定権』（信山社、1997年）133頁以下も、「一人で自殺する場合は生命放棄の意思は完全であって適法であるが、教唆・幇助があってはじめて自殺する場合は、生命放棄の意思自体が完全であるとはいえない」点に自殺関与罪の処罰根拠を見出している。

54　若尾岳志「自殺と自殺関与の違法性」早稲田大学大学院法研論集107号（2003年）356頁。同様の指摘として、鈴木・前掲注（1）142頁。

55　酒井・前掲注（52）63頁。

56　そもそも、「抽象的危険犯」とされる類型につき、具体的状況において危険性が認められないことを理由とする処罰の否定が可能かどうかも問題であるが（この問題についての先駆的研究として、山口厚『危険犯の研究〔新装版〕』（東京大学出版会、2024年）189頁以下）、その点はここでは措いておく。

欺罔だけでなく、判断の性急性や周囲からのプレッシャーといった事情まで広く含めるのであれば、尚更のことである。したがって、こうした限定解釈は、現実の裁判所に無理を強いるものであるとともに、こうした限定解釈が一人歩きをすれば、意思決定の瑕疵のリスクについての、行為者による恣意的な評価に基づく殺害を招きかねず、逆説的ではあるが、かえって、人の生命を、瑕疵ある意思決定により放棄されてしまうという「リスク」に晒してしまうであろう。

　以上のことから、同意殺人だけでなく自殺関与も広く処罰の対象としている刑法202条を、意思決定の瑕疵やその危険性からの本人保護という「弱い」パターナリズムに基づく介入を規定したものとして理解することは、少なくとも解釈論としては困難と言わざるを得ないものと思われる。

第2款　批判原理としての弱いパターナリズム

　もっとも、以上のことは、弱いパターナリズムに限定して介入を認める処罰根拠論そのものが不当であり、本人の意思に反して、生命処分への介入を広く認めるべきである、ということを直ちに意味しない。むしろ、本人の自律の尊重を基本とし、死の自己決定も、いわば「究極の自己決定」として法的な保障を要するという立場からは、現行刑法202条が規定しているような包括的な処罰は、およそ本人の自律を無視した「強い」パターナリズムであり許されない、といった形で、「弱いパターナリズム」を批判原理として用いることが、なお可能であろう。このような発想から、我々が採用し得る選択肢は大きく二つある。

　一つは、本人の意思に瑕疵がなく、完全に自律的に死の意思決定がなされている場合も含めて、包括的に自殺関与と同意殺人を処罰の対象としている現在の刑法202条は、「死ぬ権利」という基本的な権利を過度に制約するものであり、合憲限定解釈も困難である以上、憲法違反であるとする道である[57]。これは、業による自殺援助の処罰を違憲とした連邦憲法裁判所の発想

57　松井茂記『尊厳死および安楽死を求める権利』（日本評論社、2021年）181頁以下は、自殺幇助及び嘱託殺人・同意殺人を全面的に禁止する刑法202条は、医師の補助にもとづく死を全面的に否定している限りで、あまりにも広汎すぎ、必要最小限度の制約とはいえないことから、憲

第6章 「死ぬ権利」とパターナリズム　217

を、同意殺人にまで及ぼす理解といえ、筆者としては、少なくとも検討に値する方向性であると考えている。とはいえ、我が国の憲法が「死ぬ権利」も保障しているかどうかについて憲法学的な検討が不可欠であることに加え、202条を違憲とする理解が、今後の刑法学において支持を得ていくことも考え難い。

　そこで、より現実的な方向性としては、202条による処罰自体は維持しつつも、一定の許容要件のもので、安楽死や医師による臨死介助を正当化（あるいは免責）するということが考えられよう。ただし、あくまでも「弱い」パターナリズムの限度で刑法的介入を認めるという立場を堅持する場合、処罰が根拠づけられる範囲の方が、むしろ極めて限定されたものにならざるを得ない点は注意を要する。

　まず、弱いパターナリズムにおいて保護が目指される「自律」について、周囲から何も影響を受けず、現在から未来までのあらゆる事情を見通して行うような、「完璧主義」的なレベルのものは要求できない。すでに述べたように、そのような、現実の人間に達成できない高いハードルを設ければ、後見的な干渉が「弱い」パターナリズムの名の下で、無批判に正当化されてしまうおそれがある。今日の認知心理学や行動経済学の研究は、豊富な具体例を通じて、人間の意思決定がさまざまな認知や判断の誤りに支配されており、我々が信じてきたほどに合理的でないことを告発するに至っているが[58]、そのような意味で意思決定が「不合理」であるとしても、それが直ちに国家によるパターナリスティックな介入を正当化する根拠にはならない[59]。

　もちろん、一度失われれば取り返しがつかないという生命の特殊性から、

　法13条に違反しており、違憲であるとする。

58　人間の意思決定の限定合理性につき、Anne van Aaken, Begrenzte Rationalität und Paternalismusgefahr: Das Prinzip des schonendsten Patenalismus, in: Michael Anderheiden/Hans Michael Heinig/Peter Bürkli/Stephan Kirste/Kurt Seelmann (Hrsg.), Patenalismus im Recht, 2006, S. 112 ff.

59　Fateh-Moghadam, a.a.O.（Anm. 11), S. 34. なお、人間の判断に定型的に看取される不合理性を理由に、本人の選択を誘導するリバタリアン・パターナリズムが、自由と両立しないことを示すものとして、井上嘉仁「ソフトなパターナリズムは自由と両立するか」姫路法学50号（2009年）65頁以下。

その自己処分に対しては、例外的に広い範囲でパターナリスティックな干渉を正当化する余地がないかは、さらなる検討を要する。通常の文脈では、周囲からのプレッシャーが自己決定権を制限する根拠にはならないとしても、人の生命が、経済的な理由から放棄されてしまうことは、国家による社会政策の懈怠の結果であって、国家にはそれを防止する義務がある、という説明には相応の説得力があろう[60]。

　しかし、そうした理由に基づく介入を、本人の自律的な意思を尊重する「弱い」パターナリズムであると呼称するのは、やはり誤解を招くように思われる。本人が他者から「強制」されず、それゆえ自己答責的に形成した意思について、それが本来国家により防止されるべき「間違った意思」であるとして、「瑕疵」性を見出し、後見的な干渉を行うことは、「強い」パターナリズムにほかならない。そのような「強い」パターナリズムを生命について認めることができないかは別途検討の余地があるものの、それが自律の尊重と何ら矛盾を孕むことのない「弱い」パターナリズムであるかのように語られることには、問題がある。

　また、「弱い」パターナリズムの限度で介入を正当化する限り、死の動機の内容が客観的に見て合理的かどうかも重要ではない[61]。死の動機が、普通の人から見て馬鹿げたものであることは、意思の瑕疵の存在を疑う理由にはなるが、客観的に不合理であることを理由に、その意思決定の自由を否定することは、自律志向的な「弱い」パターナリズムからは正当化し得ないのである[62]。すでに、ミルの「橋の事例」を通じて確認したように、弱いパターナリズムにおいて許容されるのは、せいぜい本人の意思の実現を「遅らせること」のみであり、意思の内容の「変更」ではない。

　この点で注目されるのが、本人の真意に合致した決定かどうかの確認を行

60　山中・前掲注（27）132頁以下参照。
61　石居圭「要求に基づく殺人と自殺幇助の処罰根拠について」明治大学大学院法学研究論集56号（2022年）103頁。
62　これに対して、飯島暢「自殺関与行為の不法構造における生命保持義務とその例外的解除」『山中敬一先生古稀祝賀論文集［下巻］』（成文堂、2017年）77頁は、自殺（関与）行為の不法根拠を、他者関係性を有する生命保持義務の違反に求めることを前提に、当該義務の例外的解除が認められるためには、「主観的な理由に基づくだけでは不十分であり、客観的に了解され得る事情」が必要であると指摘する。

う手続的な介入により自律の保障を図る、「手続的パターナリズム（prozedual-er Paternalismus）」[63]の可能性である。業による自殺援助罪の違憲判断を示したドイツ連邦憲法裁判所も、死の自己決定権の尊重と、生命を保護する国家の義務のコンフリクトの調整という視点から、まさしく「手続的保護構想」の可能性を展開するに至っており、その後の立法議論においても、自殺介助の「手続ルール」の導入へと舵が切られているのである[64]。

　もっとも、このような手続的な規制も、その内容次第では、容易に「強い」パターナリズムへと転化する可能性がある。この点、我が国において、自殺関与の可罰性を弱いパターナリズムから根拠づけようとする論者が、真意に合致した自殺は許容すべきとしつつも、自殺が権利性を獲得するためには、それが熟慮した上での最終手段であることを、自殺志願者が他者に証明する必要があると主張していることが注目される[65]。このような主張は、自殺防止に向けた国家の保護義務と、死ぬ権利の尊重という視点をうまく調停させようとする試みとして傾聴に値するが、他者（社会）を納得させることができなければ、その意思を尊重しないという仕方での介入が、果たして「弱い」パターナリズムに収まっているのかは、疑問がある。ここでは、そのような証明責任を乗り越えようとする過程で、自殺志願者に他者とのコミュニケーションを促し、自殺以外の代替手段が提示されることで、自殺の意思が翻ることが目指されているのかもしれない。しかし、そうだとすれば、その背後にあるのは、死に向けた自己決定が、国家による「変更」が目指されるべき間違った意思決定であるという、「強い」パターナリズムの発想ではないだろうか。

第4節　おわりに

　本章では、法益主体による生命処分への刑法的干渉を弱いパターナリズム

63　Neumann, a.a.O.（Anm. 37）, S. 262.
64　議論の詳細については、天田悠「ドイツ・オーストリアの自殺関与違憲判決とその後の立法動向」佐伯仁志ほか編『刑事法の理論と実務⑤』（成文堂、2023年）229頁以下を参照。
65　石居圭「自殺の法的性質と『死ぬ権利』の検討」明治大学大学院法学研究論集55号（2021年）137頁。

により説明することの可能性について検討を加えた。弱いパターナリズムから許容されるのは、せいぜい本人の意思の実現を「遅らせること」であり、その終局的な「変更」までは許されない点で、生命処分への干渉が正当化できる範囲は、限定的なものである。これに対して、「自律」の内容を完璧主義的に理解し、あるいは、生命放棄の意思が、本人の真の意思（長期的な選好）と合致するはずがないとして、広い範囲でのパターナリスティックな介入を認めることは、もはや本人の自律の尊重を志向する「弱い」パターナリズムに収まっているとは言えないのである。

　もちろん、生命法益について「強い」パターナリズムを認める余地がないかどうかについては、さらに検討の余地がある。ドイツの連邦憲法裁判所のように、「死ぬ権利」を正面から認めれば、そのような権利と矛盾する「強い」パターナリズムの正当化は自ずと困難になるであろうが、この点に関しては、我が国の憲法解釈を踏まえつつ、法原理的な検討を行うことが不可欠であろう。いずれにせよ、本人の自律の尊重から出発するリベラルな法秩序において、「強い」パターナリズムによる刑法的介入を正当化するには特段の論証が必要なのであり、そのような介入が、他者危害原理と何ら矛盾せず、それゆえに特段の正当化を要しない「弱い」パターナリズムと僭称されることで、そうした論証責任から免れてしまうことに対しては最大限の警戒を要する。

結びに代えて

　本書では、法益主体の同意が、国家の刑罰による介入を排除し、市民の自律的な活動領域を確保するという積極的な意義を有していることに鑑み、これに相応しいものとして同意の理論枠組みを構築する必要があるとの問題意識から、発生した結果が本人の自律的な自己決定に基づくと評価するための具体的な条件の理論的な分析を試みた。以下では、結びに代えて、本書における検討の成果をまとめておく。

　第1部では、法益主体の同意による犯罪阻却の要件を検討するための基本的視座を明らかにすることを試みた。法益関係的錯誤説の批判的な検討を通じて明らかとなったように、同意の要件を検討する際には、その「存在」と「有効性」の問題を区別して論じることが重要である。同意の「存在」が、侵害結果の発生を認容する主観的な心理状態の有無の問題であるのに対して、同意の「有効性」は、そのような心理状態を形成するに至ったプロセスが自律的であると評価できるか否かの問題であり、両者は次元が異なる問題である。本来の意味での法益関係的錯誤、すなわち、「法益を喪失することについての錯誤」が認められない場合、同意の「存在」は肯定できるが、それ以外の錯誤が決定の自律性を阻害しうるかどうかは、同意の「有効性」の問題として、別途検討されなければならない。これに対して、我が国では、法益関係的錯誤概念を拡張することで、妥当な解決を図ろうとする見解が有力化しているが、概念の本来の守備範囲を逸脱することで、議論に無用な混乱をもたらすものであり、方法論的に支持できない。

　そこで、同意の「有効性」評価の基準が問題となる。同意が自己決定の保障に由来する概念であることから、学説上は、本人の主観的な価値体系と合致するような決定のみが、自律的になされたものであり、刑法上も有効であるとする見解が主張されているが、そのような「理想的な自己決定」の実現は、刑法における現実の保障の対象となり得ない。元々、人間は不十分・不正確な情報の中で、常に他者からの有形無形のプレッシャーにさらされながら生きざるを得ない宿命の存在であり、現実の意思形成において、理想的な

条件が揃うことは、例外的である。むしろ、刑法が保障すべきなのは、自己決定のための最低限の条件、すなわち、同意の意思形成プロセスが他者の欺罔や強制により不当に阻害されていないという意味での規範的自律である。自律の理想的な理解を前提とするような、いわば「高望み」な同意論は、国家による過剰な自律の保護へと至り、市民の自律的な活動領域を脅かす結果として、かえって自律性の否定に繋がりかねないことに、警戒を払う必要がある。

　「規範的自律」の具体的な条件について、本書では、判断能力、重要な情報へのアクセス、心理的強制の不存在というカテゴリに区分し、それぞれの具体的な内容を検討した。判断能力の認められない者に対しては、後見的見地からの保護が必要となるのに対して、判断能力のある者（特に成人）との関係では、意思形成への答責性は原則として本人に認められるのであり、理想的な決定に反することを理由として、軽々に同意を無効と評価することは許されない。そこで、情報へのアクセスとの関係では、法益主体が関心を持つあらゆる情報を無条件に保護するのではなく、刑法上の要保護性を備えるかという観点からの客観的な限界づけが必要であること、さらに、自律性を阻害するのは、情報の不足それ自体ではなく、重要な情報へのアクセスへの他者による妨害であり、自ら錯誤に陥った場合には、原則として同意の有効性に影響しないことを主張した。また、心理的強制との関係でも、内心に生じた心理的圧迫それ自体が重要なのではなく、それが他者により不当に押し付けられているかどうかが重要である。この点で、法益主体が現在置かれているジレンマからの脱却、すなわち状況の改善に向けた「提案」は、それがいかに本人にとって心理的に抗い難いものであるとしても、決定の自律性を阻害することはないのであり、不法な「強制」と区別されるべきであることを主張した。

　第2部では、以上の基本的視座を踏まえて、法益主体の規範的自律の保障が、各犯罪類型の解釈論にどのように反映されるかという各論的問題の検討を行った。

　第1章で検討の素材としたのは、自動機械からの財物の占有移転において、占有者の意思をどこまで保護すべきか、という問題である。本書の整理

によれば、窃盗罪は財物の占有移転に対する同意が「不存在」の場合に成立する同意不存在型の財産犯であり、窃盗罪は、被害者の同意にカヴァーされていない占有移転結果に対して成立することになる。問題が生じるのは、自動機械を通じた財物の移転が、機械設置者の設定した条件に違反してなされた場合である。ここでは、同意の「対象」を画するうえで、法益主体が設定した条件のうち、いかなる条件が包括的同意の範囲を制限する効果を持ちうるかが検討されなければならない。本書では、窃盗罪の不法の本質が、「支配・管理の侵害」であるという見解から示唆を受けて、実効的な支配・管理に裏打ちされている条件設定のみが、窃盗罪の保護範囲に含まれると解した上で、そのような実効的な支配には、心理的な手段も含まれるという理解から、いかなる場合に「心理的障壁」が基礎づけられるかを、具体的な事例も踏まえながら明らかにした。

さらに、このような判断枠組みは、窃盗罪と同じく「同意不存在型」の犯罪に位置付けられ、かつ、「支配・管理の侵害」を不法の本質とする住居等侵入罪にも応用することが可能である。そこで、第2章では、錯誤に基づく許諾のケースについて、個別に立入りの許否が判断される「対面型」の事例と、一般的な利用客の立入りに対する事前の包括的同意が認められる「開放型」の事例とを区別して検討を行った。前者については、行為者の目的に錯誤があっても、その者の立入りに同意している以上、同意の存在が認められ、本罪の成立が否定されるが、特定の属性のみが立入り許諾の前提となっている場合、そのような属性を有しない行為者との関係では、同意が「不存在」となるため、本罪の成立を認める余地がある。これに対して、後者については、自動機械からの窃盗と同様に、包括的同意に際して設定した条件が、心理的障壁を含めた実効的な手段により裏打ちされていると評価できる場合に限って、要保護性が認められ、それに反する立入りに侵入該当性を認めることができる。このように、同意の「存否」の判断においても、その「対象」の限界づけ（具体化）においては、法益主体の生の意思だけで決まるものではなく、各構成要件の保護目的に照らした規範的な検討が必要であることを明らかにした。

第3章では、近時重要な改正が相次いで行われ、議論がますます活発化し

224　結びに代えて

ている性犯罪を素材に、本書の理論枠組みを具体化した。近年では、性犯罪の保護法益を性的尊厳や性的人格権と構成する「新たな法益構想」が主張されており、従来の「性的自己決定」を保護法益とする理解には反省が迫られている。そこで、本書では、ドイツの学説を手がかりにしながら、「性的自己決定（性的自律）」概念そのものについて分析を加え、性刑法の任務が、望まない性的関係に一方的に巻き込まれない防御権という意味での「消極的自由」の保護にあり、他者との理想的な性的関係の実現を目指す「積極的自由」との関係では、介入しないという控えめな形でのみ貢献が許されることを示した。このような視点は、本書が提示する同意の「存在」と「有効性」の区別の枠組みとも接続が可能なものである。すなわち、法益主体に、特定の相手方との性的行為を行う意思が欠落している場合には、消極的自由の保護の観点から、無条件に当罰性が認められるのに対して、同意の存在自体が認められる場合には、過剰なパターナリズムによって、その有効性が軽々と否定されないよう、規範的自律の観点から処罰の慎重な限界づけが必要となるのである。こうした視座を踏まえて、本書では、改正後の新たな規定の内容も意識しつつ、性的自己決定が侵害されたと評価するための具体的な条件やその限界を明らかにした。

　第4章では、「仮定的同意」の議論を取り上げ、その真の問題の所在に迫ることを試みた。仮定的同意とは、主として、医師が適切な説明を怠り患者から治療の同意を得たという場合に、仮に適切な説明をしていても同意したであろうということを根拠として、医師の責任を否定する法理である。このような法理の背後には、ますます拡大を続ける説明義務から医師の刑事責任を合理的に制限しようという正当な問題意識が認められるが、この法理には適用範囲を限定する論理が内在しておらず、同意の獲得そのものが怠られた事例や、さらに、治療行為以外の文脈にまで適用範囲が拡大することで、法益主体の自己決定の保護に看過し難い悪影響が生じてしまうという問題がある。本書の理解によれば、「適切な説明をしていても同意したであろう」という場合には、当該説明事項は患者本人にとっての「主観的重要性」を欠くことから、説明が怠られたとしても同意の有効性に影響を与えることはなく、なされた治療行為は正当化される。これが「仮定的同意」の正体で

ある。これに対して、同意の取得そのものが怠られた場合には、同意の有効性を検討する以前に、同意が存在しないため、同意による正当化の余地は排除されなければならない。この場合に、もしかすると得られていたかもしれない「架空の同意」を根拠に広く行為の可罰性を制限することは、現実の同意の重要性を無視するものであり、許されない。このように、「仮定的同意」というテーマで扱われる事例群は、現実的同意の存在と有効性の問題に還元され、患者の自律性が実現したといえる条件の分析的な検討を通じて適切な解決を図ることが可能となることを明らかにした。

　第5章では、自律性を阻害する「強制」概念の限界づけという問題関心から、「合法的な不作為」を告知する強要、すなわち、行為者が、自身に法的義務のない援助行為を行うことと引き換えに、相手方に一定の行為を要求する行為が強要罪に当たりうるかどうかという問題について、ドイツの判例・学説の分析を行った。ドイツでは、適法な行為を告知して一定の要求を行うことは、相手方の自由を侵害するどころか拡張しているとして、強要罪の成立を否定するラディカルな法的義務論に対抗する形で、給付と要求の「関係性の欠如」に着目する見解など、可罰性を認めるための様々な主張が展開されているが、いずれも自由侵害としての強要の不法を根拠づける規範的視点の提示に成功しているとは言えない。規範的自律の観点からは、強制の不法にとって重要なのも、法的に残された自由を侵害しているかどうかであり、適法な行為は被告知者が本来受忍しなければならないものである以上、適法な行為を告知して行う強制は、その告知内容が作為であるか不作為であるかにかかわらず、自由侵害としての不法を見出すことはできないという理解が支持されるべきである。他方で、給付と不釣り合いな過大な要求をするという搾取的な「暴利」を刑法上禁圧すべきかは別途検討すべき問題であるが、これを「強制」と混同すべきではない。

　最後に、第6章では、法益主体が自ら法益を処分しているにもかかわらず、なおも刑法的介入が正当化される余地があるかどうかという観点から、同意殺人や自殺関与の処罰根拠をめぐる議論について検討を加えた。ドイツでは、生命処分についても個人の自律を尊重すべきとの立場から、その刑法上の介入を、本人の意思決定に瑕疵が認められる場合に限る「弱い」パター

ナリズムからの根拠づけが有力に主張されているが、そうした見解は、本人の決断が性急なものであるかもしれないといった、人間の社会生活におけるあらゆる意思決定に付着しているともいえる「普遍的な瑕疵」（のリスク）をも処罰根拠に取り込もうとする点で、かえって過剰なパターナリズムを招来しかねない。現実の人間が誰も達成できないような理想的な意思決定を下回ることを「瑕疵」と呼ぶのであれば、強いパターナリズムと弱いパターナリズムの区別は完全に失われてしまうのである。我が国の臨死介助法制をめぐっても今後、生命処分の自由をどこまで制約し続けるべきかが焦眉の課題となろうが、その際、自由と矛盾対立する強いパターナリズムが、正当化のための特段の論証を要しない「弱い」パターナリズムを僭称してしまうことに、最大限の警戒を払う必要がある。

　以上のように、本書では、総論的な同意の一般的な理論枠組みを明らかにしたうえで、具体的な解釈問題についても多角的な検討を加え、両者の結合を図ることを試みた。もっとも、本書の検討対象は未だ断片的なものであり、「規範的自律」の内容を具体化するためには、さらなる各論的な検討が必要であろう。「規範的自律」という概念は、結局のところ、どこまでの意思形成プロセスが、各犯罪類型の保障範囲に含まれているかを問うためのツールにほかならず、「規範的」という語がマジックワードとなり恣意的な解決に道を開かないようにするためにも、各論的な実質化・具体化を絶えず続けていくことが不可欠といえる。引き続き、この終わりなき研究課題に取り組んでいきたい。

著者略歴

菊 地 一 樹（きくち かずき）

1990年　東京都に生まれる
2012年　明治大学法学部卒業
2017年　早稲田大学大学院法学研究科博士後期課程単位取得
　　　　満期退学
2018年　博士（法学）（早稲田大学）
現　在　明治大学専門職大学院法務研究科准教授

法益主体の同意と規範的自律
　　　　　　　　　明治大学社会科学研究所叢書

2025年3月1日　初版第1刷発行

著　者　菊　地　一　樹
発行者　阿　部　成　一

〒169-0051　東京都新宿区西早稲田1-9-38
発行所　株式会社　成　文　堂
電話03（3203）9201㈹　FAX03（3203）9206
https://www.seibundoh.co.jp

製版・印刷　藤原印刷　製本　弘伸製本　　　　検印省略
© 2025　K. Kikuchi　Printed in Japan
ISBN978-4-7923-5437-4　C3032

定価（本体5000円＋税）